基于媒介融合的新闻传播与发展

周 文◎著

吉林出版集团股份有限公司
全国百佳图书出版单位

图书在版编目（CIP）数据

基于媒介融合的新闻传播与发展 / 周文著. — 长春：吉林出版集团股份有限公司，2021.3
ISBN 978-7-5581-9864-9

Ⅰ．①基… Ⅱ．①周… Ⅲ．①新闻学－传播学 Ⅳ．①G210

中国版本图书馆CIP数据核字(2021)第053063号

JIYU MEIJIE RONGHE DE XINWEN CHUANBO YU FAZHAN
基于媒介融合的新闻传播与发展

著　　者/周文

出　版　人/吴文阁
责任编辑/朱子玉
责任校对/王　红
封面设计/博健文化
开　　本/787mm×1092mm　1/16
字　　数/260千字
印　　张/12.25
版　　次/2022年8月第1版
印　　次/2022年8月第1次印刷

出　　版/吉林出版集团股份有限公司
发　　行/吉林音像出版社有限责任公司
地　　址/吉林省长春市净月区福祉大路5788号出版大厦A座13层
电　　话/0431-81629660
印　　刷/三河市嵩川印刷有限公司

ISBN 978-7-5581-9864-9　　　定价/52.00元

前 言

媒介融合最初在美国提出，认为两种或者两种以上的媒介简单结合在一起的形式就是媒介融合。目前这种形式在现实生活中已应用广泛，如电子报纸、手机广播、手机电视……"媒介融合"的广泛应用不仅为媒体行业开辟了新道路，也为我国电商行业、数据应用等方面提供了新契机。媒介融合随着时代的发展与变化，有了多种不同的融合方式，不同的融合形式可以直接影响产品质量与传播效果。在国内可以大致概括为内容融合、网络发展融合、终端融合三个方面，内容融合主要是指传统媒体的文字、图片、视频、音频等的融合；网络融合指有线网络与无线网的相互交融；终端融合主要是指电视、手机、电脑这三大终端在内容、形式上的融合。由此可见，将传统媒体的文字、图片、视频与新媒体的技术、终端、数据等的融合是媒介融合的主要形式。

随着互联网技术的不断增长，媒介渠道越来越多，各种新媒体蓄势待发，从而满足受众对新闻量增多的需求。面对层出不穷的媒介生态环境，传统媒体需要对自身采集新闻信息方面做出改革，因此需要建立一个集多种媒介于一体的融媒介新闻中心。融合新闻通过整合报纸、广播、电视、网络、手机等各种媒介的新闻信息，再提炼出内容优质，内容多元以及能满足广泛受众群体需求的新闻产品。这些制作策略不仅为受众带来一种新体验、新感受，对自身发展也带来了利益。传媒行业之间形成一种良好的融合发展方式，共同探讨出优质新闻内容，不断总结经验，付诸实践，最终来实现共赢。

鉴于此，笔者撰写《基于媒介融合的新闻传播与发展》一书。本书共设置六章：第一章对媒介融合的出现与实践发展进行概述，第二章论述媒介融合趋势下新闻传播的现时性考量，第三章阐述媒介融合背景下的新闻发展格局与传播形态，第四章研究媒介融合时代不同类型的新闻发展，第五章探究媒介融合时代媒介的发展趋势，第六章诠释媒介融合时代新闻传播的新发展。

笔者在撰写本书的过程中，借鉴了许多前人的研究成果，在此表示衷心的感谢！本书一定还存在不足之处，恳请前辈、同行以及广大读者斧正。

作　者

2020 年 9 月

目录

第一章　媒介融合的出现与实践发展概述 … 1
　　第一节　媒介融合的内涵 … 1
　　第二节　媒介融合的驱动因素 … 3
　　第三节　媒介融合实践发展 … 9
　　第四节　我国媒介融合路径选择 … 11
　　本章小结 … 18

第二章　媒介融合趋势下新闻传播的现时性考量 … 20
　　第一节　媒介融合视阈下新闻生产的特点 … 20
　　第二节　媒介融合时代的新闻传播者分析 … 28
　　第三节　媒介融合时代新闻传播的受众分析 … 38
　　本章小结 … 54

第三章　媒介融合环境下的新闻发展格局与传播形态 … 55
　　第一节　重构媒介生态关系——以传统纸媒短视频新闻为例 … 55
　　第二节　传统媒体与新兴媒体共生 … 60
　　第三节　"中央厨房"实践 … 80
　　本章小结 … 95

第四章　媒介融合时代不同类型的新闻发展 … 96
　　第一节　双微新闻 … 96

第二节　数据新闻 …………………………………………………… 104

第三节　短视频新闻 ………………………………………………… 113

本章小结 ……………………………………………………………… 124

第五章　媒介融合时代媒介的发展趋势 …………………………… 125

第一节　媒介融合时代报纸媒体的发展趋势 ……………………… 125

第二节　媒介融合时代广播电视媒体的发展趋势 ………………… 130

第三节　媒介融合时代网络媒体的发展趋势 ……………………… 147

第四节　媒介融合时代移动传播的发展趋势 ……………………… 150

本章小结 ……………………………………………………………… 160

第六章　媒介融合时代新闻传播的新发展 ………………………… 161

第一节　媒介融合时代的新闻价值分析 …………………………… 161

第二节　媒介融合时代新闻信息资源的利用与开发 ……………… 179

本章小结 ……………………………………………………………… 184

参考文献 ……………………………………………………………… 186

第一章 媒介融合的出现与实践发展概述

随着多样化的传播技术,媒介与互联网的高速发展,作为传统媒体的电视媒体遭遇了前所未有的竞争压力,发展陷入了困境。媒介融合的发展为新闻传播在内容生产、传播方式等方面提供了新的发展方式与思路。本章重点论述媒介融合的内涵、媒介融合的驱动因素、媒介融合的实践发展以及我国媒介融合的路径选择。

第一节 媒介融合的内涵

随着传播技术特别是数字技术和网络技术的迅猛发展,各种新的媒介形态应运而生,新技术的发展促使传播格局和传播理念发生了巨大变化,传统媒体和新兴媒体的传播效能也因各自的媒介特质而呈现出不同的特点。在大众生活中,由于不同受众群体对信息的接收形式和要求程度不同,所以传统媒体和新兴媒体在各自阵营中依然能够吸引不同受众持续关注和使用,但是,不可否认的是新兴媒体凭借其开放自由、双向互动、实时迅速、容量扩大、形式丰富等特性,更加方便了受众获取信息的方式,而传统媒体在传播活动中受具体的时空限制较大,发展环境受到挑战。所以,为了在激烈的媒介市场竞争中获得一席之位,传统媒体之间、传统媒体和新兴媒体之间也逐渐打破固定的界限,各媒介相互交叉、相互渗透、相互融合,形成一种既竞争又合作的格局,同时在技术层面,不断发展和成熟的数字技术可以将文字、图片、音频、视频、动画这些独立的传播技术快速转化为计算机可读的数字形式,从而形成一种统一的多媒体传播手段,推动着媒介融合的发展。

一、媒介融合概念的界定

媒介融合这一概念最早由美国麻省理工学院的教授伊契尔·索勒·普尔在其著作《自

由的科技》中提出。① 这种定义是基于多功能、数字化的产业融合的视角来阐述媒介融合现象，本意是指各种媒介呈现出多功能一体化的趋势，这种关于媒介融合的理解更多的集中于将电视、报刊等传统媒体融合在一起。目前，学界对于媒介融合这一概念没有做出统一具体的界定，但是在诸多学者对媒介融合概念做出的论述中可以看到，媒介融合基本分为广义和狭义两类：广义来说，媒介融合泛指所有媒介及其相关要素的组合及汇聚；狭义来讲，媒介融合单指由两种或两种以上的媒介相互融合在一起，形成的一种新型媒介形态。

媒介融合作为传统媒体和新兴媒体的相互汇聚与渗透，不仅体现为传播技术、传播形式、内容容量、媒介平台、表现方式、媒介产品等外在方面的相融，更重要的是这种趋势也会带来新闻生产机制、协作关系、组织结构等内在方面的转变，涉及的内容十分丰富。

二、媒介融合的类型划分

媒介融合在形成过程中，由于各种媒介的本体属性、相融力度存在不同，许多学者依据不同的分类标准提出了多种分类方式。如詹金斯将媒介融合分为技术融合、经济融合、社会或组织融合、文化融合和全球融合；戈登将其分为所有权融合、策略性融合、结构性融合、信息采集融合和新闻表达融合；戴默分为交互推广、克隆、合竞、内容分享和融合五种类型。

本书认为媒介融合作为信息化进程中必然出现的一种趋势，主要可以分为传统媒体之间的融合、传统媒体与新兴媒体的融合以及新兴媒介之间的融合三大类，在这三种类型的层层细分下，不同媒体之间经过互动、简单的物理整合最后上升为带有化学质变的融合状态，在不同的范畴中形成不同的融合形式。

三、媒介融合的特点分析

伴随着数字技术和信息技术的广泛应用，不同媒体在内容、形态、结构、呈现方式等方面实现了全方位的融合和渗透，表现出三个鲜明的特点。

（一）媒介内容媒体化

数据广播、计算机技术、通信技术等数字技术的运用和发展，为传统媒体和新媒体之

---

① 宫承波. 媒介融合概论［M］. 北京：中国广播电视出版社，2011：17

间的兼容和合作提供了技术支撑，在媒介融合发展过程中，传播技术的提高和更新可以催生新型的媒介形态，不同形态的媒体通过全新的组织和融合，将文字、图片、声音、视频、动画等多种元素的内容进行创造性的组合和研发，这就使得媒介内容具有了多媒体化的特点。

（二）呈现形式技术化

科学技术是第一生产力，是社会前进的驱动性力量，技术的进步推动了传媒领域的全方位发展，在一定程度上改变了媒体的现有特点。媒介融合是随着媒介技术的发展而不断深入发展的，以数字技术为例，它是指借助一定的设备将各种信息，包括文字、图片、声音、影像等转化为电子计算机能识别的二进制数字0和1后进行运算、加工、存储、传送、传播、还原的技术。作为一种全新的技术形态，数字技术是新媒体形成的基础，并且能够突破不同媒介形态之间的壁垒，为不同的传媒提供资源整合的平台，使以往互不相干的各类传播媒体能够相互融合，通过多种渠道传播以加强信息的分量，加强信息的传播效果，满足受众的多元化需求。

（三）媒介融合具有系统性

在传统媒体时代，媒体之间的最初合作主要体现为初级阶段的交流互动，各媒体一般通过简单的内容移植和信息叠加的方式实现优势互补，共同扩大影响力，在这个过程中，传统媒体为了使内容资源得到最大化开发，通常会采取多种媒体系统经营的方式进行。随着新媒体的不断崛起，传统媒体与新媒体合作力度越发紧密，逐步超越媒介互动的层面，向更深层次的方向融合，信息资源会汇聚到一个统一的平台之中，新旧媒体要重新选取适用的信息采集与发布模式，最大限度地使媒体资源得到充分发挥，系统化的经营方式更加复杂，各媒体在统一的平台下要相互协作，将同一种信息以不同的形式展示给受众，最终实现整体利益的最大化。

第二节　媒介融合的驱动因素

媒介演变至今，每一次的传媒变革都伴随着某种程度的"融合"。例如电视媒体播出大量访谈类和读报类节目，这就是电视与"人（自媒体）"和报纸的融合。如今iPad风靡全球，我们在这样薄薄的一个电子屏幕上，可以看报纸、电视、杂志，也可以上网通过各种社交平台十分方便地与他人交流思想、分享话题。我们在它身上，看到了几乎所有媒介的影子。

随着数字技术和网络技术的应用，传媒开始发生革命性的改变，也成为大众关注的焦点，近几年来开始广受各方关注。媒介融合作为一种进行中的媒介演进过程，广大受众正享有其带来的种种成果，既能在手机上读报纸，也能在网络上看电视；既能在电视上玩游戏，又能在 iPad 上看杂志，各种媒介之间的边界似乎渐渐消失了。面对这种局面，我们透过现象看本质，探究媒介融合出现的动因，有利于深刻认识传播环境的变化，也有助于理解媒介的进化过程。媒介融合主要是由以下三个方面共同决定的。

一、媒介融合的根本动力——媒介技术的不断进步

媒介融合是动态的过程，处于不断演进之中，始终伴随这一过程的是媒介技术的进步。每一种媒介技术的进步都会给社会带来巨大的冲击和改变，使人类文明也得以向前发展。时至今日，人类媒介技术经过五个阶段，分别是：口语媒介、文字符号媒介、印刷媒介、电子媒介、网络技术媒介。尽管现在已经进入网络时代，但是这五种媒介并不是代替与被代替的关系，仍然发挥着各自的作用。媒介融合就诞生于第五个技术阶段——网络技术阶段。以数字化为基础的媒介融合扩展的内容传输的渠道，使媒介的内容传输能力空前膨胀，因而对内容的海量需求成为新媒介时代的重要特点之一。① 数字技术的开放性、交互性和多媒体性给媒介融合提供了无限可能。

（一）数字技术打破了媒介之间的壁垒，为信息共享提供了可能性

科技的进步也带动了媒介技术不断向纵深化发展，大众传媒由"原子阶段"向"比特阶段"迅速转化，人类已经进入了"数字化生存"的时代。尼葛洛庞帝在其著名的《数字化生存》一书中就曾说过"原子不会值那么多钱，而比特却几乎是无价之宝"这样的话。相对于"原子"来说，"比特"带来的传媒变革既是时间上的持续扩展，也是空间上的无限增量。

美国传播学者伊契尔·索勒·普尔（Ithiel De Sola Pool）于1983年在其《自由的科技》（*The Technologies of Freedom*）一书中提出"数码电子科技的发展是导致历来泾渭分明

---

① 刘婧一. 应对媒介融合——新环境下的电视节目营销［M］. 北京：中国传媒大学出版社. 2008：7

的传播形态聚合的原因"。虽然现在并没有全面实现数字技术融合，但是由于数字技术能将所有的信息都用"0和1"来表示，从而使得媒介之间的壁垒被打破，信息产品可以在同一个平台上交换和共享。这样一来，传统媒介的物理边界消失了，可以将全部媒介融合成为一种数字终端的形式。例如小时候石蜡刻板的试卷今天已经很难见到，以亚马逊、当当网为代表的网上书城大有取代"新华书店"之势，电视机里有了CPU，等等。总之，传统的媒体都纷纷在数字技术提供的平台之上，把原本独立的技术融为一体。在数字技术基础上，各类前所未有的新媒体技术不断涌现，如手机报、手机电视、数字电视、微博客等，这些新媒体技术综合调动了人们的眼、耳、口、手等感觉器官，从而真正意义上应验了麦克卢汉说过的"媒介是人体的延伸"① 这个观点。人们利用这些最近几年刚刚出现的新媒体形式，不但综合享有了传统媒体的传播特点，并且以"一对多"打破了以往"一对一"的传播方式，使整个传播过程变得即时交互和生动有趣。

数字技术让传播过程变得极具互动性，大众传媒对信息传播的控制力也被极大地弱化，作为信息传播主体的"人"的地位得到提升。任何参与传播活动的社会成员都有权利享有传播权，从而以一种多向交流的方式达到自我价值的实现。

（二）数字技术所建筑的全球互动传播网为媒介融合提供了可行性

媒介融合是数字技术大潮中带来的一支洪流，可以说是人类传播活动发展的必然选择。媒介融合的时代下，新的传播技术的出现保障了信息在全球范围内自由流通，作为传播个体的个人在传播能力上具有很强的"单兵作战能力"。从纵深层面来看，新的传播系统要求信息的运动方式是网络化，信息在传播过程中没有绝对的起点终点，在不断的传播和被传播过程中被赋予意义，对信息的垄断和控制将会变得更加困难。

数字化、信息化的快速发展使得全球化的公共沟通系统已经形成，整个世界的每个角落都被数字技术联系在一起，仿佛结成一张"全球互动传播网"，并且"多方互动性"和"即时性"成为其最大的特点。在全球互动传播网中，全世界的人们都构成了一种无缝即时的、蜂窝状的传播特点，每个人都能参与到全球的互动传播过程中。

综观世界局势，强势的全球传播系统正在不断扩张，这张网将全世界的每个个体都以"比特"的形式联系在一起，各种终端设备均可提供强大的信息发布和接收功能，传播单位的个体性得到了前所未有的加强。全球互动传播网的形成还给人类提供了平等的对话

---

① 马歇尔·麦克卢汉. 理解媒介——论人的延伸 [M]. 北京：商务印书馆，2005：1

权，满足了人们自由沟通的需要。全球互动传播网中单纯的传者或者受者概念不复存在，互动在随时随地发生。数字化、信息化的发展带来了媒介发展的多种可能，媒介的边界不再稳定，处于该网中的各个媒体之间不再有清晰的边缘。所以，在数字技术强有力的推动下，全球互动传播网的形成使媒介融合更加顺理成章。

综上所述，数字时代媒介新技术的推广和应用为新旧媒体在竞争中合作提供了无限可能，同时也促成"全球互动传播网"，提升了受众地位，改变了人们的传播方式和习惯。所以，媒介技术的进步为媒介融合提供了根本动力。

二、传媒环境的变革为媒介融合奠定了基础

媒介环境学认为，媒介就像自然环境，不同的媒介和信息构成一个整体，各种媒介构成了人类生存生活的环境，即媒介环境系统。媒介融合是媒介生态发展到一定阶段的必然选择，在这个生态系统中，新旧媒介相互渗透、相互转化，逐渐形成了"相互交融，不可分割"的媒介生态环境。媒介融合就诞生于传媒环境的变迁的大环境下，传媒环境的变革为媒介融合提供了机遇。

（一）大众传播媒介追求"平衡"成为推动媒介走向融合的助动力

自然界的发展也是追求平衡的过程，生态平衡保持稳定可以有效应对外部条件的改变，有利于系统内的物种生存。同样的，大众传媒也有保持平衡的自我调整力。随着数字技术的不断趋于成熟，人与人之间可以通过电子媒介方便的交流，从而打破了以往传统的受众被动接收信息的生态平衡。原有的生存机制不足以应对媒介环境的改变，这时候媒介融合的趋势就很好地解决了这种"不平衡"的问题。数字化时代的到来催生了一批新媒体，它们具有强大的信息承载能力，这一点正好迎合了现在这个信息大爆炸的时代特点。

（二）传媒环境的变化促进媒介不断融合

由于具有极强的多方交互性和能够赋予受众充分的信息选择权，互联网以迅猛的发展势头从报纸、广播、电视等传统媒介中掠夺了大量的使用人群。对数字技术下电子媒介代表的互联网来说，它与其他通信技术的不同之处在于：兼备过去所有通信技术的特点和本质。其他媒体也意识到这一点，纷纷改变经营思路，开始与其他媒体特别是网络媒体展开合作，在融合中拓展自己的生存空间。在此环境下，传媒集团纷纷涌现、报网互动屡见不鲜。

媒介融合环境下，媒介的品牌资源得以输出并进行合理流动，发挥了传媒产业生态资源的最大价值和效用，从而优化了传媒生态环境，使媒介生态系统内外资源和能量得到充分的循环及转换，使传媒业持续健康发展，能够实现双赢。自 2004 年始，上海文广集团实施了打造跨地区、跨行业的综合性传媒集团，通过系列联合措施，并试图创建国际品牌。上海文广集团与《北京青年报》广州日报报业集团等多家媒体开展合作，共同组建第一财经跨媒体平台，包括《第一财经日报》《第一财经报道》和《第一财经网》，分别进入平面媒体和宽频网络电视、手机电视、数字电视等新媒体领域，初步形成跨地区、跨行业的综合性传媒文化产业集团的雏形。

当前，上海文广集团的传统媒体部分包括广播、电视、报纸、出版、财经通信社，数字媒体部分包括网站、网络电视、手机电视、短信业务等。第一财经的成功运营充分说明了在传媒格局发生变化的环境下，我国现代传媒机构必须以融合和开放的姿态投身激烈的市场竞争。只有打破地域限制，以各方资源优势和发掘利润为动力，才能打造一条完善、健康的传媒产业生态链。

三、媒介融合的直接原因——受众的需求

在媒介融合进程中，受众需求起到了直接的推动作用。例如手机报的产生就是由于最早的内容提供商和渠道商抓住手机极高的普及率和手机使用者的读报习惯，利用手机彩信的技术功能与报纸开展合作，从而实现将报纸的信息利用手机传输的功能送到目标群体的手中。美国著名传播学者保罗·莱文森认为媒介的演化具有"人性化趋势"，他在其 1979 年的博士论文《人类历程回放：媒介进化理论》中首次提出"人性化趋势"的媒介演化理论，他的这一理论主张受众在媒介演化中具有巨大的作用。传播学中的"使用与满足"理论认为受众对媒介有积极的能动作用，制约着媒介的传播过程，使用何种媒介完全基于受众个人的选择。只有当选择的媒介满足了需要的时候，受众才会在以后的行为中继续此前的选择。

（一）受众复合式的消费需要增长

随着社会不断进步和媒介技术的持续演进，受众的消费需求也发生了巨大的改变。不难理解，受众需求的改变会直接导致市场竞争相应的变化。市场营销学中"4C"理论的提出就把消费者（受众）放到市场营销的中心位置上。该理论在传媒市场中也同样适用，信息消费者的需求成为支撑传媒企业改革的主要动力之一，而媒介融合就是传媒业为应对

受众复合式的消费需要而做出的改变。

据2020年第45次中国互联网络发展状况统计报告，截至2020年3月，我国网民规模达9.04亿，较2018年底增长7508万，互联网普及率达64.5%，较2018年底提升4.9个百分点。之所以会有如此大的增加量，原因之一就是受众的复合式信息消费需求促使人们找到网络，并借助网络接入其他形式的媒介，从而寻找更多符合自己需求的信息。中国传媒大学黄升民教授认为，"碎片化的媒体格局在延续了几年之后，从2007年开始发生变化：从碎片化走向聚合。"① 昔日我们对受众的划分主要通过年龄、职业、性别和收入，但是今天，我们更多的是以生活方式、需求和收入水平等个人特点来划分受众群。如今的消费者不再对以往那种传播同质化信息的传播方式感兴趣，他们的口味发生了很大的改变，这部分人群开始对"分众化、个性化、多样化"的、甚至最好是为他们量身定做的信息表现出极高的兴趣。

同时，随着社会的不断进步，受众对信息消费提出了更高的要求，即省时省力、高品质、图文声像多种信息形式有机组合等，在受众这种复合式的信息需求下，传统媒体纷纷与网络、广电和电信互动、联合，只有融合才能制作更多符合受众需要的信息产品，从而在客观上推动了媒介融合。

（二）受众交互式的互动需要要求增长

在数字技术快速发展的今天，受众获取信息的方式发生了转变，他们越来越不满足与以往的仅仅单向获取信息的传播规则，而更加希望参与到信息传播的过程中来，体验制作和传播信息的过程，并取得他人反馈的满足感。例如世界各地"公民记者"的出现，在一些突发事件发生的时候，他们往往会利用手中的手机、笔记本电脑等数码设备，真实地记录事件的发展过程，从而打破了昔日大众传媒的信息垄断地位。

随着市场核心地位的确立，受众地位大大提高，传播的主动权由大众媒介转移到受众手中，受众对信息从以往的被动接受到现在的主动寻求，他们更加注重多向互动的实现。传媒从业者无时无刻不在琢磨受众的特点和需要。由于传统媒体很大程度上存在条块分割、体制不灵的缺点，传播方式无法突破时间和空间的局限，而受众越来越注重仅通过某一个媒介就能获取他想要的任何信息，并且也更加倾向于传受双方的互动。这就促使新旧媒介互相合作，传统媒体利用自己的内容优势，新媒体利用自己的渠道优势，让优质信息

---

① 刘千桂. 广告大逆转——众媒介与新广告 [M]. 北京：清华大学出版社，2009：24

通过网络、手机等新媒体渠道传输给受众，受众接收后也能即时反馈或者与他人共享。

受众交互式的互动需要刚好与媒介技术的进步带来的媒介互动性加强相适应。所以，媒介融合正在成为一个显而易见的大趋势。

第三节　媒介融合实践发展

媒介融合有诸多优势，既可以使承载信息的媒介与内容分离，从而使传播过程得到优化；又能提供受众以充分的自由选择权，满足受众个性化的信息需要。但这都需要一个长远的过程来实现，如果对媒介融合认识不清，其中的问题处理不当，就很容易浪费大量的人力、物力、财力。

融合是媒介环境寻求平衡的必然选择，为了达到一种平衡的状态，各种媒介取长补短、相互融合。以下分别从媒介环境、受众需求和传媒自身三个方面探讨媒介融合的意义。

一、媒介融合对媒介生态环境具有优化作用

当我们回顾以往传统的媒介环境，会发现媒介产品的生产手段往往是线性的，遵循采写编播的顺序。但是进入数字化的媒介环境，一切都变了，信息改变了以往线性的流动方式，各个媒介间的藩篱被一一打破，媒介融合往往伴随传媒产业化的进程。

长久以来，我国的传媒一直被定性为"事业单位"，所以带来了许多问题，如资源浪费、人浮于事、信息产品质量和效益不高等。但是随着媒介融合的逐步推进，迫使传媒机构重新按照市场规律整合，以市场化的运作方式进军传媒市场。这样一来，减少了资源浪费，各大媒体相互配合，以最小的投入换取最大的回报。

现在我们国家的媒介融合正在进行中，未来的局面仍难以预测，但是立足当前的传媒环境，我们可以断言：媒介融合是大势所趋，只有在媒介融合的基础上，传媒资源才能有效、合理地配置，才能使媒介生态环境重新找到平衡点。

二、媒介融合使传媒产品更加符合受众需求

在信息化时代，传媒渗入受众生活的方方面面，无处不在，大众传媒构成了人类生活不可缺少的组成部分。媒介是人体的延伸，人类借助媒介感知外部事物，目的是获取信

息,从而更好地发展自己。如今受众的需求千变万化,先后经历了大众化、分众化和现在的个人化三个时期。媒介融合环境下的传媒产品具有互动性和个人化的特点,符合受众需求。

媒介融合将带来受众和传媒双赢的结果。对受众来说,在"融合时代"的信息获取行为将更加得心应手。由于媒介融合后,将会给受众提供不同的信息传播渠道,并且根据受众需要来生产传媒产品,实现信息的分众传播,从而使作为信息消费者的受众广泛享有个性化的产品和人性化的服务。并且关键一点是,由于市场竞争的存在,受众并不需要为这种满足感的获得而支付较以往更多的额外费用。面对应用多点触控技术的、极富用户体验性的手机屏、电脑屏、电视屏,受众所接受的信息从数量上来说是极大丰富了,内容也具备了相当的个人属性,可以根据自己的需要定制信息。通过一种媒体,能够享受到多种服务,例如利用手机订机票、酒店,利用数字电视参加有奖竞猜和节目互动,等等,受众在传播过程中的地位得到了极大的提升。

三、媒介融合提升了传媒竞争力

大众传媒通过融合能够生产出具有竞争力、适销对路的媒介产品,从而获得相应的利润,利润的获得保证了传媒企业较强的市场竞争力,而竞争力的提高又会促使传媒企业生产出更高质量的媒介产品,使产品多元化、服务个性化,从而实现了市场竞争的良性循环。正如中国人民大学新闻学院的喻国明教授在其《传媒变革力》一书中所说的"大媒体市场即将现身:单纯的报业市场越来越淡出,媒介之间的联合特别是传统媒体和新兴媒体的融合将成为主流。"这样一来,融合后的媒介企业集团既能发挥旗下报纸、杂志等传统媒体的优势,也能丰富网络、手机等新媒体的内容,各媒体之间通力合作、紧密配合,最大限度实现信息共享,组成一个有机的整体,从而实现了资源效益最大化。

喻国明指出:"媒介融合对于传媒绩效的提高效果是明显的。业界通常认为,媒介融合由于优化了新闻报道和传播的过程,同时利用广播电视、报纸和网络媒介的优点,在人们需要的时间和地点提供新闻信息,所以可以提升新闻产品和新闻服务的质量,而高质量的新闻产品和服务可以增加收视率和市场份额。"[①] 在充分融合之后,传媒会成为跨媒体、跨地区和跨行业的媒介集团,其盈利模式将彻底改变现在仅仅依赖贩卖版面的现状,极大拓宽产业链,从而大众传媒不仅在国内市场,在与国际对手相比的时候也会更具竞争力。

---

① 喻国明. 传媒变革力——传媒转型的行动路线图 [M]. 广州:南方日报出版社,2009.5:83

第四节 我国媒介融合路径选择

一、引入市场竞争机制，突破体制束缚

纵观世界各国的传媒改革，放松管制、引入竞争是共同点。在现阶段，很多国家都意识到应出台政策法规，放松对传媒的管制，鼓励媒介走市场化的发展之路。打破垄断的优势是显而易见的，市场参与者越多，竞争越活跃，消费者的选择权就越多，竞争压力之下服务的质量就越高。同时，竞争也带来价格的下降，刺激了消费，提高了购买力，继而又会吸引更多的消费者，网络建设的速度也会加快。

在媒介融合的产业发展上，可以得出这样的结论：管制放松是大势所趋，这是信息革命带来的结果，也是全球化的必然要求，主要目的在于鼓励竞争，促进市场的活跃和繁荣；管制放松深层次的背景是信息技术扩散导致管制无效化，以及全球化的发展趋势要求媒体部门、电信部门进一步开放，加强合作；管制放松也必然导致市场结构的剧烈变化，这包括产业集中度，进入、退出壁垒，横向和纵向一体化等方面，而这些变化对于厂商的行为，以至市场绩效会产生一系列的间接影响。我国的传媒曾长期处于"一元体制，二元运作"的规制下，其"喉舌地位"的发展，意识形态功能一直被放在首位，但随着社会的进步，特别是传媒技术。

（一）放宽市场准入标准，打破垄断局面

从最近的几十年来看，世界上几乎所有媒介融合的成功案例无不与政府的开放型政策密切相关。最为典型的当属美国国会1996年通过的新电信法和英国国会于2003年通过的通信法，这两大法规的出台促进了民间资本进入传媒产业，在很大程度上提高了本国传媒的市场竞争力。这也就不难理解为什么美英两国能够在全球传媒市场长期居于主导地位了。长久以来，我国的传媒事业完全是在"摸石头过河"，传媒改革一直处于"微量前进"的阶段，在很大程度上仍未消除计划经济体制思想的影响。

由于我们国家有自己的特殊国情，不可能照搬国外经验，但是随着我国经济不断发展，会不断降低传媒市场的准入门槛，这也是全球范围的大势所趋。国家应实行鼓励媒介融合的政策，在法律政策方面确立完善相关制度；基础设施和技术建设方面要放宽市场准

入，鼓励技术创新，打破垄断局面。不仅如此，还要引入竞争机制，进一步推进媒体改制，实现投资主体多元化。政府主管部门一定要破除小团体的思维局限，从大局着眼，把眼光放到建设国家文化产业的高度，突破"本地化、本部门化"的狭隘观念，大胆尝试放宽市场准入机制，允许外资和民营资本进入传媒市场，这样才能为媒介融合创作良好的制度和资本空间。在这方面，牡丹江新闻传媒集团给我们做出了表率。

作为我国第一个真正意义上的媒介集团，牡丹江新闻传媒集团在牡丹江原广电局局长张宝才的带动下，所有集团职工由公务员和事业编制转为企业编制，实行全员聘任制；成立党委会、董事会和监事会，"三会"各负其责，彼此间不得有人员交叉，完全按照产业化的要求开展经营活动。十年改革后，牡丹江新闻传媒集团不仅年收入快速增长，并且集团化后连续创下了多年"播出零事故"的纪录。现在牡丹江新闻传媒集团已发展成为一家拥有广播、电视、报纸、杂志、音像出版、网站等多种传媒资源，涵盖广告、影视、网络、印务、出版发行、传媒教育、旅游、国际贸易等多种业务领域的综合性传媒集团。

（二）媒介环境的变革呼唤传媒规制的重新构建

"规制"一词是外来语，由日本经济学家对英文单词"regulation"翻译得来，20世纪90年代引入中国。"规制"一般用于政府以法律和规章制度对经济主体进行规范和约束的行为。在传媒市场中，同样需要政府对媒介的规制，传统意义上的媒介由于受物理条件的局限，有天然的垄断性。例如无线电的频谱就属于稀缺资源，通常被认定为国有性质，要靠政府分配才能取得。但是随着媒介技术的不断进步，各种以数字化为特点的新媒体大量涌现，极大改变了媒介生态环境，原本有限的媒介资源突然丰富起来，人们利用播客、微博的形式通过互联网和手机向外直播，人人都成为新闻台。媒介环境的最大变化是"媒介边界的消解"，这种消解的力量一方面模糊了新旧媒介之间的界限，另一方面也使得受众地位上升，可以根据自己的需要自行方便地选择信息，并以极强的互动性拉拢了一大批具有很高消费能力的年轻人。媒介边界的消解也极大地影响着我们的生活，但是如果没有适应当下媒介环境的传媒规制，受众就不可能充分享有媒介融合带来的新成果。新的传媒规制的构建，有助于公众享有充分的信息选择权，保证信息在新的媒介环境下良好地流动。

企业是市场竞争的主体，传媒企业对于受众需求有着十分敏锐的触感。当传媒产业化后，在媒介技术条件逐步具备后，放松行政力量管制和鼓励市场竞争就成为媒介融合的必要因素。

从最近几年我国媒介融合的发展看来，媒介集团化是一个最突出的表现。我国的媒介集团化"主要通过的是非市场化的渠道，表现为行政主导下的合并与划拨。"① 由于我们国家新闻媒体都有一定的政治级别，这样就很难在市场上与其他行业公平地开展合作和竞争；并且各大传媒集团都有很强的地域性，通常都是按照省、市的地域划分来组建传媒集团，这样就容易被地方政府的行政力量左右，很难在市场经济的大潮中放开手脚。媒介融合给中国的广电、电信和互联网行业也提出了新的要求。改革开放以来，传媒机构逐渐走向产业化，实行产业化管理与运作，情况起了很大变化。所以，在中国的具体环境下，媒介竞争的概念不应仅从表面上去看待，而应从深层次上去看待，将它与经济改革以来的社会发展联系起来。②

"竞争的另一个好处是，为了得到竞争优势，技术、设计和服务创新得到发展。"③ 大众传媒跨地区、跨媒体、跨行业融合，有利于促使各方取长补短，调动各方积极性，从而取得良好的市场收益。所以，政府及行政管理部门应当适当鼓励竞争，这样传媒产业的发展才能健康有序地走向融合。

长远来看，必须对传媒规制进行改革才能适应当今媒介环境的改变。为了提高效率，我国必须尽快成立传媒行业专门的管理部门，从全局统领传媒行业的发展，保证媒介融合的顺利进行。打破当前条块分割、多头管理的混乱局面，成立综合的协调性质的管理部门，这样不但有利于引导媒介融合，更能深入贯彻国家关于传媒行业的大政方针。除此之外，由于我国当前存在着大量缺乏规范性、缺乏连续性和常规化的现象④，除了要成立专门的规制机构外，还应注意要以健全的法律法规代替以往的临时性政策、条例，强调法律法规的透明化、长期化。只有这样，才能确保媒介融合的有法可依，避免不必要的财产损失和资源浪费。

二、建立产业链接，打造传媒品牌平台

在产业方面，应从构建产业链的角度，加快推进跨区域、跨行业、跨所有制的竞合发展，打破原有封闭保守的管理体制机制和区域分割垄断的政策障碍。传媒产业要做大做强，必须要把跨区域、跨行业、跨所有制的提升为战略选择。在"媒介融合"进程中，各

---

① 朱剑飞. 树立科学改革观正视广电传媒发展瓶颈 [J]. 现代传播-中国传媒大学学报，2009（05）：1-5.
② 张咏华. 媒介分析：传播技术神话的解读 [M]. 上海：复旦大学出版社，2002：277.
③ 托马斯·鲍德温，史蒂文森·麦克沃依，查尔斯·斯坦菲尔德. 龙耘，官希明. 大汇流：整合媒介、信息与传播 [M]. 北京：华夏出版社，2000：241.
④ 喻国明，苏林森. 中国媒介规制的发展、问题与未来方向 [J]. 中国媒体发展研究报告，2010（00）：209-224.

个渠道商和内容运营商应打破行业垄断,以国际化视角从大局着眼,这样才能转危为机、拓展新的业务空间。除此之外,还应重视品牌的力量,媒介行业有很强的规模效应,应以规模化塑造强势品牌,这样才能在市场经济的大潮下获取良好的经济和社会效益。

(一) 以数字化为中心建立产业链接

在传统的媒介环境下,多数媒体的运作还是依赖广告在媒介平台上播出的一次性收益,而长期无法从整条产业链接获取巨大利益。但是现在不同了,数字化技术已经成为大势所趋,在数字技术的推动下,媒介也逐步走向融合。媒介融合会在很大程度上使数字化内容以不同的表现形式呈现给受众,从而改变了传统媒介信息的不对称,同时也让数字化产业链成为可能。在数字化条件下,不同媒体可以以自己的优势为基础,借力其他媒介,从而搭建起一条完整的产业链条,实现节目内容和渠道的不断增值。

作为国内最早研究媒介融合的学者之一、中国人民大学新闻学院彭兰教授曾指出,媒介融合会带来产业的重组与融合。传媒机构会发现自己正置身于一个新的产业链条上,这个链条不仅包含现有的传媒机构,还包含新兴的内容提供商、电信运营商、IT业以及其他与信息生产相关的企业。我们仔细梳理彭兰教授指出的整条产业链会发现,贯穿始终的特点就是数字化,如果没有数字技术的应用,整个产业链将不复存在,所以应当以数字化技术为基础,建立完善的产业链条。在围绕数字化建立产业链方面,国内的汉王科技股份公司走在业界前列。2010年5月10日,汉王科技在北京提出了推动数字出版产业的蓬勃发展的"四项基本原则",即"免费数据加工""对方定价""二八分成"及"一书一密"。从产业链的角度围绕数字化做文章。这四项原则的提出不仅能够保证数字技术时代的知识产权,并且对媒介融合后最关键的"利益分成"问题也做出了表率。

(二) 树立清晰的传媒品牌形象

品牌的力量早已为人们所认识,某种程度上一个品牌甚至可以成为一个产业的代名词。在媒介融合环境下,品牌的作用更是不可小视。当前我国的媒体同质化十分严重,相互之间的竞争也越来越激烈。与此同时,数字技术的发展带来了信息爆炸,受众的媒介接触行为更加难以捉摸,很多按照以前传统的运作行为支持的媒体都有"日子不好过"了的直观感受。

在这样复杂的环境下,通过树立清晰的品牌形象,打造强势品牌,就成为媒体生存道路中的重点。例如著名的杂志《家庭》,早在2002年就成立了我国第一家期刊集团:家庭期刊集团。该集团还创办了《孩子》《旅游界》《财讯》等品牌系列刊物和国内第一本全媒体概念杂志《赢未来》，借助互联网、通信平台，实现了印刷杂志、手机杂志、电子杂志等立体协同发展。家庭期刊集团还积极向多元领域拓展，运用《家庭》的品牌优势，探索现代文化企业的发展道路，逐步形成了"一体两翼"的办刊办社方针，即：以办刊为主体，一方面在广州、珠海、东莞创办经济实体、开发房地产，另一方面举办一系列的全国性大型文化公益活动。

三、确定目标受众，创新融媒内容的生产

相对于以往的"大众传播"时代，如今的传媒环境发生了巨大的变化，这种变化是多方面的，其中受众的改变是最重要的一点。"媒介融合"时代的受众有了新的属性，他们更加强调个性化和多方互动性的传播诉求，对新媒体的反应速度更快，更容易接受融合媒体的传播习惯。所以，要从根本上转变以往的媒介经营策略，发现目标受众的需求，根据受众需求的不同创新内容生产。只有这样，才能在媒介融合时代取得最大的社会效益和经济效益。

（一）区别对待差异化和个性化的目标受众

媒介融合的时代，传媒数量激增，特别是在来势汹汹的网络、手机等新媒体挤占下，受众原本单一化的媒介选择突然变得丰富起来。在这个环境下，是时候重新认识媒体要面对的受众了。整合营销传播学上有著名的"4C"理论，由美国营销专家劳朋特教授于1990年率先提出，该理论强调了经济活动中受众的主导地位，以消费者需求为导向，重新设定了市场营销组合的四个基本要素：即消费者（Consumer）、成本（Cost）、便利（Convenience）和传播（Communication）。该理论也同样适用于媒介融合环境下的媒介经营管理，大众传媒应对目标市场精确定位，利用新媒体的传播特性，仔细研究受众需求，在此基础上确定媒介产品的生产和传播。

与"4C"理论相对应的是"分众化传播"的概念。该概念最早是由美国著名未来学家阿尔文·托夫勒提出。他于1970年就曾预言，传媒未来面临着分众化和小众化趋势。时至今日果然被他言中，在融媒环境下受众群体的确已经开始"碎片化"，人类已经从大众传播时代来到了"分众化时代"。随着媒介技术的不断进步，受众媒介使用习惯也会发展很大的变化，与此同时也对传媒的盈利模式提出挑战。总之，受众细分越来越成为传媒

行业关注的焦点，根据不同特点的受众设置差异化的信息产品已成为新的共识。

随着我国经济的持续快速发展，在传媒领域也应加快市场化进程，引入市场竞争机制，针对受众划分市场，针对市场开发媒介产品。传媒行业本质上是文化产业，传媒产品与文化产品一样，具有极高的情感属性。所以，在制作传媒产品的时候，要牢牢抓住受众的需求心理，在对受众细分并深入挖掘受众特点的基础上，才能开发出具有竞争力的媒介产品。举例来说，数字电视的广泛应用就把以往收看模拟信号的电视观众解放出来，它所提供的数百个细分化的频道满足了受众全方位的需要，被多种媒介包围的受众如今的口味变得更加挑剔，数字技术在电视上的运用，就很好地顺应了"融合"的趋势，有助于电视媒体吸引受众，提高节目的收视率。

（二）创新自治化和平台化内容的生产

传统内容生产面临的最大的困境是发布渠道日益增多，内容的质量和产量无法满足需求，形成了内容的稀缺。但这些稀缺的根本原因是在于传统媒介集团对生产的垄断和规模生产对创意的束缚。所以，在媒介融合时代，应重点创新内容生产机制，以自治化和平台化的内容生产机制迎接媒介融合时代的挑战。这里的"自治化和平台化"主要是指媒介主要由受众创造内容，媒介成为受众创造内容的"自留地"。前文已经论证了技术力量的革新导致"全球互动传播网"的形成，在全球互动传播网中，媒体应该成为信息交流的平台，这个平台搭建的内容形式更加丰富多样。我们从视频网站You Tube的发展中可以得到自治化和平台化的很多启示。

You Tube当前是最大的视频分享网站，它提供免费视频服务，世界各地的用户均可以自由上传、链接、分享自己的视频作品，其成立不到一年的时间便进入Alexa排名前十。You Tube的成功得益于它Web2.0时代最时髦的互联网理论：UGC（User Generate Content，用户创造内容）、互动社区、开放平台，等等。You Tube虽然不是第一个提供免费视频服务的网站，但却是第一个将共建共享的原则加以实践的视频网站，它精准而巧妙地抓住了人们渴望在一个平等、互动、开放的平台上，用自己创作的内容来展示自己、沟通交流的心理。You Tube作为媒体，其收益不是内容的生产和销售，而主要是广告。从You Tube的例子我们可以看出，媒介不必去亲自制作内容，可以仅仅作为一个发布的平台，这样便可以腾出大量的资金和技术专注于内容发布的管理和传播技术的改进。但是媒介的自治化和平台化不仅仅是指媒介功能的单一化，还包括媒介与上游内容提供者和下游受众之间的关系变化。

自治化和平台化的优势很明显的，媒介之所以会存在"规模不经济"的原因主要就是管理成本的上升。媒介平台化以后，既解决了内容稀缺的问题，又把创新内容的主动权交给了受众，由市场来决定哪些内容能够存在。相较于规模经济利用内部分工来提高生产效率，平台化就把这种生产关系转移到了外部，让社会自动分工，把内部管理工作变成外部服务。由于规模较小的自由专业者和小型的公司取得了内容的创新权利，所以内容更好地贴近市场，同时规模较小，创新的阻力就越小。

虽然对版权的冲击和内容审查的困难是媒介向自治化和平台化方向发展的两大软肋，需要在实践中审慎解决，但是平台化的优势是不可替代的，平台化会成为未来媒介内容生产的主要发展方向。对于行业管理部门、运营商、已经参与或者准备参与到内容生产的组织和个人来说，掌握这一趋势非常重要，对于以后的软硬件建设、技术标准选择以及生产模式的建构等具体行为都具有非常高的指导价值，能够少走或者避免走弯路。

四、联盟合力开发，扫除技术障碍

媒介融合是人类社会发展的必然选择，不但需要技术支持，为科学理论的实现提供现实基础，并且要解决将技术实用化的工程问题，把技术和工程进一步落实为经济和社会效用，要达到这个目的，就需要通过各个组织的通力合作，建立全行业通用的技术标准，从根本上解决媒介融合的技术标准障碍。

（一）技术标准在媒介融合中具有重要的作用

尽管从当前我国三网融合的现实来看已经不存在，例如工信部通信发展司司长张峰早在 2009 年就在《工业通信业运行新闻发布会》上明确表示"三网融合在技术和设备上已经不存在障碍"。但是技术不同于技术标准，技术标准涉及的层面更多，主要包括由专门的标准组织设定的基础技术标准、工艺制造标准、检验测试标准等。例如现在的 3G 技术，就有由国际电信联盟（ITU）在 2000 年 5 月确定的 W—CDMA、CDMA2000 和 TDS—CDMA 三大主流无线接口标准。如今中国移动也针对 4G 技术开发出了 TD—LTE 技术标准，并成功被国际电信联盟确定为第四代移动通信的国际标准，这也是我国自主知识产权的一大突破，并成为中国电信企业走向世界的一个战略举措。

从移动通信技术的发展历程来看，开发一项技术标准需要长期的技术准备和大量的资金支持，同时也存在很大的风险，但依然还有这么多国家和组织进行技术标准的研究，原因主要可以归结为两点：第一，技术标准可能涉及国家安全，如果技术标准一直由少数的几个国家掌握，那么一旦本国需要在相关的技术上提高信息化生产能力，持有的这些技术标准的国家就可能趁机进行胁迫。第二，不掌握技术标准，市场竞争力就大大下降，由于技术标准都是一套完备的体系，每个组成部分也是相配套的，如果一味地按照别人的标准执行，长期下去就会形成惰性，不利于企业健康发展。技术标准如此重要，所以每个国家或者组织都希望自己的标准成为通用标准，推广到其他国家和组织，从而使自己国家拥有在本领域的话语权：标准制定权。

（二）创建技术联盟，合力开发出适用于媒介融合的技术标准

联盟开发的优势显而易见，要充分发挥联盟开发的优势，还必须处理好以下问题：首要的一点就是利益的协调问题，其次是要注意与上一代技术标准的衔接问题。对于任何国家、企业来说，如果开发的标准没有广泛地寻求国内外的同盟军，就很难走出国门，很难在市场立足。面对人类无止境的交流和消费欲望，空前绝后的机遇也摆在各种生产商、运营商和用户面前，走联盟合力的技术开发之路，无疑是最好的应对之道。

移动通信技术已经成为未来媒介融合发展的主流技术，企业联盟合力开发技术标准将是理所当然的选择。主要有下面五点好处：第一，联盟开发可以减少各个企业的风险份额；第二，一旦企业的技术纳入标准体系，市场对长期的产品需求便有了保障；第三，联盟内的企业在技术开发过程中，通过协作和利益协调，可以减少以后不必要的竞争；第四，联盟的力量和权威性远大于单个企业的力量，开发的技术在政治和经济上的影响力更强，更容易进入市场；第五，由于技术开发是长期的工程，单个企业的实力有限，联盟开发方能保证研究过程的连续性和稳定性。从近几年的技术标准推广实践，我们也可以看到，采纳最多的和推广最好的往往是参与企业最多的联盟开发的。

本章小结

媒介融合绝非简单的、线性单向度的发展过程，它涉及传媒体制、传媒技术和政策等多维角度，是一个浩大的系统工程，也是历史的必然选择。媒介融合会给人类的媒介环境

带来全方面的变革，相伴而来的还有传媒产业链的拓展和盈利模式的改变等机遇。当然，当前看来媒介融合还有许多不尽如人意的地方，例如传统的媒介管理体制不适应媒介的发展、传媒资本运作不成熟和技术标准不统一的现状。面对这些问题，本书对媒介融合的动因进行了多角度的分析，在看到其呈现的意义和存在的问题的基础上，提出了相应的现实路径选择。

随着媒介中融合进程的不断推进，媒介融合带来的最核心的价值是便携而通达的网络、丰富的渠道、海量的内容和功能强大的终端，这与以往任何一次划时代的进步一样，都是媒介的消费者进一步走向自由。在此环境下，如何处理好置身于媒介融合进程中的传统媒体、新媒体、受众等的关系，就是我们必须要面对的问题。既要政策制定者拿出积极稳妥的方案，也需要技术不断创新。总之，人们有充足的理由坚信大众传媒融合的步伐会越走越快，我们每一个人都应该做好准备，走向融合的未来。

第二章 媒介融合趋势下新闻传播的现时性考量

随着信息时代的发展,传统的传播方式和观念受到影响,市场需求的多样化使媒体的发展面临严峻的挑战和新的机遇。"媒介融合"逐渐成为热门词语。本章主要从媒体角度探讨新闻生产、新闻传播者以及新闻受众。

第一节 媒介融合视阈下新闻生产的特点

一、新闻生产与文化融合

媒体融合已经成为新闻业继续发展无法回避的问题,并影响到行业内的方方面面,学者们甚至提出"融合文化"(convergence culture)这样一个概念来描述媒介融合对社会文化形态和文化生产的影响。新闻生产也不可避免地表现出融合的特点。讨论这一问题时,一个看似简单但实际却很复杂的问题就是:何为新闻生产领域的融合?它可能包含两种情况:一种是不同形态的媒体之间的融合;另一种是新闻报道中文字、图片、视频、音频等不同表现形式的融合。本章对融合新闻生产的讨论主要着眼于第一种情况,即指新闻产品在不同介质的新闻媒体上的制作。理想中的状态是,围绕一条新闻线索制作的报道能够满足电视、报纸、广播、网络等不同类型媒体的需求。就融合而言,至少能满足两种不同平台的需求,多的则有四五种甚至更多的平台。不过,在实践中,我们恐怕很难看到如此多不同形态的媒体一起融合生产的例子,以至于多媒体平台的融合生产仍是一种理想状态,当前的实践状况远未达到这一要求。所以,更具一般意义的跨媒体生产成为学者们描述这一现象的另一个分析概念,在一定程度上交替使用。

从现实情况来看,当前的融合新闻生产基本还是互联网与报纸、电视或广播的融合,也就是说，互联网才是融合环境下的核心生产平台。所以，关于融合新闻生产的讨论必须紧紧围绕互联网来展开。事实上，自20世纪90年代以来，互联网对于新闻业的意义就引起了新闻研究者的极大兴趣。尽管互联网并没有如一些人预料的那样，给传统新闻业带来一场革命，塑造出全新的新闻业，但如今我们再讨论新闻业时，已不得不正视这样一个现实，互联网已经深深"嵌入"到新闻业的肌体：一方面，它成为新闻实践的活跃平台，为新闻业提供具有无限可能的技术基础；另一方面，它本身就是新闻实践的一部分，在或明或暗地改变着传统新闻业的面貌。就新闻生产的角度而言，各种媒体形态在互联网基础上的融合已经体现在生产平台、生产方式、生产流程、产品形态等诸多方面。从这一角度对媒体融合展开的研究被称作新闻融合，与技术融合、经济融合一起成为研究融合的三种主要视角。

新闻融合侧重于从新闻生产的角度来研究融合给新闻室带来的变化，体现在日常实践、新闻价值观、新闻文化等方面的变化，可被称为"新闻室融合"。

二、新闻常规进行重构

（一）新闻常规释义

新闻常规是新闻社会学中的一个重要概念，按照休梅克（Shoemaker）和瑞斯（Reese）对新闻常规的界定，新闻常规是新闻工作者用来完成工作的一系列模式化的、常规的、重复的实践和形式。简单地说，它指涉的是新闻工作者用来处理每天工作任务的习惯方式，包括寻找选题、联络消息来源、判断核实信息、采访、写作等部分，以上各项还可以再做细分。[①] 这些新闻常规其实就是日常新闻生产中隐藏着的规则，帮助新闻工作者有效地应对新闻工作的无序和不确定性。新闻常规的形成是个动态的过程，往往随着组织内外环境的改变而调整。从这个角度来说，它是一个很好的观察新闻业变迁的切入口。

新闻报道虽然由记者个人写就，但从采访到见诸媒体还要经过新闻组织内一系列的工作流程。可以说，新闻既是一种个人产品，也是一种组织产品。这种组织性表现在新闻的采访、写作、编辑等生产流程必须经过新闻组织内部层层的把关与决策过程。相对于政府、公司、工厂等组织严密的机构，新闻组织的日常运作未必会有一套巨细无遗的规章制度，而更多依靠一种无形的组织文化。这种无形的组织文化常以新闻常规的形式隐秘存

---

① 张文强. 新闻工作者与媒体组织的互动 [M]. 台北：秀威资讯科技股份有限公司 2009：153.

在。这些常规在新闻组织的日常运作中扮演着重要角色,因而新闻媒体甚至被认为是一种在新闻室内使用常规使工作顺利完成的正式组织。常规之所以重要是由于新闻工作每天面临大量的非预期性事件,为了应对和处理这些突发的例外事件,新闻组织只有把这些事件及其应对方式加以常规化才能应付新闻的突发特性。

对于新闻从业者个体来说,新闻常规赋予他们一套既定的观念和程序以快速认识、分类和理解新闻事件;对于新闻组织来说,新闻常规确保其在有限时间内完成新闻生产,保障组织运作的有序性和稳定性。媒体内部则通过采编流程、业务培训、奖惩机制、薪酬体系等各种规训手段使新闻从业者不断内化和重复这些做法,从而使新闻生产呈现出较为稳定和一致的形态,制作出相对充分和可靠的新闻产品。

20世纪七八十年代,新闻社会学的一批经典著作采用参与式观察、深度访谈等方法对新闻生产的过程进行了细致、全面的解剖,掀起第一波对新闻室的民族志研究浪潮,取得了不少的成果。其中,美国社会学家塔克曼(Tuchman)率先使用了新闻常规这一概念。根据她的研究,在日常的新闻生产过程中,新闻组织为处理每日复杂的新闻事件会发展出许多工作常规,例如新闻网的设置、新闻时间的安排、新闻类型的划分以及新闻报道的方式等。虽然塔克曼率先引入常规概念,但她的研究并不是从一个空白领域起步的,类似的将新闻生产标准化、行业化的思想在此之前已经产生,只不过当时的研究者没有使用常规这个概念而已。在塔克曼的经典著作《做新闻》(*Making News*)之后,新闻社会学领域一系列关于新闻生产的研究也都集中讨论了新闻从业者如何构建这些新闻常规。近年来,一批欧美学者进入不同网络媒体的新闻室进行参与式观察,开启第二波对新闻室的民族志研究。这些研究最为关心的问题就是网络新闻的生产过程,新闻常规是学者们最为关注的一个问题。他们进入新闻室考察新闻常规、行业规范、专业认同等在网络环境下的变化,此类研究多以参与式观察及深度访谈的方式,了解新闻制作的惯例及决策过程。过去几年来,西方学者已经注意到新闻生产中的常规、模式与实践发生了许多变化,例如,记者外出采集核实新闻的常规正在逐渐削弱、新闻组织越来越依赖于从互联网上寻找新闻素材、新闻工作者的角色越来越模糊、越来越强调记者的全能性以适应跨平台的新闻生产等。

(二)新闻常规重构的层面

下面以四种基本的新闻常规为例,讨论新闻常规在互联网环境下的变化。正是由于其在新闻生产过程中具有基础的地位,才能更深刻地体现出新的时间、空间、技术等因素所带来的新闻常规的变化。

1. 路线常规的重构

在塔克曼的研究中，社会被新闻组织分割成若干细格，组织内部则设计出特定的"路线"，配备专门的记者长久而定期地获取路线信息，不同新闻组织根据对事件或机构的不同重视程度决定是否或如何设置路线。路线中比较重要的机构成为记者关注的重点，为不遗漏重要线索，记者须定期联络与拜访。一般来说，政府、大企业、宗教团体等较容易成为媒体的固定路线。费什曼（Fishman）认为，路线是扎根于记者实际工作世界中的概念，它在新闻组织中的历史甚至早于主跑路线的个体的历史。在他看来，虽然路线主要由记者负责联系，但路线的归属却由新闻组织内的管理人员负责调配。路线并不总是由机构构成，一些话题或活动由于出现频率较高而持续受到重视，逐渐形成"话题决定路线"的情况，例如，环保议题便成为许多媒体的固定路线。可以说，路线是影响新闻选择的先决条件，并且不同路线的记者在报道同一新闻事件时选取的报道角度往往会有不同。

随着网络技术的发展，互联网提供的信息成为许多记者获取新闻线索的重要资源库。早在1999年，美国就有92%的新闻记者在网上搜索新闻素材。2010年，一份对2500多位中国记者的调查也显示，受访者中超过9成的记者认为社交媒体上的新闻线索有价值，超过6成的记者曾通过"从社交媒体上获取的新闻线索或采访对象"完成过选题报道。当来自互联网的内容在日常新闻生产中的作用日趋凸显时，设置与网络信息有关的路线就成为一个理所当然的选择。从国内媒体的实践来看，一些媒体设置了专门的报网互动版面，如《南方都市报》的网眼版将原本在网上流传的事件信息"落地"成为传统媒体报道的题材。在具体操作中，网版不是直接采用网民报料，而是主动去一些热门的网络论坛寻找网络相关题材，记者需要大量阅读与网络事件相关的每一个帖子，提炼角度、设计问题，然后去采访与事件相关的当事人或有关部门。值得注意的是，互联网之所以成为传统媒体不得不重视的一个路线，其根本原因就在于近年来国内颇有影响力的新闻报道多源于互联网。特别是微博的出现使得公共事件的发生频率、传播广度和深度都发生了天翻地覆的变化，例如"宜黄事件""李刚事件"等共同推动微博事件成为传统媒体报道的常规题材，进入新闻生产的常规流程。

2. 消息来源常规的重构

虽然不同新闻组织设置的路线会存有差异，但与路线上的消息来源保持密切互动的工作常规则大体一致。在一项开创性的研究中，西加尔（Sigal）分析了1949年至1969年间《华盛顿邮报》与《纽约时报》的头版新闻，结果发现美国及外国政府官员占所有消息来源的四分之三。此后，对消息来源的研究也都有类似的结论，学者们发现一些特定的组织或个体更容易成为消息来源,官方部门、社会精英、专家、男性等更多地出现在新闻报道中。记者与消息来源的互动关系也成为一种例行性的新闻常规,在实践中表现出共生、同化、对立、交换四种类型。消息来源的角色如此重要,因此,新闻社会学者们认为,真正的新闻应是新闻记者与消息来源共同合作的结果。甘斯把新闻生产比喻为一段新闻记者与消息来源"共舞"的过程,两者虽然均可随时带领另一方起舞,但大部分时候占上风者仍为消息来源。

在记者搜寻消息来源的过程中,传统上比较重视人际关系在这方面的作用。而随着互联网技术的不断革新,网络业已经成为一种非常重要的中介资源。从中国记者的实践来看,在搜索引擎、网络论坛之外,以微博为代表的社会化媒体越发凸显出它在帮助记者寻找消息来源方面的重要性。在微博平台上的记者寻找消息来源的行为已经形成了下列方式:第一种是微博用户的主动报料,他们或是事件的当事人或是知情者,将相关信息发布到微博上后引起记者的关注。第二种由事件当事人自行发布,记者跟进采访。他们发布的微博基本上是一手信息、原始素材,记者往往可以由此接近核心信源,把握事件最新进展。第三种则为记者主动求援、广泛搜寻新闻事件的当事人或知情者。在微博平台上,记者与消息来源的距离缩短,由疏离、陌生变为接近、熟知。由于微博发布技术门槛低、发布主体去中心化,与新闻事件相关的名人或普通人都能在报道聚焦时期成为"焦点人物",记者可以即时掌握其动态,还可以用关注、跟帖、转发或私信方式与其公开交流或私下联系。事实上,推特之所以受到美国新闻记者的青睐,与它便于记者寻找消息来源也有密切关系[①]。与此同时,这些网络工具提供的便利性也使得记者更多地待在编辑部里。值得注意的是,尽管互联网使记者与消息来源的互动变得更加便捷与快速,但并没有使消息来源的多元性变得更强。

3. 时间常规的重构

时间是影响新闻取舍的重要考量因素,尽管关于新闻的定义纷繁多样,但在新闻价值的判断中,时效性却是一个最基本的元素。事件发生与新闻报道之间的间隔越短,新闻报道也就具有更高的价值,重视突发新闻、设置截稿期限都是时间观念影响下的产物。新闻工作是一个"因时作息"的行业,一方面,为了获取新闻,新闻组织和新闻工作者会配合路线与消息来源的工作时间而形成独特的工作节奏,比如例如定时定期拜访路线上的消息来源;另一方面,任何社会事件要被报道都需与新闻媒体的工作节奏相吻合。

---

① 邓建国. 速度与深度:Twitter 对美国报业内容生产流程的重构 [J]. 媒体时代,2011 (08):26-30.

在传统媒体背景下，尽管记者们努力缩短事件发生与新闻报道之间的时滞，但受限于客观条件，记者们处理的永远都是已经完成式的新闻。随着媒介生产平台的多样化以及一些更为复杂的内容管理系统的引入，记者生产所需要的单位时间越来越短。尼格伦的调查表明，传统的地方媒体的记者一天可以制作2到3条新闻，但在网络媒体工作的记者效率最高的可以达到一天5到10条稿件。这充分证明，互联网及其他数字技术的应用大大提高了记者的生产效率，增加了新闻产品的数量。

然而，互联网时代的新闻业对速度和即时性的追求则衍生出一系列问题。第一，当对速度的追求演变为持续不断的"截稿时间"和新闻循环时，新闻常常以碎片化的形式呈现，使得公众难以知晓事件或议题的全貌，进而破坏了新闻业为公众提供全面和丰富信息的功能。第二，当新闻业对速度的竞争日益剧烈时，更可能引发对真实准确这一基本专业准则的放弃。这是由于，在巨大的时间压力下，很多媒体很难坚持在短时间内核实信息。而在对速度的追求下，互联网信息流通的高速逻辑又必然混合着或催生了对"新奇"的强调。这些都使得记者往往在未加充分核实的前提下发布报道，有时甚至导致虚假报道①。

4. 选择常规

传统的新闻从业者根据个人经验以及对社会的认知来判断某个事件的新闻价值，某些被选择的事件之所以能够成为新闻，是由于它们符合了特定的组织标准和文化价值。但互联网出现后，这一状况发生了一定的变化，网上热门事件成为媒体新闻选择的新标准。网络热点往往意味着此事具有吸引网民注意的元素，这种网络热点通常具有相当的一致性。一项针对YouTube影片内容的研究就发现，越轻松的内容，点击率越高；那些不平衡、没引述消息来源、有意见倾向的内容会较受欢迎。

有研究发现，网络新闻比传统新闻更具煽情取向（sensationalism）。在一个融合性的新闻组织中，网站往往比电视或报纸更具煽情的倾向，这是由于，尽管报纸或电视都会或多或少地受到来自发行或收视的压力，但网站则比这些媒体更经常和直接地受到点击率的压力，由于点击率的测量和呈现是如此方便、便捷和准确，网络新闻因而也被称为"点击率新闻"，即直接根据点击率来决定新闻内容。白红义对位于上海的一家新闻网站的参与式观察也发现，作为一个商业取向的新闻网站，其运营的主要目的还是希望通过制作独具特色的网络新闻来盈利，网站的流量和点击率是必须纳入考量的关键指标。除了通过必要的技术手段导入流量外，新闻内容的选择也势必会受到用户反馈的影响，大力刊载那些看

---

① 李艳红. 重塑专业还是远离专业？——从伦理和评价维度解析网络新闻业的职业模式[J]. 新闻记者，2013（02）：54-59.

起来比较容易吸引用户的内容。虽然这些来自传统媒体的从业者仍秉持着一些正统的新闻观念，希望提供真实、客观的硬新闻给用户，但在巨大的外部压力下，这些试图提供优质新闻的设想未能得到很好的贯彻。一方面是成本、精力和时间的约束，另一方面则是用户阅读兴趣的总体转向。在一个强调速度的液态社会里，新闻的主题发生变化，政治、经济等传统的硬新闻不受青睐。体现在点击率上，就是那些严肃的、正经的政治、国际新闻往往点击率较为惨淡，而一些耸动的新闻反倒备受欢迎。为了追求网站的流量和点击率，网站的新闻工作者也不得不向用户的品味屈服。

三、新闻室融合与公众参与的探究

新闻业在以互联网为核心介质实现不同形态的媒体不同程度的融合。也为公众介入新闻过程提供了各式各样的机会。从最基本的对一则新闻故事的评论，到维基百科式的集体写作和编辑。学术界已经发展出很多概念来描述以前作为受众的人们对在线报纸内容的贡献，如"用户生产内容""公民新闻"参与式新闻等。上述三个概念经常被交替使用来描述公众在新闻信息的搜集、报道、分析和传播过程中所扮演的积极角色。近年来，一些西方学者更多地使用参与式新闻这个概念，由于他们认为这个概念更准确地抓住了普通公众如何参与到收集、选择、出版、发布、评论及公开讨论新闻的过程和这种公众参与所产生的效果。它正是依托互联网的技术特点，让受众的参与性在互联网平台受到最大程度的尊重与拓展，使普通公众有可能直接介入新闻的生产和传播过程。

不过，在新闻生产过程的五个阶段中，公众参与的程度有非常明显的不同。第一个阶段是接近/观察阶段。媒体为公众提供了不同的方式可以联系到新闻室或是某位特定的记者，最常用的方式是电子邮件，鼓励用户提供新闻线索或者对新闻报道的建议，但是是否能采用仍取决于专业记者的判断。所以，公众设置议程的能力被记者们紧紧地限制住。第二个阶段是选择/过滤阶段。这个阶段通常是对公众关闭的，如果放任公众介入就意味着新闻的决策权交给了公众，对于专业的新闻工作者而言，这是不可容忍的。在第三个阶段处理/编辑阶段，媒体也会尽量避免允许公众来撰写他们自己的新闻报道，即使为公民报道提供了机会，整个过程也要受到严格的编辑控制。并且公民的参与要取决于新闻的性质，如果是硬新闻则仍由专业记者掌控，只有如旅游、文化一类的软新闻才会欢迎公众生产的内容。新闻生产的第四个阶段是传播阶段，用户能够决策的程度也非常有限。很多报纸网站设置了根据最多用户阅读或邮件发送的报道排名，这看似记者把判断哪条新闻最佳的决策权力交给了用户，但在许多专业记者看来，作出这样的判断其实是记者能够并且应该扮演的除此之外一个角色。最后一个阶段是新闻的阐释阶段，这是当前为用户参与提供了最多选项的阶段，用户被鼓励就当日的新闻发表意见。最简单又最直接的工具就是关于当日议题和报道的民意调查，这通常会吸引最多的用户参与，对用户来说匿名投票不需要花费什么时间。除此之外，还有两种主要的参与方式：一种是在报道的下方允许评论，另一种是与新闻分开设置专门的论坛供读者讨论。可见，评论是最为广泛应用的参与方式，促使用户讨论专业记者生产的内容。从上述五个新闻生产的不同阶段可以看出，报纸网站在大多数新闻生产的阶段提供给用户的参与选项都是相对有限的，只有在生产过程的最后一个阶段，用户能够评论或者讨论专业记者已经制作完毕并出版的内容。也就是说，专业新闻记者作为把关人仍然牢牢地掌控着新闻生产的绝大多数权力。

一些研究也表明，专业新闻媒体在有意识地排除公众对新闻生产的介入。埃尔米达（Hermida）和瑟曼（Thurman）对英国主流在线媒体的调查发现，虽然专业新闻机构越来越多地吸纳和使用用户生成内容，但是它们并没有考虑让受众参与新闻生产。多明戈则发现，专业记者和编辑对于受众参与新闻生产普遍抱有冷淡而谨慎的态度，传统新闻业的专业文化有其强烈的惰性，阻止互动观念的发展，由于它并不符合新闻生产的标准化流程。鲍卢森（Paulus-sen）和乌吉勒（Uglle）对比利时、芬兰、德国和西班牙四个国家主流媒体实践参与式新闻的研究则发现，参与式新闻的发展离理想状态还有很长的距离。张伟伟对一家中国报纸报网互动版面采纳 UGC（用户生产内容）所进行的研究也证明了上述西方学者的结论。根据她的观察，"报网互动"栏目的编辑记者每天有一套相对固定的工作流程，实际上和报纸新闻的工作常规并没有区别。他们在进行新闻选择时并不考虑网民因素，和网友之间也完全没有互动。张伟伟认为，"报网互动"一周有五天要出版，填版压力对于版面的一个编辑和三个记者来说是很大的工作负荷。他们每天工作的目的就是尽快找到合适的新闻线索，安排采访，赶在规定时间内完成版面内容。为了节省时间和精力，不得不将"受众参与"摒弃在工作常规之外。

迪耶兹（Deuze）指出，与20世纪新闻专业化过程相伴的是社会各行各业进行的计算机化与数字化。这一趋势进入新闻业带来的数字媒体和多媒体编辑部的融合特点给组织化的新闻机构带来了挑战，并且对新闻文化产生了威胁。既有研究表明，新媒体技术挑战了新闻业最基本的"事实"：专业记者是决定公众看什么、听什么、读什么的人，而参与式新闻最主要的影响就在于挑战了记者对于职业实践和伦理的垄断地位，这是记者专业认同和民主角色的核心。尽管有关参与式新闻对新闻场域的影响的学术研究仍处于起步阶段，但随着互联网技术的不断成熟，传统媒体之外的业余人士也能够参与到新闻制作的过程中来。我们正在见证一个宽泛的新闻"去专业化"过程。记者已经不得不习惯于受众在新闻生产过程中越来越多的存在,并导致记者与用户之间关系的慢慢改变。但是,专业新闻记者作为把关人仍然牢牢地掌控着新闻生产的绝大多数权力。"新闻控制"的基本事实则暗含了一种专业的逻辑,即一种在记者群体中集体共享的、理所当然的假定,认为记者会按照标准的角色行事,代表社会对新闻内容实行把关控制。这一点恰恰是记者新闻权威的来源所在,所以,他们并不愿意轻易地放弃对新闻的把关人作用。然而,对于专业记者来说,这一现状却可能让他们陷入一种两难境地:一方面,维护专业自主性的渴望深深嵌入在他们心里,由于新闻决策的判断代表着地位和权威;而另一方面,对于媒体的公共服务角色的认可又意味着必须鼓励公众参与和积极的协商。

第二节 媒介融合时代的新闻传播者分析

在新闻传播过程中,传播者特指新闻传播机构及其工作人员,如记者、编辑、节目主持人、校对员、资料员、电讯技术人员、广告和发行部门的经理人员等,他们统称为新闻传播者。新闻传播者通过新闻传播机构控制着新闻的来源、新闻的选择和新闻的管理与流通。他们既可以选择、过滤新闻,又可以放大或缩小新闻的影响,他们是新闻传播真正的"把关人"。在媒介融合的趋势下,新闻传播者的素质、职业道德等与其传播活动的科学合理密切相关,十分值得探讨。

一、媒介融合时代新闻传播者的素质要求

(一)媒介融合时代新闻传播者的职业特点

新闻传播者作为一个职业群体,同其他社会职业群体一样,有自己的职业特点。一般说来,新闻传播者的职业特点有以下四个方面:

1. 新闻传播者的责任重大

和其他职业相比,新闻传播者更应该消息灵通、头脑清醒、目光远大,具有强烈的使命感。他们报道新闻,揭示隐藏在新闻背后的事实真相,分析其可能导致和出现的严重后果;他们传播科学知识,启迪人们的聪明才智,推动社会的全面进步;他们同社会实际有着密切的联系,同政府有着密切的联系,同人民群众有着密切的联系。

2. 新闻传播者的工作辛苦

新闻记者是一个重要而光荣的职业，也是一个辛苦的职业。由于新闻每时每刻都在发生，新闻记者必须以最快的速度向广大受众报道新闻。为此，他们或奔波于采访途中，或笔耕于斗室之间，或专注于电子终端显示屏之上，或熬夜于编辑室内，夜以继日、永不停息。他们的工作是"全天候"式的，没有节假日，终年得不到休息。一般认为，新闻传播者是脑力劳动者，其实这是不确切的，应该说他们是"体脑并用"劳动者。就外勤记者而言，为了采访新闻，他们不但要在都市中走街串巷，并且要深入穷乡僻壤、跋山涉水，甚至要亲临火线，随时有生命危险。中外众多名记者的实践表明，越是在艰苦的环境中，越能采访到好新闻、重大新闻和独家新闻。就内勤编辑而言，为了保障受众能够及时接收到新闻，他们必须整天守候在编辑部内。特别是夜班编辑，他们常常是昼夜不分。

3. 新闻传播者工作的环境复杂

新闻传播者活动的范围非常广阔而又极其复杂。就外勤记者而言，他们每天接触的人物上至领袖人物，下到普通百姓、三教九流，无所不包。就内勤编辑而言，他们处于"把关人"的地位，他们手中的纸笔和键盘牵连着社会的每一根神经。所以，社会上各种各样的人都需要借助新闻媒介来抑恶扬善。这种职业特点势必对新闻传播者产生两个方面的不利影响：一方面，在复杂的环境中，各种各样的腐朽思想和行为不可避免地会反映到新闻传播者中来，一些人可能见善不齐、见恶随波，甚至以职谋私。另一方面，由于接触面广，涉及领域宽，新闻传播者可能所以养成一种"浮光掠影"的坏习惯。

4. 新闻传播者的工作风险性大

由于新闻媒介可以为各种势力利用来自我宣传和相互攻击，使得新闻传播者时刻面临着巨大的风险。这种风险首先来自战争，由于国际上每年区域性战争不断，新闻记者必须冒着生命危险才能采访到独家新闻，所以每年都有新闻记者在战争或冲突中丧生。这种风险也来自各种政治派别的倾轧，记者由于其职业特性而招致各种政治势力迫害的现象，古今中外屡见不鲜。

近年来，由于受狭隘经济利益的驱使，新闻传播者干预生活的难度越来越大。他们经常遭到地方"黑恶势力"的骚扰，有的甚至被殴打致死。在社会转型过程中，对新闻传播工作的另一个现实威胁来自对新闻媒体和记者的"滥诉"与"缠诉"。这说明，从事新闻工作既光荣又危险，新闻传播者应该忠于职守，依法保护自己的权利和履行自己的义务，全社会也应该尊重新闻传播者的权益。

（二）媒介融合时代新闻传播者应具备的职业素质

新闻传播者的上述职业特点和职业权利与义务，要求新闻传播者具有特殊的职业素质。概括地说，新闻传播者应具有以下五个方面的职业素质：

1. 要具有为坚持真理而献身的精神

新闻传播者首先要热爱新闻传播事业，要有为宣传真理、捍卫真理而献身的精神。在这方面，著名新闻工作者邹韬奋和范长江为广大新闻传播者树立了光辉榜样。为人民服务是要冒风险的，一个正直的新闻传播者应该为人民的利益赴汤蹈火，而绝不能见风使舵，甚至助纣为虐。

2. 要具有政治意识和社会责任意识

在社会主义中国，新闻传播事业是中国共产党和人民政府的喉舌，新闻传播者担负着宣传党的路线方针政策、反映人民群众的意愿和心声、及时报道改革开放和现代化建设的伟大成就、忠实记录祖国日新月异的发展变化、促进改革发展、维护社会稳定的重要任务。所以，新闻传播者要坚持团结、稳定、鼓劲和正面宣传为主的方针，要加强政治意识、大局意识、责任意识，加强政治敏锐性和政治鉴别力，特别是在关键时刻，更要保持政治上的清醒和坚定，一切从大局出发，时刻牢记新闻工作的社会责任，严格把关、严守纪律。要宣传科学理论，传播先进文化，塑造美好心灵，弘扬社会正气，倡导科学精神。

3. 要具备过硬的新闻业务技能

一是纵横驰骋的社会活动能力。新闻传播者是社会活动家，应该具有社会活动能力。他们一方面要准确地把握领导机关的动向，经常出没于政府机关之间，另一方面要及时了解人民群众的工作和生活，要浪迹于江河湖海之间。这样才能真正起到上情下达、下情上传、左右情互达的作用。

二是广博的知识。由于新闻工作涉及面广，新闻传播者必须具有广博的知识。这些知识包括文史知识、社会知识、各种科学技术常识等。广博的知识能够帮助新闻传播者成为学识渊博的名记者、名学者，能够帮助记者沟通与被采访者之间的联系，能够帮助记者辨别真假、避免失误。

三是良好的新闻敏感能力。新闻敏感能力是新闻传播者捕捉生活变动的信息与衡量信息是否具有新闻价值的能力。一件有新闻价值的事实发生后，有的人不知不觉不去报道，有的人后知后觉报道了但时间性不强，有的人先知先觉及时报道。这就是新闻报道敏感能力强弱不同的表现。

四是独特的新闻发现能力。新闻发现不仅仅是抓新闻线索，而是指新闻工作者看出或找到客观事物所蕴含的新闻价值，或者识别新近发生的事实所包含的使公众共同感兴趣的东西的本质所在。发现是主观对客观事物的能动认识。新闻记者能够发现新闻，就能够使新闻线索具有原创性，就能够在同质化竞争日益严重的环境中报道出有独到见解的好新闻。新闻的发现，不只是靠记者的眼睛，更还要靠记者的心灵。只有在长期观察和思考的基础上，才能在平常的生活中发现具有重大实际意义和美学价值的新闻。

五是扎实的文字、图像和版面时空的表达能力。如果说新闻敏感能力和新闻发现能力是新闻传播者的"慧眼"和"慧心"，那么文字、图像和版面时空的表达能力就是新闻传播者的"神笔"。从文字表达能力来说，它包括严密的逻辑思维能力、丰富的语言知识和高超的语法修辞能力。新闻的写作不但要遵循一般的新闻写作规范，也要善于选择不同的角度和表达方式。其中包括"由此及彼""由彼及此""由近及远""由远及近""由内到外""由外到内""由大到小"和"由小到大"等不同的新闻视角，也包括新闻体裁的不断创新。从图像和版面时空的表达能力来说，要善于利用图片的各种框架、色彩的元素，实行图文有机配合，达到图文并茂的效果。同时，也要充分利用各种新闻编辑、编排手段，调动受众的阅读、审美兴趣，达到最佳的新闻传播效果。

4. 要具备深入实际和吃苦耐劳的精神

新闻工作流动性大，工作环境有时非常恶劣，没有强健的体魄和吃苦耐劳的精神是做不了新闻工作的，更成不了名记者。除此之外，新闻时时在发生，新闻传播者要将最鲜活的新闻信息奉献给广大受众，必须深入新闻发生的现场。唯有如此，新闻传播者才能发掘出最有价值的新闻，才能使新闻具有现场感。

5. 要具备法律保障能力

随着我国社会由计划经济体制向社会主义市场经济体制转变，全社会民主和法制的意识普遍加强。在这一过程中，新闻传播者应该养成学法、守法和用法的习惯。一方面，他们要自觉地宣传法律，引导人们遵守宪法和法律，为社会培养实行法治的坚实基础；另一方面，他们也要依法从事新闻传播工作，自觉地尊重和捍卫公民的合法权益和社会的公共利益，并善于运用法律来保护自己的正当权益。与此同时，他们应该自觉维护法律的尊严，在法律允许的条件下，对于各种违法现象实施舆论监督。只有这样，社会的民主和法制程度才能逐步提高，新闻传播事业的改革才能稳步推进。

二、新闻传播者职业道德的规范与建设

考虑到新闻传播者职业道德的示范是由多方面的因素引起的，所以进行新闻传播者职

业道德的规范与建设要从多个方面予以开展，这里我们主要从做好对新闻传播者职业道德失范行为的防治，以及加强新闻传媒行业职业道德教育两方面入手进行分析。

（一）做好对新闻传播者职业道德失范行为的防治

1. 做好对新闻侵权的防治

（1）避免新闻侵权的方法

其一，核实新闻消息来源。例如，是否是记者发现的，是否有关于会议的材料，是否有读者来信、来电的材料。

其二，编辑在审稿时，要把好稿件的法律关、文字关。例如，稿件是否采访了当事双方，是否含有被批评者的意见，是否有相关部门的鉴定和结论，是否含有侮辱性词语等。

其三，充分地尊重他人的权利，善于化解新闻报道引起的矛盾，切实加强自我约束。

其四，将新闻与创作分开，避免虚假新闻。

其五，将过程与结论分开，避免媒体审判。

其六，将报道和评论分开，避免夹叙夹议的写作风格和表现方式，尽量做到"公正评论"。报道要求的是真实，评论要求的是公平公正。

其七，客观与主观分开，避免超越"喉舌"的职能。

其八，要学会运用平衡报道的技巧，避免成为纠纷或者事件一方的代言人。

其九，征求当事人、被采访人的同意，尊重并且保障他们的隐私权、人格权。

其十，做到对事不对人。

（2）新闻侵权纠纷的应对措施

一旦发生新闻侵权纠纷，首先要及早地听取专业人士、律师的意见，积极主动进行更正和答辩，采取道歉的方法寻求和解。如果不能和解，就应该积极应诉，但不要随意地发表自己的诉讼文书。新闻官司应诉也有一些技巧，如记者要注意搜集相关的证据，包括书证、物证、证人证言、试听材料、当事人陈述、鉴定结论、勘验笔录等。

2. 做好对虚假新闻的防治

虚假新闻的表现形式多样，原因复杂，为维护新闻真实性原则增加了难度。然而，只要态度坚决，措施有力，还是可以得到有效防治的。

在上述对产生虚假新闻的原因分析中可以看出，新闻工作者思想和工作作风问题是主要的主观原因，但这又关键取决于党风和社会风气的根本好转。当然，从新闻界来说，重要的是要多从自身主观方面找原因，大力加强职业道德修养，把新闻工作者素质提高上去，在整个新闻从业者队伍中，形成一种新闻真实得到维护，虚假新闻遭到鄙弃的良好风气。从职业道德修养的角度看，要防治虚假新闻，可从以下几点入手：

第一，提高认识，加强坚持真实性原则的政治自觉性。

每一个新闻从业人员都要本着对党、对人民高度负责的态度，加强坚持真实性原则的政治自觉性，自觉反对和防止虚假新闻。社会主义新闻工作者应当坚定自己的唯物主义者立场，把说实话和如实反映情况当作自己的人格要求和本分。为此要不怕强暴和权势，不计个人得失。要做到敢于说实话，坚持真理，关键在于要有一种政治勇气和社会责任感，要有一往无前的行动力。只要是不真实的报道，不管将要面临怎样的压力和诱惑都要坚决抵制。总而言之，要坚持新闻报道的真实性原则，就要有一种政治勇气和政治自觉，要有一种斗争的精神，一种不怕牺牲的精神。

第二，坚持走实事求是的思想路线，深入实际调查研究。

实事求是是马克思主义的思想路线，而一个具有社会主义新闻职业道德修养的人要自觉地坚持一切从实际出发，实事求是，深入实际调查研究。

新闻工作者在采集信息，反映情况，报道新闻时要从国家建设、社会发展和人民生活的现实需要出发。这是党性原则对新闻从业者的基本要求。每个新闻从业人员都要遵循这个基本要求，以此作为检验自己工作的标准。

做好调查研究工作，这是使新闻报道做到实事求是的前提。只有深入实际，深入群众，进行实际调查，才能发现新闻线索，以此保证新闻内容真实、准确。实践证明，正是由于没有深入调查研究，没有深入群众，结果导致出现了不少的虚假新闻。

近些年来，新闻界越来越弱化面向实际，深入调研的作风了。一些新闻从业人员浮在上面，采访不愿意深入基层一线，而只是到机关做做，到各种会议看一看，听一听，纯粹就是抄材料，没有新意，也没有内容，最终是敷衍报道，马虎了事。即使到了基层，也不进行仔细的调查研究，而只是走马观花而已，收集素材也是蜻蜓点水，最终也没有采集有新闻价值的东西。

除此之外，要重视一种新情况。也就是随着近年来通信技术手段的迅速更新和发展，新闻采访更加便利了。新闻工作者借助互联网通信，省了很多外出采访的舟车劳顿之累，工作条件更加快捷。然而，一些新闻工作者却过分依赖于网络技术手段，如电话、传真、电脑等，而懒于深入实际，懒于深入群众进行详细的采访调查。这样造成的结果就是没有采集到生活一线的新闻，使得新闻报道缺乏新意，没有吸引力，而通过其他技术手段如电话、电脑等采集到的信息，因不做认真核实，导致新闻报道失实。可见，无论通信技术手段如何发达、便利、快捷,新闻从业人员采访时都必须要深入实际,深入群众,深入生活一线进行详细的调查研究。

第三,坚持唯物辩证法,防止片面性。

要保证新闻真实,就要坚持唯物辩证法,做到全面,防止片面性。一切从实际出发,用事实说话,看问题要一分为二等都是唯物辩证法的要义。对此,新闻工作者要从业务修养和道德修养这两个方面来认识、掌握唯物辩证法的重要性。

新闻工作者要坚持唯物辩证法,就要杜绝唯心主义和形而上学,不要简单地、片面地、绝对化地看待问题,而要以客观实际为出发点,要辩证地、全面地反映和报道事物,以此防止新闻工作出现片面性的现象。

从实践层面来看,新闻工作中的片面性现象还是比较严重的,这对正确认识事物是非常不利的,也极大地损害了新闻的真实性原则。在实际的新闻工作中,片面性现象的表现形式是多种多样的,如生搬硬套模式;感情用事,偏袒一方;预设方案,牵强附会等。即便如此,新闻工作中的片面性对事物的认识和判断上都有着共同点,即都不够客观、全面、冷静。这必然导致新闻报道失实、失真、失度。用这些方法来反映和报道事物,其结果,必然会出现失实、失真、失度的情况。可见,片面性就是新闻工作的大敌,必须要坚决做好防止和克服工作。为此,要求新闻工作者头脑冷静,掌握辩证法。

无论什么时候,新闻工作者都要保持冷静的头脑,要做到冷静地观察、冷静地思考、冷静地处理每一篇报道。当社会发生形势的急剧变化时,或者遭遇到某种敏感思潮时,或者发生意外情况时,或者群众中产生某种异常冲动时,新闻工作者尤其要沉着冷静,从容应对,不要人云亦云,不要头脑膨胀跟风,推波助澜,要时刻记住自己的身份和职责。如果盲目跟风,跟随各种所谓的一股股"热"发布新闻报道,就通常会造成人民群众思想混乱,极大地、直接地冲击了经济和社会生活。

新闻工作不但要有冷静的头脑,还要掌握唯物辩证的方法。无论是采集新闻素材,还是写新闻稿子,审核新闻报道,新闻工作者都要善于对事物作具体的、一分为二的分析,注意从不同的侧面、角度、方向、全方位、立体式地去反映和报道事物。这就要求新闻工作者随时根据不同的情况适时地调整和变换自己的思维方式,或顺向、逆向,或单向、双向,或正面、迂回,为受众展现社会现实生活和周围客观世界的真实、客观、全面、立体的活景象。

3. 做好对有偿新闻的防治

如今,社会与公众都认识到"有偿新闻"的危害,必须要遏制有偿新闻。要解决有偿新闻问题，就必须正本清源，有针对性地采取各种有力措施。

第一，加强新闻队伍的思想建设和基本新闻理论学习。为了从根本上遏制和杜绝"有偿新闻"，必须解决新闻从业人员的思想意识问题，树立起正确的世界观、人生观和价值观。为此，新闻从业人员，无论是直接参与采编的工作人员，还是负责经营管理的人员，都必须学习一些基本的新闻理论，正确认识"有偿新闻"的本质。

第二，加强新闻职业道德教育。我国实行社会主义市场经济后，新闻事业也所以得到了很大的发展，各地高校都开设了新闻专业。但是，受师资和办学条件所限，不少高校的新闻教育水平没有得到根本的提升。社会普遍存在着有偿新闻的现象，但不少教师在引导学生学习和理解新闻职业道德规范时还不得不特别强调不允许搞有偿新闻，这是一个困境。而新闻专业的学生接受了新闻伦理道德教育，但又不得不面对、接受有偿新闻的现实状况。对此，新闻职业道德教育必须要与实践相结合，用现实中的活例子告诫学生：绝不可以搞有偿新闻。

第三，新闻宣传单位采取有力的自律措施和内部管理措施。搞有偿新闻的是新闻单位里具体的个人，所以，各个新闻宣传单位应该采取有力的自律措施，加强对本单位从业人员的管理，坚决制止他们搞有偿新闻，加强处罚力度。很多新闻从业人员搞有偿新闻，一是增加自己的收入，二是付出的代价小、风险不高。而加大搞有偿新闻的处罚力度，使得责任人所受到的损失远大于搞有偿新闻所带来的好处，提高了搞有偿新闻的风险，从而在一定程度上遏制了有偿新闻的现象。除此之外，那些有重大贡献和具有很高职业操守的新闻工作者，应该给予奖励和褒奖，树立职业荣誉感。

第四，加强新闻法制建设。要坚决地遏制有偿新闻现象，还应该加强新闻法制建设，确定新闻法规。我国当前还没一部专门规范新闻行业的新闻法，多是通过一些行政命令、条例限制有偿新闻现象。并且这些行政命令、条例也没有持之以恒地执行，总是时热时冷，这个时期上级领导特别重视，那么整治有偿新闻就比较严，而过了一段时期就冷下来了。所以，一些机会主义者也就是"上有政策，下有策略"，不认真严肃地对待整治有偿新闻现象这一回事。与朝令夕改的行政命令、条例不同，法律具有规范性和普遍性的特点，它可以限制有偿新闻现象，摆脱人治的种种缺陷。

当然，遏制有偿新闻单单依靠出台一部新闻法还不够，还需要各个部门认真执法。同时，颁布新闻法还可以保护新闻从业人员，防止一些媒体采用"临时工""实习生"等方式撇清关系以求自保。

第五，加强社会监督和媒体相互监督。要对有偿新闻现象进行有效遏制，仅靠加强新闻队伍思想建设、职业道德教育，以及各新闻单位的自律和内部管理还是不够的，还必须加强外部监督。这种监督，既应该有社会各界对新闻单位的监督，也应该有新闻媒体之间的相互监督。对此，各报社、广播电视台、网络媒体都宣布禁止有偿新闻、接受受众监督的相关规定，并公布了相应的监督电话、邮箱等联系方式。

（二）新闻传媒行业职业道德教育的加强

1. 职业道德教育的重点

首先，加强政治理论学习。进行职业道德教育，首先应加强对新闻传播者的政治理论的学习，帮助他们用马克思主义唯物史观与辩证法来认识事物，辨别是非，弄清什么行为是道德的，什么行为是不道德的；明白新闻从业人员遵守职业道德的必要性，能正确评价自己和他人的行为是否道德，也能自觉遵守新闻从业人员的职业道德。

其次，加强传媒理论修养。传媒理论是新闻传播者必须具备的素质之一，也是其遵守新闻从业者职业道德的基础，对此进行职业道德教育，也需要新闻传播者能加强传媒理论修养。具体而言，这就需要新闻传播者能认真学习党和国家关于传媒工作的方针、政策，学习贯彻科学发展观，保持政治上的清醒与坚定；认清传媒工作的性质和传媒工作者的责任，认清自己肩负的历史使命，在心中确立正确的道德观念和道德界限，在工作中树立良好的思想作风和工作作风。

最后，加强新闻道德修养。道德修养的高低是决定新闻传播者在新闻传播活动中是否能自觉遵守职业道德的要素之一，所以，进行职业道德教育，也需要新闻传播者能加强新闻道德修养，能够牢记自己的工作宗旨和自身应有的职业道德，能以高超的道德来规范自己的言行，能时刻把祖国和人民的利益放在第一位。

2. 职业道德教育的主要策略

第一，树立典型，发挥榜样作用。榜样的力量是无穷的，所以，进行职业道德教育就可通过树立榜样来发挥榜样作用，推动新闻传播者的道德教育。具体来看，在实践过程中，传媒组织可通过树立一系列典型人物来引导受教育者模仿、学习高尚品德，使高尚的职业道德和行业正气得到发扬，使传媒业的道德建设出现新的气象。

第二，言教与身教结合。言教是品德形成的前提与指导，但它只能让受教育者明白为什么应该做一个有道德的人，而不能使受教育者自觉、自愿地去做一个有道德的人。而身教则恰好能弥补言教的这一缺点，它能引导受教育者在实践过程中自觉遵守道德。所以，进行职业道德教育应将言教与身教结合，传媒组织不但要求自己的工作人员道德，并且自己应该首先讲道德。只有这样，工作人员才会对传媒组织制定的道德规范产生同感，才会在日常新闻传播中自觉遵守道德规范。

第三，奖优惩劣，弘扬正气。加强新闻传播者的职业道德建设的一个最基本的教育方法就是奖优惩劣，对合乎传媒职业道德的行为给予褒奖，对违反传媒职业道德的行为给予惩戒，这样才能让新闻传播者认清什么行为是正确的、高尚的，什么行为是错误的、可耻的，从而产生遵守道德的欲望、愿望。

3. 职业道德教育的途径

第一，通过学校教育进行新闻理论道德教育。高等院校的新闻与传播院系往往是新闻从业者的摇篮，而新闻专业的学生往往是新闻事业的重要后备军。这些新闻专业的学习，如果能在大学期间接受系统的伦理道德教育，则其在毕业并顺利走上新闻工作岗位后，便能够较为自觉地对新闻职业的道德准则进行遵守，并严格地用马克思主义新闻伦理道德观来对自己的职业行为进行指导与规范。所以，通过学校教育进行新闻理论道德教育是一个十分有效的方法。

在当前，随着我国新闻教育发展速度的日益加快，设立新闻与传播院系的高等院校越来越多。但在这些新闻与传播院系中，能够对新闻伦理道德教育进行规范、系统教育的少之又少，绝大多数只是将新闻伦理道德教育作为新闻理论和某些新闻业务课中一个章节、一个专题进行简单的讲解，或是将新闻伦理道德教育作为选修课供学生进行选修。之所以会出现这样的状况，原因是多方面的，如高等院校对新闻伦理道德教育未引起足够的重视、缺少相关的教材和师资等。所以，在今后高等院校需要高度重视新闻伦理道德教育，将其作为一门重要的课程真正纳入专业教学课程体系，并不断对相关的教材、师资等进行完善，以更好地对学生进行新闻伦理道德教育。

第二，通过岗前培训进行新闻理论道德教育。随着改革开放的不断深入，新闻教育获得了极快发展，但毕业的学生相比不断扩大的新闻队伍仍然只占少数。也就是说，在新闻队伍中，有很大一部分工作者未接受过高等院校新闻专业的系统训练。所以，当这些人在真正进入工作岗位前对其进行系统的培训是十分必要的。即使是接受过高等院校新闻专业的系统训练的毕业生，对其进行一定的岗前培训也是十分重要的。通过岗前培训，不仅能使他们对新闻专业的相关知识和技能形成更加深刻的认识，并且有利于其树立起高尚的新闻伦理道德观，从而更加顺利地进入工作岗位。所以，通过岗前培训进行新闻理论道德教育也是一个十分有效的方法。当前，已经有越来越多的新闻单位注意到通过岗前培训对新闻从业者进行新闻理论道德教育的重要性，并逐渐将是否具有良好的职业道德作为新闻从业者是否能够上岗的一个重要条件。

第三，通过训练班进行新闻理论道德教育。训练班通常时间不长、可参加的人数多，并且可以分期分批地参加，不会对工作产生影响，因而常常被用来作为进行新闻理论道德教育的一种十分有效的方法。

近年来，越来越多的新闻单位通过训练班的形式来加强对新闻队伍的伦理道德教育，并取得了良好的效果。例如，新民晚报社每年都会举办学习培训班，对全体党员干部、编辑和记者进行政治意识、责任意识、大局意识等的强化；西安日报社经常通过训练班对编辑和记者进行职业道德教育，以促使新闻工作不断提高自己的政治意识和职业道德水平等。

第四，通过新闻领导进行新闻理论道德教育。通过新闻领导进行新闻伦理道德教育，也是一种经常会用到的方法。而在运用这种方法时，具体可从三个方面着手：首先，新闻领导要形成良好的职业道德，并要在平时以身作则，在职业道德方面做出表率。其次，新闻领导在布置采访任务特别是大型采访报道任务、战役性采访报道任务、突发事件采访报道任务时，要特别对采访人员强调遵守职业道德准则的重要性，以防发生违背职业道德的事，并保证采访任务的顺利完成。再次，新闻领导在对工作情况进行总结时，要注意将工作人员的职业道德作为一项重要内容来抓。

第三节 媒介融合时代新闻传播的受众分析

媒介融合趋势下新闻传播的受众在新闻媒介信息的传递过程中具有指向性和目标性的作用，也是对媒介融合趋势下新闻传播活动的效果进行衡量的一个重要标准。随着中国新闻传播事业的发展，人们对受众的认识更加深入。市场经济以强大的力量将受众的作用从幕后推到前台，关注受众、了解受众、研究受众，成为当代新闻媒介求生存谋发展的必经之途。本节即对媒介融合趋势下新闻传播受众的相关知识进行简要阐述。

一、受众认知

（一）受众的概念界定

受众是传播学的一个概念，作为传播媒介信息的接收者，受众是新闻传播活动的终端。受众在传播过程中处于不可或缺的地位。受众的概念已经被很多学者提起以及使用，甚至已经约定俗成。

在大众传播领域，受众是指大众传播媒介信息的接收者，其中主要指三大新闻媒介，即报纸的读者、广播的听众和电视的观众。在很长一段时间里，人们对于受众的认识不足，把新闻传播媒介的运作仅仅看成媒介的主持人和记者、编辑的工作内容而已，对受众则主要突出了其在整个新闻传播过程中接受者的立场，认为受众只是被动的接受者。可以说，在新闻传播活动的各个环节，受众都在或明或暗、或强或弱地起着各种制约作用。特别是在网络媒介出现以后，网络的交互功能使得受众可以毫无拘束地发表自己的意见、要求和愿望，直接参与各种新闻信息和思想观点的传播。他们既是信息的接收者，又是信息的传播者，这就使得受众的作用日益显著，地位也更为主动。

受众的信息反馈是进行新闻传播活动的一个重要标准和参考，对于传播者和传播活动来说都至关重要。所以，及时地了解受众的意见和需求，能够促使新闻传播活动更加有序地进行。

（二）受众的类型划分

按照不同的标准，可以将受众分为不同的类型。

1. 按照主导动机的不同划分受众

按照主导动机的不同，可以将受众分为感性受众和理性受众两大类。

感性受众是以满足情感上的需要为主导动机的受众。这类受众关注新闻传播主要是为了消遣娱乐，放松心情，调节生活，他们较为关注的内容多是自己感兴趣的信息，例如富有趣味的社会新闻、科技新闻、体育新闻以及娱乐新闻等，主要目的是娱乐，获得情感上的宣泄。

理性受众主要是为了获取信息，了解客观世界的变化，并较为关注国内外的形势、国家的方针、政策，社会环境的变化以及经济的发展等。就不同属性的新闻来说，对硬新闻的关注较多。

2. 按照媒体稳定占有受众的规模划分受众

按照媒体稳定占有受众的规模划分，可以将受众分为广众和小众两大类。

广众是人数众多的、长期收阅某个媒体（包括频道、节目）的受众群，一般在25万人以上。

小众是指长期收阅某个媒体的少量受众，一般在25万人以下。

根据此界定，大众阅览、视听的媒体叫广众媒体，例如大众经常收听、收看的媒体。而小众阅览和视听的媒体叫小众媒体，若干小众媒体又称分众媒体，简单来说，就是面向特定的受众族群的媒体。随着受众的细分，这部分群体可能恰好是某些产品或品牌的领先消费群或重度消费群，所以，现在受众群体的划分越来越细化。

3. 按照接触媒介的确定性划分受众

根据接触媒介的确定性，可以将受众分为现实受众与潜在受众。一般来说，尚未接触全部或部分新闻传播媒介的人属于潜在受众，即当前无任何受传行为但是一定程度上具备了成为媒介受众的可能。社会的发展导致人们所处的社会环境、社会条件发生了变化，新闻传播业的目标就是要尽量把这些潜在的受众最大限度地改变成现实受众。由于这些条件的创造可能需要较长的时间，潜在受众产生行为也可能在不一样的时间，所以需要每一种传媒在其确定潜在受众人数时，根据不同的时间来制定不同的受众策略，以便更有利于展开工作。当条件具备时，潜在受众成为现实受众，即坚持接触和利用新闻媒介的人是新闻传播媒介的现实受众。现在传媒的任务是既要争取发现潜在受众，又要拥有较多的现实受众。毕竟，一个媒体是否办得好，还应看现实受众的人数。

4. 按照接触媒介的机会划分受众

根据接触媒介的机会，可以将受众分为随机受众和目标受众两大类。

随机受众是指不固定受阅某个媒体的人，即为不固定的、偶尔的选择该媒体。

目标受众是指经常接触某个媒体的固定受众，媒体传播的长期对象或是媒体稳定的受众群。

总之，受众的收看、收听兴趣并不是一成不变的，所以，要想顺利地进行传播，就要了解受众的收视习惯，保持目标受众，吸引随机受众。

5. 按照接触媒介的类别划分受众

根据接触媒介的类别，可以划分为报纸读者、广播听众、电视观众以及现代社会的网络受众。但是，这几类媒介的受众并不是截然分开的，很可能彼此交叉，同一个受众，可能既是报纸读者，又是电视观众、网络受众等。

（三）受众的角色定位

1. 受众是媒介信息的解读者

从信息传播的过程来看，需要传播者在经过编码后，以符号为载体将其传送给受众，而受众在接收到符号后，需要对符号进行解读，进而获得信息。受众在对符号进行解读时，不仅能将符号的明示性意义解读出来，并且能将符号的暗示性意义解读出来，在某些时候甚至赋予符号以新的意义。并且，受众对符号的解读结果，可能符合传播者的意图，也可能违背传播者的意图。

通常来说，受众对信息的解读会受到特定的语境、特定的情境、社会文化因素以及个体心理、价值观等的影响，因而不同的受众会对相同的信息产生不同的解读。举例来说，在对一则关于留守儿童的新闻进行解读时，有的受众可能会对留守儿童的境遇表示同情和难过，而有的受众可能会进一步看到留守儿童背后所隐藏的深层问题。很显然，两者对相同的信息有着不同层次的解读，前者是表面层次的，后者则是深层次的，对事件的本质有所触及。

为了使受众能够更加全面、准确地对信息进行解读，进而提高信息传播的效果，信息传播者应尽可能提供多角度、多层面、多来源的信息。除此之外，受众在平时也要注意积累与日常的媒介接触的经验，以形成较为全面的视角来看待信息，进而得出较为客观的结论。

2. 受众是媒介产品的消费者

新闻受众面对的是具体的新闻媒介产品，如一份报纸、一本新闻期刊、一档电视（广播）节目。在很多情况下，他们是通过支付一定的费用来获得媒介产品，从而实现阅读、收听、收看新闻媒介内容的目的。实际上，这一行为就属于消费行为。所以，新闻受众承担着新闻媒介产品的消费者角色。这是从市场角度考察与研究所得的结论。影响受众对新闻媒介产品的消费行为的因素是多种多样的，既有受众自身的因素，也有社会因素。从受众自身来看，其选择消费某一新闻媒介产品，可能是出于对新闻信息的快速、准确、深度的需求，也可能是出于娱乐消遣、放松情绪的需求。从社会因素来看，受众选择消费某一媒介产品，主要源于以下三个方面：第一，受众选择消费某一媒介产品是一种社会交往和自我确认的行为，通过接触某一新闻媒介能够融入社会交往圈子，实现某种价值强化。第二，某一特定时期的社会舆论也会影响受众消费媒介产品的行为。例如，当大的灾难发生，或是社会结构发生某种变化时，会有更多的人关注新闻媒介，获得相关的信息。这就是舆论效应。第三，新闻媒介自身的宣传以及新闻媒介的包装状况会影响受众对新闻媒介产品的选择。从大的方面来讲，影响受众选择的主要是新闻媒介的社会形象，即新闻媒介的知名度和美誉度，以及媒介的品牌定位；从小的方面来讲，媒介对自身特定产品的介绍和推荐会影响受众的选择，如一份报纸的头版设计得十分吸引人，或是一个网站具有独家的新闻内容，往往就会吸引很多受众。

将受众定位为"消费者"角色，能够促使新闻媒介经营者积极地参与媒介的激烈竞争，产生危机意识，并从受众的需求出发，制作和传播满足受众需求的新闻媒介产品。值得注意的是，新闻媒介经营者也要以理性的态度去对待受众的消费行为，不能只追求市场占有率和利润，一味地迎合受众的某些低级趣味，从而降低媒介的品质，误导社会舆论，忽略公共服务的使命。

3. 受众是新闻传播的积极参与者

受众在对媒介的信息进行接收时并不是完全被动的，并且是有一定的主动性，是新闻传播的积极参与者。

（1）受众参与新闻传播的重要性

受众参与新闻传播的重要性，具体来说体现在以下四个方面。

第一，受众在一定程度上决定着新闻信息的选择。受众在对新闻信息进行接收时，会通过自己对新闻媒介传播过程的态度以及自己选择、取舍新闻信息的行为对传播者选择什么样的新闻信息进行传播产生影响。所以说，受众在一定程度上决定着新闻信息的选择。而受众对新闻信息选择的影响，具体来说是通过以下两个途径来实现的。首先，向传播者提供前馈信息。前馈信息，即受众对新闻传播表示预期性需求的信息。一般情况下，在开始新闻传播活动之前，传播者会通过调查的方式来收集前馈信息，以对受众的实际需求、意见、建议等有更加深入的了解，进而更好地对传播内容进行选择、对传播策略进行制定、对传播形式和传播方法进行确定，最终保证新闻传播的顺利实现。其次，向传播者提供反馈信息。反馈信息，即受众对新闻传播效果做出反应的信息。一般情况下，新闻媒介在收到受众的反馈信息后，会对传播的内容、策略、形式、方法等进行相应的调整，以更好地符合受众的需求。

第二，受众能够推动新闻改革的进行。当前，新闻媒介的数目众多，相互之间的竞争也越来越激烈。为了更好地生存与发展，各级、各类新闻传播机构都使出浑身解数，通过不断的改革创新，坚持不懈地在寻求新的发展之路。实际上，新闻媒体进行改革，归根结底还是为了更好地与受众不断变化的新需求相符合。所以说，受众能够推动新闻改革的进行。

第三，受众影响着新闻媒体风格的定位。所谓新闻媒体风格，就是新闻媒体的报道传统以及栏目、版面和语言风格特点的统称。通常来说，新闻媒体一旦定位并形成了自身的风格，且获得了社会和公众的认可，便会在一定时期内保持稳定。而新闻媒体在对自身的风格进行定位时，需要充分考虑到自身的市场定位、社会定位以及受众的实际需要、阅读习惯和心理定势等因素。在此基础上，经过长期的不断调整与改进，便会最终形成自己的新闻媒体风格。所以说，受众影响着新闻媒体风格的定位。

第四，受众影响着新闻传播的效果。新闻传播的效果如何，在很大程度上取决于受众。当受众认可、肯定一家媒体的新闻传播活动时，其新闻传播的过程便会非常顺利，进而实现预期的效果，反之则无法实现预期的效果。所以说，受众影响着新闻传播的效果。

（2）受众参与新闻传播的方式

第一，直接参与到媒介的新闻传播活动中去。如参加一些在演播室录制的电视新闻谈话节目。

第二，在接收一些新闻信息之后，通过传统信件、电话、E-mail 等方式来反馈自己的看法、意见和建议。

第三，为新闻媒介提供新闻线索和素材。

第四，给新闻媒介提供一些意见性信息（新闻评论），从而丰富新闻媒介作为"公共领域"的内涵。

第五，积极参与新闻媒介的受众调查，为新闻媒介制定传播策略提供现实依据。

4. 新闻传播最权威的检验者

一般说来，对新闻传播的成败与优劣，会受专家的意见、领导的意见和传播者的意见的影响，但最终是由受众的态度和意见说了算。受众对新闻传播的实际态度，对新闻传播效果的最终作用，使之成为新闻传播最权威的检验者和评判员。并且，受众总是会当仁不让地直接表达自己对新闻传播的评价性意见。这一点尤其突出表现在网民身上。上网者处在单纯地接收信息的状态时，即"网络受众"，他们除了通过浏览等方式接收信息外，还经常通过 BBS、电子邮件、网上聊天、博客、微信等方式发布和传播信息，他们既是传播者，也是接收者。网络让受众经常成为新闻事件的发起者、推动者，甚至是主要参与者，成为新闻报道的主体和主角。随着移动互联网的发展和网络传播手段的更加发达，网络受众的主体参与意识还将进一步丰富和完善，参与的广度将进一步得到扩展，参与新闻事件的程度还将加深，网络受众主体参与的责任意识也将进一步加强。

二、媒介融合时代新闻受众的心理分析

（一）受众心理过程释义

受众的心理过程是指受众在接触到媒介信息后，会在头脑中对其进行理解和思考，并

伴随着一定的情感体验。并且，受众的心理过程以性质为依据，可以细分为认识过程、意志过程和情感过程三个方面。

1. 认识过程

人们在对外界事物进行认识时，通常需要经过感觉、知觉、记忆、思维、想象等心理过程，这便是认识过程。受众在接触到媒介新闻信息后，首先会对新闻事件的基本要素和概貌进行一定的了解和认知，即形成一定的感性认识；接着会在头脑中分析、综合、推理、判断新闻信息，即进行由浅入深的思维过程。

受众对信息的接收，还具有一定的积累性。也就是说，受众过往接触过的信息会储存在记忆中，当再次接触到同类信息或是与过往信息相关或相矛盾的新信息时，就会将相关的信息从记忆库中提取出来，与当前的信息进行比照，进而得出某种结论或形成某种认识。

2. 意志过程

意志过程是指人们按照自己的意愿，自觉确定目标和制定计划，支配和调节自己的行为，克服困难，力图创新，以达到预期目的的心理活动，体现了人们的主观能动性。

受众在对新闻信息进行寻找和选择时，通常会带着一定的动机或目的，并且会试图经自己对新闻信息的看法反馈给传播者，这便是受众的意志过程的体现。

3. 情感过程

人们在对客观事物进行认识时，总会表现出一定的态度以及高兴、舒畅、愉悦、满意、气愤、厌恶、同情、不满等主观情感，这便是情感过程。

受众在面对不同内容的新闻时，往往会表现出不同的情感体验，如因看到贪官落网的新闻而感到解气，因看到强权欺人的新闻而感到愤怒等。正是在受众的情感过程中，新闻报道的传播效果才得以实现。

（二）受众的心理表现

1. 受众的求真心理

受众希望获得真实的信息，而人们在接受新闻前就存在着一个基本的假设：大众传播媒介所传播的新闻信息是真实的。一旦新闻报道违背了这个前提，受众便会产生受欺骗和被愚弄的感觉，这也是新闻传播要注意的大忌讳。由此可见，受众接触新闻的首要出发点就是获得真相。新闻媒介是环境的监测者，它通过敏锐的触角为公众提供第一手的关于环境变动的信息。在纷繁复杂的社会现实中，受众希望借助新闻媒介了解现实真相，为自己的决策提供参考。求真不仅包括知道究竟发生了什么事情及事情的经过和结果，并且包括了解为什么会发生这些事情。真相的公布满足了受众的知情权，能消除受众的疑惑，避免不必要的猜测。

2. 受众的求知心理

人的认知过程是指人认识外界事物的过程，对于新事物的认知渴望，是人基本的心理反应。现代社会中拥有大量的信息，为了自身的生存和发展，及时认知这些信息，吸取对自己有用的信息，以便随时调整自己的行为或调适自己的需求，适应外部变化的环境，对于自身的发展具有重要的影响作用。受众对媒介的选择，很大一部分原因就是为了获取知识，弥补自身的不足，所以，新闻传播媒介需要根据受众对知识的渴求来传播信息。

3. 受众的求新心理

新闻通常是具有一定的时效性的，过时的新闻往往无法引起人们的兴趣，这便体现了受众的求新心理。在新闻传播活动中，受众的求新心理具体体现在两个方面：一是追求新的新闻内容；二是追求新的新闻报道手法。这就要求新闻传播者要深入社会生活，积极对新的题材进行挖掘，并不断尝试新的新闻报道手法，以满足受众的求新心理。

4. 受众的求趣心理

随着后工业化社会的到来，人们不仅有获得实用信息的需求，也希望能从新闻信息中找到乐趣。再加上现代人生活节奏快、工作压力大，在休闲时间，人们希望能放松心情、舒缓压力。在这种情况下，硬新闻难免显得单调而枯燥，有趣的、轻松的、有人情味的、故事性强的软新闻能给受众带来一种轻松的体验，使压抑的情绪得到某种程度的宣泄。

5. 受众的求同心理

人是社会的人，在社会中生存最重要的价值的实现就是得到他人的认同，而被他人排斥或否定则会打击人们的自信心。所以，受众总渴望得到别人的认同，具有一种求同心理。在新闻传播过程中，受众对于自身感兴趣的信息或是与自身利益息息相关的信息则会特别关注，也就是说对于与自身有着一些共通的因素的信息更能引起受众的共鸣，例如与自身的观点相似，情感上能够产生共鸣以及与自身的生存发展相关的新闻信息等的传播，更容易使受众接近、感兴趣。所以，媒介要注重根据受众的本身的现实条件来传播相应的信息。

6. 受众的求近心理

求近心理指新闻受众在接受新闻时，对与自身状态比较接近的新闻表现出的一种"认同"心理趋向。在这种心理趋向影响下，受众在接受新闻时表现出极大的能动性。接近性包括生活认识和生活意义的接近性、地域的接近性、文化的接近性及情感的接近性。新闻报道具备一种或多种接近性，受众常常表现出集中选择和认同的趋向。认同的更高一层表现是"共鸣"，所谓共鸣，即受众对感兴趣的新闻表现出的持续兴奋状态和强烈的感情升华，并相互感染形成连锁的情绪效应和社会影响。

7. 受众的求异心理

受众在选择信息时，除了要选择对自身有影响的信息，还会为了满足自身的好奇心而选择一些与别人不同的信息。现代社会是追求个性的社会，年轻人为了满足个性，喜欢对别人都认同的喜好等采取一种相反的态度和行为，求异、求奇，极力追求与众不同、标新立异的效果。按照心理学的原理，有机体遇到一反常态的奇异刺激物或者从未经历过的崭新环境时，会产生一种朝向和探究的反射，因而使得注意得到强化。可以说，求异心理是出于一种对好奇心的满足和对刺激的追寻，从而获得感官上的满足。所以，在传播活动中，对于新闻信息的传播，也要挖掘出信息自身的个性特点，尽量地表现出与普通事物不一样的方面，刺激受众，以取得更好的传播效果。

8. 受众的求美心理

爱美是人之天性，求美心理是受众对于信息选择的重要标准。很多受众会以是否符合个人审美情趣来作为媒介选择的标准，通过对美的追求来获得精神的享受。新闻传播活动要满足受众求美的要求通常要做到以下三个方面。

（1）要在新闻内容上，以真实性为基础，选择具有高尚品格的人物或事件，颂扬美的事物。

（2）对于新闻形式的美的挖掘，包括文笔是否流畅、生动、有思想，新闻的整体结构安排是否合理等来吸引受众。

（3）对于其他方面的一些要求，如画面是否清晰、色彩搭配是否合理等，从这些内容来引导受众关注。

9. 受众的参与心理

随着受众主体意识的提高，受众不再满足于作为旁观者游离于新闻传播之外，他们希望能参与到新闻传播中去。受众拥有"传媒接近权"，即指一般社会成员利用传播媒介阐述主张、发表言论以及开展各种社会和文化活动的权利，同时，这项权利也赋予了传媒应该向受众开放的义务和责任。受众希望借助媒介来表达自己的心声，希望通过媒介来分享自己对特定事件的评论，也希望单个的言论能够成为社会舆论的一部分。特别是当新闻报道引起了受众的共鸣时，受众更是迫切希望就新闻事件发表自己的看法，并通过媒介来交流这些看法。以互联网为代表的新媒体技术的发展,扩展了受众参与新闻传播的途径,使受众的参与心理能够得到较好的满足。

10. 受众的接收暗示心理

暗示是一种普遍存在于社会生活之中的社会心理现象,在人际传播和大众传播当中都存在,受众群体所接收的暗示信息主要来自大众媒介。接收暗示心理是指"受众不自觉地心甘情愿地接受新闻宣传影响的一种受众群体(当然也包括受众个体)心理"。新闻传播活动中的暗示主要通过文字、语言、画面、声音、版面排版、内容编辑等多种方式表现出来。传播者在报道新闻的过程中,一方面会不可避免地带有个人色彩,如个人音质、文笔、编排喜好的不同;另一方面,传者往往会对报道的主题持一种比较明确的态度,虽然常常通过客观报道的形式将所传达的信息寓于其中。传播者的这些表现必然会影响对受众的"暗示",受众的接收暗示心理也就会根据不同的新闻传播媒介、新闻传播内容和新闻传播形式而有所差异。

11. 受众的易得心理

易得心理是指新闻受众在选择媒介和接收新闻信息时表现出的希望便捷轻松地掌握的心理。从受众获取新闻的渠道来看,新闻受众总是选择最易获得、所花代价最小的媒体。即使同一媒介,易得性如何,也会成为新闻受众选择时的重要依据,在内容相当的情况下,受众往往会选择那些发行渠道畅通、发行质量高、价位低、印刷质量好的报纸。

新闻受众易得心理也反映在表现手段的要求上,若音质优美逼真、画面清晰有美感、版式生动、行文流畅简洁有个性,对这样的新闻,受众更易于接受,也乐于接受。

12. 受众的逆反心理

逆反心理的产生源于客观环境与主体需要的不相符合。而受众的逆反心理,是受众面对媒介内容时,采取与传播者愿望相反的态度或行为的一种倾向。

(1) 受众逆反心理产生的原因

受众逆反心理产生的原因,具体来说主要包括以下五个方面。

其一,含糊其词、表意不清的传播信息会导致受众产生逆反心理。一些新闻报道由于记者不认真的采访态度,或是违背新闻道德而有意隐瞒事实,会导致未清楚地交代出新闻事件的来龙去脉,从而给受众带来了众多疑问。在这种情况下,受众便会产生逆反心理,认为这些新闻报道是完全无效的。

其二,陈旧、无创意的传播形式会导致受众产生逆反心理。虽然说新闻传播应以内容为主,但新闻传播的形式往往也会对受众的心理产生一定的影响。如果新闻传播的形式总是一成不变、过于陈旧、毫无创意，则会使受众产生"审美疲劳"，进而产生逆反心理，对新闻传播的内容甚至是十分精彩的内容也忽略不见。

其三，以偏概全、片面极端的传播信息会导致受众产生逆反心理。新闻媒体在对新闻进行报道时，很可能会出现简单、武断、主观地概括社会现象或社会群体的现象，从而导致新闻报道不够全面、充分和真实。而这会使得受众对新闻媒体的信任大大降低，进而产生逆反心理。

其四，呆板、僵硬的信息内容会导致受众产生逆反心理。一些新闻媒体在对常规的新闻报道进行处理时，往往会忽略进一步挖掘事实的真相和深入内容、从不同的角度对新闻进行报道，从而出现了长期雷同的现象。长此以往，受众出现逆反心理是在所难免的。

其五，虚假失实、混淆视听的传播信息会导致受众产生逆反心理。一些新闻报道为了哗众取宠、吸引眼球，不惜捏造事实、信口雌黄，有的甚至存在明显的常识漏洞，一看便让人怀疑其真实性。这种虚假失实、混淆视听的新闻报道，极容易导致受众产生逆反心理，从而对新闻传播者以及新闻传播内容产生厌恶心理。

（2）受众逆反心理的表现

受众逆反心理的表现主要包括以下三个方面。

第一，行为逆反。行为逆反是指受众采取的行为与传播者的意图相反。具体来说，当新闻传播者希望受众采取或不采取某种行为时，受众都会对其置之不理，甚至采取相反的行为。

第二，情感逆反。情感逆反是指受众与传播者在传播中所蕴含和表现的情绪或情感相反。具体来说，当新闻传播者表现出喜欢的情感时，受众则会表现出厌恶的情感；当新闻传播者表现出表扬的情感时，受众则会表现出贬斥的情感等。

第三，评价逆反。评价逆反是指受众对传播的事实判断或价值判断与传播者所持的判断呈相反性趋向。具体来说，当新闻传播者对某一事件持正面态度时，受众却对这一事件持反面态度；当新闻传播者对某一内容进行大力倡导时，受众却对这一内容十分抵触；当传播者对某一内容进行大力批评时，受众却对这一内容大力赞扬等。

（3）受众逆反心理的消除

在新闻活动中，受众一旦产生逆反心理，便会怀疑、反感甚至厌恶新闻传播者以及新闻传播内容。所以，应积极采取有效的措施对受众的逆反心理进行消除。具体来说，为了在新闻活动中消除受众的逆反心理，新闻传播者在进行新闻报道时必须坚持实事求是的原则，切实用事实进行说话，做到不偏不倚，准确地对事物规律进行反映，并不断使自己的新闻报道技巧得到提高。

二、媒介融合时代新闻传播的受众定位

媒介融合时代新闻传播的受众定位是指在媒介融合时代对新闻媒介的目标受众进行确定，并在分析新闻媒介市场以及媒介产品市场占位的基础上做出科学、合理的决策。

（一）媒介融合时代新闻传播受众定位的重要性

经济学理论认为，市场需求深受人口、购买力和购买意愿三个因素的影响。而在这三个因素中，最为重要的是人口。通常来说，当购买力、购买意愿相同时，人口的规模越大，消费者的数量越多，市场规模越大，市场消费需求也就越高。

在新闻传播活动中，媒介产品的消费者便是受众，而对受众进行定位就是对市场进行定位。只有准确地对受众进行定位，才能更好地把握目标市场，进而促进现代新闻事业的快速、健康发展。

（二）媒介融合时代新闻传播受众定位的影响因素

媒介融合时代新闻传播受众的定位受到一定因素的影响，概括来说，这些因素主要包括以下四个方面。

1. 受众的年龄

受众的年龄不同，对信息的需求也会存在较大的差距，如年轻人更喜欢时尚、娱乐、游戏等方面的信息；中年人更喜欢与国计民生以及人民的切身利益密切相关的信息；老年人更喜欢健康、养生等方面的信息。所以，新媒体环境下的受众定位绝不可忽视受众的年龄这一重要因素。

2. 受众的职业

处在同一城市中的受众，由于职业的不同，在兴趣、爱好等方面也会表现出较大的差异。而对于任何一家新闻媒介来说，在进行受众定位时将不同职业身份的受众的兴趣、爱好都包罗进来是根本不可能的。所以，新媒体环境下的受众定位也要充分考虑到受众的职业身份这一因素。

3. 受众的受教育程度

新闻媒体、新闻栏目、新闻报纸由于自身内容定位的不同，对受众的受教育程度的要求也有所差异。通常情况下，电视受众的受教育程度普遍低于报纸受众的受教育程度，由

于不识字的文盲也可以观看电视节目，而不识字的文盲要阅读报纸则是不可能的。除此之外，晚报、都市报的受众的受教育程度普遍低于大型综合性日报的受众的受教育程度；娱乐类节目的受众的文化素养普遍低于时政类节目的受众的文化素养。所以，新媒体环境下的受众定位也要考虑到受众的受教育程度这一重要因素。

4. 受众的心理机制

受众的心理机制决定着其对新闻信息在数量和质量方面的需求。所以，只有充分地了解与把握受众的心理机制，才能更好地满足受众对新闻信息的需求。以此为基础，新闻传播媒介就可以大大提升准确进行受众定位的能力。

（三）媒介融合时代新闻传播受众定位的方法

媒介融合时代新闻传播受众定位的方法主要包括以下三种。

1. 媒介融合时代新闻传播受众的动态定位法

由于新闻媒介的受众群体不是一成不变的，而是处于不断的变动和分化中的。所以，新闻媒介在进行受众定位时，可以采用对这一现象有充分考虑的动态定位法。所谓动态定位法，就是新闻媒介在进行受众定位时不能一劳永逸，而要在不断实践的基础上进行科学和可行的定位。

2. 媒介融合时代新闻传播受众的分层定位法

分层定位法是指新闻媒介的各层次分支依据影响受众需求的要素进行逐步逐层的定位。当前，电视频道在发展与运作的过程中应逐渐走向专业化，已成为电视媒介的共识。电视频道要想向着专业化方向发展，首先要进行准确的频道定位。而是否能准确地进行频道定位，深受受众分类细不细的影响。在进行受众细分类的基础上，专业化频道定位要进一步明确核心受众、边缘受众和潜在受众。以中央电视台来说，在依据受众不同信息需求的基础上划分成了新闻频道、财经频道、体育频道、综艺频道、电影频道、电视剧频道、戏曲频道、少儿频道等专业频道。而具体到某一频道如体育频道来说，广大的体育爱好者是其核心受众，而休闲、旅游等类型节目的适当配置又为其赢得了数量不少的边缘受众。所以，专业频道的受众定位要做到"宽窄适度，范围适中"。

3. 媒介融合时代新闻传播受众的综合定位法

综合定位法是指根据影响受众定位的两种或两种以上的因素进行受众定位。在当前，新闻媒介想仅仅依靠影响受众定位的一种因素就准确地进行受众定位是几乎不可能的，必须要对几种因素进行有机组合。这既是由新闻媒介自身的特点决定的，也是由受众市场的需求状况决定的。

（四）媒介融合时代新闻传播受众定位的转变

在新媒体日益扮演重要角色之后，诸多新媒介的使用者难以用传统意义上的"受众"概念来进行指称。"受众"一词失去了明确的指向性，因而"用户"的概念逐渐被引入传播学领域，媒介融合时代新闻传播受众的定位所以也发生了以下几方面的转变。

1. 从匿名群体到真实个体

在传统的大众传播理论中，受众常以匿名的和不具个性的客体出现。虽然有些受众成员偶尔也会通过各种形式直接或间接地参与新闻媒体工作，但总体而言，受众对于新闻媒体来说，是一种笼统的、隐蔽的存在。

在媒介融合时代，互联网用户越来越难以隐匿自己的形迹；而从主观方面看，用户在网络中呈现自己真实、固定身份的意愿也日趋加强。如今，只要对某个人有兴趣，就可以阅读他的博客、订阅他的网摘，通过社交网站等方式熟悉他的朋友圈子、接触他的人际关系网，通过豆瓣网了解他在读什么书、看什么电影，通过微信朋友圈欣赏他的照片、了解他的动态……更为关键的是，各种平台和渠道都在竭力相互融合、相互贯通，努力让用户通过一个入口能走进某一个用户的全部个人世界。

由此可见，匿名性绝非互联网用户的特点。随着网络和新媒体的广泛应用，用户越来越倾向于有选择地公开个人隐私，把现实生活中的自己呈现于互联网，塑造一个真实的、固定的个体身份。

2. 从消费商品到生产商品

媒介融合时代，受众作为媒介商品消费者的身份逐渐发生了改变。受到后现代主义思潮全球化的影响，多元主义价值观在经济全球化的多元文化互动中得到更多的文化认同。传统媒体消费者的"被动的信息接收者、目标对象"的角色逐步被"搜寻者、咨询者、浏览者、反馈者、对话者、交谈者"等新角色所取代。"用户生成内容"概念的诞生与日益流行，正是这种身份转换的标志。用户生成内容主要是指用户通过不同的形式在网络上发表自己创作的文字、图片、音频、视频等内容，它是Web2.0环境下一种新兴的网络信息资源创作与组织模式。由此可见，在媒介融合时代，用户已由消费者逐渐向网络产品的生产者转变。

3. 从被动接受到主动获取

进入媒介融合时代之后，互联网逐渐打破了传统大众媒体对信息源的主导地位，互联网用户拥有了获取信息的主动权。随着互联网的快速发展，世界各国、各地区的联系日益密切。它对传统的地缘政治、地缘经济、地缘文化的概念具有很强的冲击力，形成了以信息为核心的跨国界、跨文化、跨语言的全新虚拟空间。相关调查表明，互联网已经成为大多数人获得新闻和信息的第一来源，而利用电视、无线广播、报刊等媒介获取新闻的比例呈现下降的趋势。这主要是由于，新产生的信息大多是数字化、网络化的，而原有的重要信息也经历着被数字化、网络化的过程。互联网的运用，为人们快速找到自己所需要的信息提供了方便。互联网从根本上改变了人们在接收信息方面的被动地位，用户可以根据自己的需要选用有效的信息。除此之外，互联网用户可以自由地选择他们想看、想读、想写的信息。这种选择，无论是对信息内容的选择，还是对信息的接收形式、接收时间、接收顺序的选择都极具灵活性，用户主动获取信息的渠道逐渐多样化。

4. 从接收信息到传播信息

媒介融合时代，随着互联网技术的使用和推广，用户具备了成为信息传播主体的条件。数字技术使传者与受者的位置互换、重叠、界限模糊，传播活动逐渐"去中心化"。在Web2.0的技术平台上，信息传播交互的每一个节点上都可能是一个传送或接收的中心，传播活动早已不再是自上而下的单向式传播，而是呈现信息传播的双向结构和网状结构。相比之前，人们进行传播活动更加便捷、高效，每个用户都可以在对话中实现决策参与，成为传播活动的主体。

互联网用户作为信息的传播者，其主要传播特点即自媒体①表达。每天人们通过论坛、博客、微博等渠道发表的言论达数百万条。这是一个庞大而独立的自媒体群，每个人在即时化的海量信息传播中，模糊了个人媒体和传统大众媒体的边界。

除了拥有巨大影响力的名人通过"自媒体"表达观点和传播信息以外，普通公民在维权抗争、实行监督、观点交流方面也表现出巨大的活力。官方控制民众自由表达的时代已经一去不复返，公民在"信息权力"上逐渐变得强势。正是由于这种权力、影响力的上升，促使国家、政府在各个方面更加重视舆论带来的压力，不断改进管理模式。信息的快速传播、扩散不仅在信息选择上成就了普通公民自由的表达权，也在信息解释、观点呈现上摆脱了传统媒体报道的框架，给予了公民自由表达的权利，由此深刻影响了一个国家的政治参与结构。

---

① "自媒体"这一概念由谢因·波曼与克里斯威理斯在《自媒体》中提出，它是普通大众经由数字科技强化与全球知识体系相连之后，一种开始理解普通大众如何提供与分享他们本身的事实与新闻的途径。

5. 从受众反馈到用户体验

当前，人们普遍认为，受众是新闻传播的积极参与者，而受众对于新闻媒介整个运作的参与，主要是通过以各种形式的反馈向记者、编辑和媒介的决策者表达他们的意见和期望来实现的。受众对新闻媒介最经常、最权威的评价就是对各种各样媒介的接触程度，即报纸的发行量、电台节目的收听率、电视节目的收视率。发行量、收听率、收视率是新闻媒介的生命线，而受众控制着这条生命线。在我国，随着市场经济的深入发展，受众得到了真正的重视和尊重。当新闻媒介真正走向市场、参与市场竞争以后，新闻媒介的从业人员才懂得，受众是新闻媒介得以顺利运行的主要力量，是新闻媒介的"上帝"。然而，受众对于新闻媒介来说，是一种模糊而微弱的存在。受到各种因素的影响，传统媒体受众的反馈手段仍比较落后，反馈通道不够通畅，反馈信息量小，速度也慢。

随着"体验经济"概念的提出，人们对体验经济的产生以及体验经济对社会生活产生的影响进行了研究。用户体验被定义为人们对于正在使用或期望使用的产品、系统或者服务的认知印象和回应。这一概念最初运用于IT应用设计领域，但由于其他行业的竞争背后也普遍存在用户体验的竞争，所以这一概念逐渐被推广。它主要包括产品或服务的象征意义、产品的易用性、产品的功能、产品提供信息的准确性和合理性。互联网时代的用户体验具有如下特点。

第一，用户的参与性需求提高。互联网时代的用户不仅仅关注信息本身，更关注其来源以及获取途径。相较于结果而言，用户更重视过程。所以，信息服务应该具有开放性、互动性。

第二，用户的个性化需求提高。"体验"因其独特性使自身成为一种相对稀缺的资源，而突出人性化是用户体验最大的特点。所以，要针对用户个性特点以及具体的需求来为用户提供相应的信息服务。

第三，用户的情感性需求提高。用户在关注信息服务内容和质量的同时，更注重情感的愉悦和满足。他们更注重整个消费过程的环境、信息关联度以及技术条件支持带来的真实感受。

随着互联网的普及，网络用户的地位发生了明显的转变。在传统的传播结构中，"反馈"一词反映了受众处于被动地位。而在新媒体环境下，相较于"反馈"而言，"体验"的概念更能对用户在传播结构中的地位和角色进行准确的描述。互联网传播的交互性对旧有的传播方式而言是一场革命性的突破。在互联网中，用户享有前所未有的参与度，媒体和用户形成充分的双向交流。

本章小结

当融合文化渗透到新闻生产领域时，新闻室成为它们相逢的地方。尽管学界和业界关于融合新闻的讨论已甚嚣尘上，但究竟什么样的融合新闻室才算得上是真正的新闻室融合？现实恐怕无法提供一个统一的答案，既有的对美国、西班牙、南非、中国、德国、丹麦等国家融合新闻室的研究也证明了这一点。新闻室融合不是一个线形过程，在不同的经济发展水平、技术基础、新闻文化等因素的综合作用下，新闻室必然会根据其现有的条件形成相对不同的融合样态。相应地，新闻室融合也会表现出不同的维度，本章将其分解为三个层面：新闻常规、专业文化与公众参与。融合在新闻室层面的体现首先影响的是新闻生产的流程，为了适应以互联网为核心的融合态势，新闻生产中的路线、时间、消息来源和选择标准都发生了或多或少的变化和调整，以适应融合新闻生产的需求。而新闻工作常规和操作方式的改变又必然影响了新闻从业者所长期形成的新闻专业文化，例如一些新的职位带来的新的角色认知和行为方式。公众参与是伴随融合新闻的发展而出现的突出现象，它与新闻的专业控制之间的张力还将长期存在。

第三章 媒介融合环境下的新闻发展格局与传播形态

媒介融合是新时代环境下各种传播媒介相互融合、相互统一共同传播信息的新型方式。实现媒介融合，需要以互联网信息技术和通信技术作为支撑。究其本质，媒介融合的目标是通过多种方式和手段，以最具性价比的方式实现信息互换、信息传播。21世纪，随着社会生产生活的高速发展，人们对于信息搜索的要求也在逐渐增多，人们需要快速地获取更多更广泛更精准的实时信息，媒介融合的出现能够极好地满足人们的信息需求。同样，处于媒介融合的时代环境下，新闻的发展与传播也面临着巨大的机遇。

第一节 重构媒介生态关系——以传统纸媒短视频新闻为例

一、传统纸媒短视频新闻传播的原生态分析

传播原生态，是指传播生态中讨论的中间层，包括"管理、技术、媒介专业"[①] 从原生态角度入手，可以了解促使传统纸媒短视频新闻发展的媒介、技术、管理等三方面条件。

（一）媒介形态的变迁

麦克卢汉认为，媒介是人的延伸，媒介技术的发展"赋能于人"，人和世界的联结由此发生变化，人对世界的感受力也在不断产生变动。在近代人类文明兴起、智力水平提升

---

① 支庭荣. 大众传播生态学 [M]. 杭州：浙江大学出版社，2014：13.

和继承文明成果过程中，信息传播由传统媒体（报纸、广播、电视、杂志），转变为在互联网上衍生的新媒体，传统媒体的传播优势逐渐被互联网所取代。逐渐丧失绝对优势的传统媒体，提出了媒介融合概念，纸媒不再局限于线下传播，报业集团试水经营电视台和网站，布局微信、微博、自媒体平台；报道内容不局限于文字形式，视频、动画、图片、HS等形式也在被逐步采用。短视频新闻这一新形式，可以说是2016年短视频出现后的产物。

短视频应用自2013年兴起后，改变了传统的"观看"生态，以社交为主打的短视频延伸并再现了人们的活动行为与情感。短视频提供用户表达的窗口，病毒式的传播方式致使用户沉浸其中，迎合用户在碎片化时间消费内容的阅读习惯。国外传统媒体向短视频领域的实践，促使国内传统媒体开设自己的短视频新闻栏目。

总体而言，短视频的出现让新闻的时效性与交互性优势发挥到最大，短视频的新闻产品能够产生更具画面感和代入感的信息效果，继国外推出控制在巧秒内的短视频新闻后，新华社也推出"新华巧秒"，之后浙报集团推出的浙视频、《新京报》的"我们"视频、南方周末的南瓜视业等①，都意味着传统纸媒转向短视频领域发展自身生态。

（二）媒介技术的更迭

人类传播媒介分为书写媒介、印刷媒介、广播媒介、影视媒介、互动媒介这五种形态，互联网络的迅速发展，互动媒介成为人们通常使用的媒介工具。互联网络依靠光纤、卫星网络，将各种声音、文字、图像信息快速传至拥有终端的每一个公司、每一个家庭，乃至每个人。网络上充斥着新近发生事实的报道，互联网络作为新型新闻传播媒介得到广泛应用。

除互联网普及这一先决性技术条件，短视频内容平台的技术升级，给用户沉浸于碎片化娱乐提供可能性。通过机器学习识别视频场景，利用正反馈机制将设定好的场景编码参数，应用于场景中实现完美兼容播放器及低延时的转码能力，最后对转码过的视频进行亮度加强、降噪等云端处理，达到用户需要的视频效果。看似复杂的视频解码过程，实际操作简单，使得短视频制作门槛降低。视频剪辑方式不再单一，依托算法技术实现视频内容的"定向化"推送，使用户在观看短视频上花费大量时间，短视频成为用户青睐的内容形式，媒介技术生态基本成型。

---

① 汪文斌. 以短见长——国内短视频发展现状及趋势分析 [J]. 电视研究，2017（05）：18-21.

(三) 媒介管理的变革

我国传统媒体作为"党和人民的喉舌",需要在依法取得相应资质后,才能在互联网从事信息传播业务。取得资质后,各单位还需要对传播内容进行把关,2008年颁布的《互联网视听节目服务管理规定》要求传统媒体在互联网上发布的内容,应该做到传播社会主义正能量文化,促进社会进步与文明和谐,实现人的全方位发展。

短视频的监管同样遵循着传统的媒介管理思路,受到国家层面监管。2017年4月7日上线《互联网视听节目服务业务分类目录(试行)》,对短视频行业的监管划定范围。2017年6月22日,国家新闻出版广电总局出台文件,要求短视频行业在内容上促进整个行业建立健康内容生态,在平台层面规范运行机制,引领网络视频行业良性、健康发展。

与传统媒体不同的是,网络空间的多样性与复杂性,让国家监管遇到控制失灵状况。短视频制作的低门槛,让色情化、低俗化内容以病毒传播扩散开来,政府的责令整改无法在网络空间发挥最佳效果。在这样的环境下,非政府组织、企事业单位、社区以及个人等社会自治力量成为另一道媒介管理保障。媒介管理的责任落实在了每一位网民的身上,网络中不同治理力量的参与和协商,维护短视频领域的媒介生态平衡。

二、传统纸媒短视频新闻传播的内生态解读

传播生态圈的内层,包括审美与道德评价,包括"事件、信息、文化供给和受众需求,[①]"称之为传播内生态。具体来看,传播内生态主要涉及内容及用户,所以下面主要研究用户生态位及内容生态位,对催生短视频新闻发展的传播内生态进行探讨。

(一) 短视频用户生态位分析

从消费习惯来看,受众需求发生变化。互联网带来的信息化、碎片化趋势,让用户由阅读报纸、观看电视,转变为观看短视频获取更多信息资讯。短视频的出现,让用户可以选择多样化的内容,短视频新闻也根据用户喜好分为不同栏目的新闻内容。与此同时,短视频制作门槛的降低,让用户表达自我的需求增长,用户生产的UGC内容,成为短视频新闻的重要组成部分。短视频自带的社交属性,吸引用户进行沉浸式观看,他们转发、评论短视频新闻,在满足自身表达需求的同时,无形之中扩大了短视频新闻的影响力。

---

① 支庭荣. 大众传播生态学. [M]. 杭州:浙江大学出版社,2014:13.

从用户未来发展趋势来看，小镇青年和银发族会成为未来的增量人群。根据Quest Mobile秋季报告显示，短视频成为Z时代（90后到00后这部分群体）、小镇青年、白发老人三大典型群组增长最快的应用。时代作为互联网"原住居民"，也是最先熟悉短视频玩法的用户；而快手、抖音等短视频APP的出现，让小镇青年和白发老人有了自我宣泄的机会，对短视频逐步熟悉的这两类群体也开始观看移动短视频新闻，未来小镇青年和白发老人的影响力不可忽视，整个行业群体也将变得更加多维化，对互联网而言，他们涵盖着巨大商业价值。

（二）短视频内容生态位解析

本书所研究的短视频新闻内容，泛指由传统纸媒生产的移动短视频内容和以前的新闻报道相比，短视频新闻不需要遵循旧有的叙事结构和内容框架。在用户碎片化消费内容的阅读习惯形成情形下，新闻类短视频时长通常以秒计数，控制在15秒到2分钟以内，这一碎片化形式正好戳中受众痛点，有效实现受众在碎片化时间里新闻诉求的需求。

1. 短视频新闻内容类型的划分

当前在国内有较高知名度的纸媒移动短视频有四类：将视频作为标配的浙视频，内容以正能量主旋律的新闻短视频为主；《新京报》的"我们"视频，则将短视频新闻集中在突发、社会、时政等领域；《南方周末》推出的南瓜报业，没有选择做新闻，而是围绕读书和美食制作文化生活类短视频、制作系列类短视频；上海报业集团推出的箭厂视频，聚焦社会性、新闻性和艺术性选题，每周播出一支7分钟左右的短视频，用做电影的标准严格要求自己①。

内容选取上，短视频新闻讲究地域接近，如浙视频聚焦于浙江本地事，以接近性特点受到本地群众喜爱；短视频新闻也可以很接地气，南瓜视业注重美食与文化，曾推出的《舌尖上的世界》，将人们的视线聚焦于食物，具有趣味性的特点②。同时，短视频新闻也注重社会性。《新京报》"我们"视频曾推出《巫山童养媳》的系列视频，引发关注；而上海箭厂视频聚焦于网络红人《MC天佑》的短视频新闻，是不少人津津乐道的热门视频内容。

2. 短视频新闻的内容传播特点分析

短视频新闻的内容特点可以归为三点：低门槛、片段化、便捷化。根据用户碎片化阅

---

① 汪文斌. 以短见长——国内短视频发展现状及趋势分析［J］. 电视研究，2017（05）：18-21.
② 汪文斌. 以短见长——国内短视频发展现状及趋势分析［J］. 电视研究，2017（05）：18-21.

读及社交分享行为，移动短视频内容的传播强调社交属性，在移动传播过程中呈现"年轻化""轻松化"等特点。

（1）传播的年轻化，年轻群体是短视频新闻使用的主力军，青年受众注意力时长缩短，利用碎片时间观看短视频新闻，对移动短视频的依赖逐步加大。

（2）传播的轻松化，人们获取信息的媒介由大屏电视转变为小屏手机，短视频在手机上的广泛传播，意味着人们正式进入"小屏时代"，5G网络的到来，人们可以随时随地观看视频，获取想要的资讯变得轻松便捷。

（3）传播的社交化，相对于传统纸媒，短视频新闻具有极强的社交属性，提高了新闻传播时效性，新闻报道的话语空间进一步拓展，用户可以畅所欲言，并把自己的观点分享给朋友，获得认同感。

三、传统纸媒短视频新闻传播的外生态解读

在传播生态的外层，主要是指传播活动和现象，称之为传播外生态，而"竞争、广告、法律、政治、其他社会机构"① 等因素都是传播外生态需要探讨的内容。本书主要探讨传播外生态的市场、竞争者等因素。

（一）投资市场成熟

短视频行业在资本及巨头眼中，是值得投资的领域，原因无外乎三点：投资回报率较高、商业空间想象力丰富以及商业模式运行良好。相比较而言，短视频内容花费、带宽花费及获客花销并不高，却又可以带来令人心动的回报，为整个行业攫取大量用户流量、收获用户黏性并成功实现商业变现。大量资金流向短视频的平台方及内容方，利用资金福利来保障短视频内容生产者可以源源不断地生产新鲜内容。

（二）媒介资源重

传统纸媒做短视频，主要竞争对手为互联网新闻资讯短视频APP。根据艾媒咨询的统计，新闻资讯APP影响力前十五中有腾讯新闻、今日头条、网易新闻、新浪新闻，而传统媒体新闻资讯APP为华尔街见闻、人民日报、央视新闻。而在手机新闻资讯APP下载排行榜中，以今日头条为代表的头条系占据市场半壁江山。

---

① 支庭荣. 大众传播生态学 [M]. 杭州：浙江大学出版社，2014：13.

当前，短视频新闻正在寻找自己的特色优势，向垂直化方向发展。研究表明，垂直领域的短视频更易获得资本青睐，传统纸媒对用户、内容、广告资源的细致划分，有利于未来短视频新闻错开媒介资源重叠，树立自己的品牌优势。

第二节 传统媒体与新兴媒体共生

一、传统媒体与新兴媒体共生的组织模式

依媒体共生单元之间相互联系的紧密程度或结构样式，传统媒体与新兴媒体共生的组织模式，可分为点共生模式、间歇共生模式、连续共生模式和一体化共生模式四种。

（一）点共生模式

1. 点共生模式的内涵

点共生模式是指传统媒体与新兴媒体在某一特定时空条件下形成的短暂共生关系。这种点共生模式在传统媒体与新兴媒体对某一热点问题的报道中体现得尤为明显。例如"厦门海沧 PX 事件"。厦门海沧是人群密集地，此处拟建一个 PX 项目，虽然已经得到国务院的批准同意，并通过了环保总局的环境影响评价，但依然有很多专家学者对该项目持反对意见。由于再好的环保措施，安全性也仍存在隐患。PX 即对二甲苯，对胎儿的致畸率很高，属危险化学品。鉴于此，2007 年 3 月两会期间，105 位全国政协委员先后签名提案，建议该项目迁址。对于这一事件，首先是传统媒体先后发表文章进行专题报道。然后网络新兴媒体对传统媒体报道进行广泛转载，网民随即在网络社区上展开激烈讨论，接下来传统媒体根据网民的反应加大力度继续跟进报道事件进展，并进一步深入探讨事件解决方式。与此同时，网络新兴媒体在继续转载传统媒体报道的同时，网民对该事件的互动讨论也愈演愈烈。最后广泛的社会舆论得以形成。最终，政府宣告该项目迁址。至此，"厦门海沧 PX 事件"告一段落，传统媒体与新兴媒体相继停止了对该事件的讨论和报道。

这一案例说明，传统媒体与新兴媒体的共生关系呈现出明显的点共生模式。即传统媒体与新兴媒体共生关系的发生由共同报道讨论"厦门海沧 PX 事件"引起。随着该事件的逐步演化，传统媒体与新兴媒体共生关系得到进一步的发展。随着该事件的告一段落，传统媒体与新兴媒体的相关报道讨论归于平静，其共生关系也宣告结束。

2. 点共生模式的特点分析

为全面了解点共生模式，下面分别从界面特点、开放特点、阻尼特点及共进化特点等方面进行具体比较分析。

（1）界面特点

在点共生模式中，传统媒体与新兴媒体共生界面的特点主要有：界面生成随机性、介质单一性、界面不稳定性和共生非专一性。

第一，界面生成随机性。这是点共生模式共生界面的重要特点。传统媒体与新兴媒体在共生关系的构成过程中，媒体共生单元一般会选择与自己掌握信息更多的共生对象生成共生界面。如果可供选择的共生对象较多，并且在对其信息掌握程度相近的情况下，媒体共生单元往往会按接触顺序选择共生对象，并与之生成共生界面。这种选择共生对象的偶然性必然导致共生界面生成的偶然性或随机性。在报道"厦门海沧 PX 事件"的过程中，传统媒体与新兴媒体彼此间的接触并没有特定的指向性，即某一传统媒体并没有特意选择与某一新兴媒体进行接触，而某一新兴媒体也没有特意选择与某一传统媒体进行接触。双方的接触是以"厦门海沧 PX 事件"的发生发展为前提，双方接触的目的仅仅只是为了报道、讨论"厦门海沧 PX 事件"。所以，双方之间接触的时间、接触的方式和接触的机制都充满了不确定性，由此而形成的共生界面也必然充满了不确定性。所以，点共生模式共生界面的生成具有随机性。

第二，介质单一性。在传统媒体与新兴媒体的共生关系中，共生界面之所以能成为信息交流、物质交换、能量传递的通道或载体，是由于共生界面往往包含有共生介质。共生界面的通道或载体功能要靠共生介质来发挥。较为复杂的共生界面往往包含有多个共生介质。一般而言，共生介质越多，共生界面的通道或载体功能就越强，共生的阻力就越小。反之，共生介质越少，共生界面的通道或载体功能就越弱，共生的阻力就越大。

在点共生模式中，由于传统媒体与新兴媒体的共生关系存在时间短，共生的过程简单，所以往往是其共生环境充当两类媒体共生的唯一介质。也以"厦门海沧 PX 事件"的报道传播为例，传统媒体与新兴媒体的共生关系仅存在于该事件的发生发展过程中，该事件告一段落，两者共生关系也宣告结束。由于时间短，并且在共生过程中，传统媒体与新兴媒体之间的交流仅限于对该事件相关信息的交流，所以"厦门海沧 PX 事件"的发生发展既是两者的共生环境，也是促使两者之间相互作用和影响的共生介质。

第三，界面不稳定性。点共生模式中，传统媒体与新兴媒体的共生界面常常因物质交换、信息交流和能量传递的需要而出现，也会因这种需要的完成而消失，表现出很大的不稳定性。在报道"厦门海沧PX事件"的报道传播时，某一传统媒体与某一新兴媒体之间的交流仅限于对该事件相关信息的交流。而随着问题的解决，这种交流的完成，双方不再相互作用，其共生界面也随之消失。这种界面特点内在地规定了，在点共生模式中，传统媒体与新兴媒体之间相互作用的程度很低。

第四，共生非专一性。这是与界面不稳定性相对应的特点。共生非专一性是指某一传统媒体与某一新兴媒体之间共生关系的非唯一性，也就是说构成共生关系的媒体单元不是唯一地依赖于对方，没有这种关系，媒体共生单元还会形成其他的共生关系。

对于"厦门海沧DX事件"的报道传播，某一传统媒体共生单元不仅可以与某一网络社区形成共生关系，也可以与其他诸如微信、微博等新兴媒体形成共生关系。反过来，某一新兴媒体共生单元也可以自由地与任一传统媒体形成共生关系。

（2）开放特点

所谓开放特点指的是共生关系的存续是更依赖媒体共生单元之间的相互作用，还是更依赖共生环境。如更依赖媒体共生单元之间的相互作用，则该共生关系对内开放程度高，对外开放程度低；如更依赖共生环境，则该共生关系对外开放程度高，对内开放程度低。为说明传统媒体与新兴媒体点共生模式中的开放特征，我们不妨从事实考察起。

在"厦门海沧PX事件"的报道传播中，传统媒体与新兴媒体之间的共生界面具有随机性、不稳定性，共生介质具有单一性，媒体共生单元间的共生关系具有非唯一性，这其实表明两者之间交流渠道较少，相互作用程度较低，换句话说，就是该共生关系对内开放程度较低，媒体共生单元之间的相互作用对共生关系的影响较小。而另一方面，"厦门海沧PX事件"既是传统媒体与新兴媒体的共生环境，也是两者共生关系形成和发展的直接推动力。在这一共生关系的存续过程中，无论是传统媒体，还是新兴媒体，都不可避免地持续参与到该事件的采访、报道、讨论中。可以说，作为共生环境而存在的"厦门海沧PX事件"对共生关系的影响较大，该共生关系对外开放程度较高。

（3）阻尼特点

所谓阻尼是指阻碍物体的相对运动、并把运动能量转化为热能或其他可以耗散能量的一种作用。传统媒体与新兴媒体之间共生阻尼特点主要取决于共生界面的性质和功能。点共生模式中，由于共生介质单一，共生界面不稳定且界面存在的时间短，因而共生单元之间的信息交流不充分，物质和能量交流也不可能充分。在这种模式下，传统媒体与新兴媒体之间的相互作用阻力较大，共生过程中阻尼特点十分明显。一般而言，在传统媒体与新兴媒体所构成的共生关系中，其共生界面所包含的共生介质越多，表明媒体共生单元之间相互接触的方式、相互交流的渠道越多，共生界面的信息交流、物质交换、能量传递功能就越强，共生过程中的阻尼特性就越不明显。

（4）共进化特点

在生物学中，进化指的是种群的遗传性状在世代之间发生变化，它突出表现在遗传基因的突变上。而这里所说的共进化，或称共同进化，主要是指传统媒体与新兴媒体在共生过程中，媒体共生单元在性质、形状和功能等方面出现的由低级到高级、由简单到复杂的变化。

共同进化是传统媒体与新兴媒体共生的本质所在。其共同进化特点主要通过媒体共生单元间的相互作用、相互影响的结果表现出来。具体而言，就是在媒体共生单元相互作用、相互影响的过程中，或者他们自身的性质和形状会发生改变，乃至于变成新的媒体共生单元，或者他们自身的功能越来越多，乃至于发生实质性变化。其实，在今天的信息传播中，传统媒体与新兴媒体借助共生而产生新的形态，拓展新的功能已时时处处都可见到。例如手机电视，是一种信息传播的新形态，它既可以看又可以听还可以说，集视频与音频于一体，集社交功能于一身，体现出传统媒体与新兴媒体通过共生而共进化的特点。这里必须指出的是，在传统媒体与新兴媒体共生过程中，它们的媒体共生单元必须不断共同进化才能表现出自己的活力。那种停止共同进化的媒体共生单元最终将被淘汰。我们强调这一点是由于创新形态、创新方式、创新内容、创新产品等，是促使传统媒体与新兴媒体不断共进化，最终走向一体化即媒体融合的原动力。

同时也应当在此说明的是，媒体共生单元的共进化的程度常常因受制于共生模式而表现各不相同。在不同的共生模式中，媒体共生单元相互作用的方式、相互影响的时间都不尽相同。对于点共生模式来说，由于媒体共生单元之间的共生关系存在时间短，其共生介质较为单一，这就直接导致它们相互作用的频次及时间有限，所以其几乎难以显现出较为明显的共进化特点。

（二）间歇共生模式

1. 间歇共生模式的内涵

间歇共生模式是指，传统媒体与新兴媒体在不连续的多个特定时空条件下形成的间歇性的共生关系。间歇性共生模式固然可以看作是点共生模式在序列化的时空链条中并不是连贯的表现，但是不能把它视作点共生模式的简单叠加或重现，由于它有自己的特性，所以理当把它当作一种新的模式看待。

2. 间歇共生模式的特点

为全面了解间歇共生模式,下面依然从界面特点、开放特点、阻尼特点及共进化特点等方面进行具体比较分析。

(1) 界面特点

与点共生模式相比,传统媒体与新兴媒体间歇共生模式在界面生成、界面介质、界面稳定和共生唯一性等方面都表现出较明显的差异。

第一,与点共生模式相比,传统媒体与新兴媒体间歇共生模式在共生界面的生成上并不完全是随机的,其间已包含着某种必然性或规律性以及选择性的因素。例如,对上述提到的一系列案例报道进行总体综合分析,可以看出,在界面生成上,传统媒体与新兴媒体之间已形成一定的规律。即传统媒体(报道)新兴媒体(跟进)以及新兴媒体(热议)传统媒体(跟进)两种共生界面生成方式。在这两种方式中,对于一个热点议题,具体由哪一个传统媒体或新兴媒体跟进报道具有随机性,但从整体上看,传统媒体与新兴媒体之间由于共生时间显著增加以及接触频率的不断提高,其界面生成已具有一定的必然性和选择性。其中,必然性是指一个热点议题一旦产生,传统媒体与新兴媒体必然会生成共生界面。选择性是指,媒体共生单元之间相互接触、相互作用频次的提高,其信息丰度也在不断提高。因此,媒体共生单元在选择共生对象时,其标准不再是接触顺序,而是会更多考虑质参量之间兼容性以及亲近度或关联度等因素,这样一来,无疑媒体共生单元之间共生界面的生成也就带有了一定的选择性。

第二,在共生介质上,较之点共生模式,传统媒体与新兴媒体间歇共生模式所包含的共生介质已摆脱了单一性,具有了一定的多样性。其共生界面也就理所当然地成为一种多介质界面。之所以如此,是由于随着传统媒体与新兴媒体共生时间的增加以及接触频率的提高,原有单一的共生介质已无法满足媒体共生单元之间日益增多的接触和交流,为保证接触和交流的顺畅,更多共生介质的出现也就理所当然。例如随着传统媒体与新兴媒体在热点问题报道传播上互动频率的增加以及传播效果的加强,传统媒体的记者、编辑,新兴媒体的用户或从业人员相互间接触、交流的意识性、目的性显著加强。具体表现在,许多传统媒体的记者、编辑开始有意识、有目的地在新兴媒体上搜寻新闻线索,以此确定新闻选题;而许多新兴媒体用户或从业人员也开始有意识、有目的地转载传统媒体报道,以此吸引大众的眼球。可以说,传统媒体的议题得以在新兴媒体上快速传播,新兴媒体的议题得以在传统媒体上进行深度报道,就得益于此。正是在双方之间有意识有目的地接触和交流下,传统媒体记者编辑同时也成为新兴媒体用户,而新兴媒体用户同时也是传统媒体的受众,这样一来传统媒体记者编辑、新兴媒体用户客观上就成为传统媒体与新兴媒体的共生介质。

更进一步来看,间歇性共生模式的共生界面是多介质的共生界面,借助这种共生界面,媒体共生单元之间接触、交流无疑会更顺畅,更频繁,而由此构成的共生关系无疑会更稳定。显然,这将为其共生关系向更深层次迈进打下了良好的基础。

第三,在界面的稳定性上,较之点共生模式,传统媒体与新兴媒体间歇共生模式已表现出某种界面的稳定性,这种稳定性主要体现在传统媒体与新兴媒体之间不仅有意识有目的地接触和交流越来越多,并且时间也越来越长等方面。当然,由于这种共生界面是在不同时间、不同空间、并不是连贯地发挥作用,所以它所表现出的稳定性只能说,与点共生模式相比有所提高,其对共生关系的作用也就十分有限。

第四,在共生唯一性方面,在传统媒体与新兴媒体间歇性模式中,整体而言共生唯一性水平比点共生模式要高。随着传统媒体与新兴媒体之间有意识有目的地接触和交流的增多,双方彼此间对对方的依赖程度也在增加。但与共生界面稳定性一样,由于其共生界面的间歇性,共生唯一性水平依然不高。

(2) 开放特点

在传统媒体与新兴媒体间歇共生模式中,开放特点与点共生相比具有较鲜明的变化,主要表现在对内开放度以及对外开放度的增加。对内开放度的增加主要是由于,传统媒体与新兴媒体之间有意识有目的地接触和交流越来越多。而对外开放度的增加主要是由于,共生环境也越来越多地成为传统媒体与新兴媒体共生关系形成的直接推动力。在上述案例的报道中,我们可以看到各类社会热点事件越来越多地成为传统媒体与新兴媒体共生关系形成的直接推动力。不过总的来说,在传统媒体与新兴媒体间歇共生模式中,其对外开放度依然大于对内开放度,共生环境对共生关系的影响依然大于媒体共生单元之间相互作用对于共生关系的影响。这也就是说,传统媒体与新兴媒体之间有意识有目的地接触和交流越来越多,但共生环境依然是两者共生关系形成的直接推动力。

(3) 阻尼特点

在传统媒体与新兴媒体间歇共生模式中,由于共生界面所包含的共生介质并不是单一,共生界面的稳定性有所加强,在共生关系中发挥的作用也有所增多,所以媒体共生单元间的物质交换、信息交流、能量传递无疑要比点共生模式更加频繁和顺畅。但总体来看,间歇共生模式的共生阻尼特点还是十分明显,其原因恐怕要归于共生介质发挥作用的不连续性或间歇性有关。在这种情况下,共生环境依然是共生关系形成与否的决定因素。

(4) 共进化特点

前面说过，在传统媒体与新兴媒体点共生模式中，共进化特点不明显。而在间歇共生模式中，其所表现出的共进化特点已可见到。其具体表现为，媒体共生单元之间表现出较为明显的相互学习、相互促进的态势。首先，在相互学习方面：传统媒体在议题选择上越来越注重选择新兴媒体关心的话题，在报道类型上越来越注重深度报道，在话语表达上越来越注重吸收新兴媒体语言元素，在传播方式上越来越注重对新兴媒体渠道的利用；而新兴媒体则越来越注重传播内容的原创性，以及对传统媒体传播人才和经验的吸纳。在相互促进方面，通过与新兴媒体的间歇性共生，传统媒体的传播范围明显扩大，传播影响力显著加强。而通过与传统媒体的间歇性共生，新兴媒体用户数量以及活跃度不断增加，经济效益明显提高。可以说，传统媒体与新兴媒体间歇共生模式较为明显的共进化特点，为其共生关系向更深层次发展埋下了伏笔。

（三）连续共生模式

1. 连续共生模式的内涵

连续共生模式是指，传统媒体与新兴媒体在一段连续的时空条件下形成的不间断的共生关系。例如 2012 年 12 月，湖北卫视与乐视网签订合作协议。在协议有效期内，双方将在共同拍摄电视剧、节目互换播出、渠道资源共享等方面进行深入合作，期望通过网台联合，实现共同发展。上述网台合作的例子，就是典型的传统媒体与新兴媒体连续共生模式。

2. 连续共生模式的特点

在传统媒体与新兴媒体连续共生模式中，媒体共生单元之间的相互影响、相互作用，较之间歇性共生模式区别明显。其区别就在于：这种相互影响、相互作用是以连续而非间断性的方式存续于序列化的时空中。正由于如此，由媒体共生单元所构成共生关系也就较之间歇性共生模式发生了质的变化。具体来说，这种变化主要反映在共生关系的各种特点上。

(1) 界面特点

较之间歇共生模式，传统媒体与新兴媒体连续共生模式对共生界面的性质提出了更高的要求。首先，该共生界面必须能连续工作。而要想使共生界面能连续工作，必须保证通过该共生界面，物质、信息、能量能连续顺利交流。其次，该共生界面必须持续产生共生新能量。共生新能量的持续产生是维持媒体共生单元间共生关系存续的基础。不能持续产生共生新能量的共生关系是难以持久的。

基于此，传统媒体与新兴媒体连续共生模式在界面生成、界面介质、界面稳定和共生唯一性等方面又有新的变化。

第一，在界面生成方面，已完全摆脱偶然性、随机性。由于很明显，偶然的、随机生成的共生界面既难以保障物质、信息、能量的连续顺利交流，更不可能维持共生新能量持续产生。内在的必然性以及强烈的选择性应是连续共生模式下，传统媒体与新兴媒体共生界面生成的特点。例如，在乐视网与湖北卫视的合作中，双方就以合作协议的方式，规定了共同拍摄电视剧、节目互换播出、渠道资源共享等共生界面的生成，其界面生成体现出的必然性与选择性可见一斑。

第二，在共生介质方面，多种共生介质并存。一方面，存在多种共生介质是共生界面能连续、通畅、高效进行物质交换、信息交流、能量传递的基础。另一方面，这多种共生介质往往具有互补性，能共同完善共生界面的通道、载体功能。

例如，安徽卫视与搜狐视频合作多年，在各自屏上曾同时播放过《三国》《水浒传》，双方都有成功的经验，也有好的经济效益。2011年新版《红楼梦》制作完成，双方又再次合作拟共同播出。播出前，双方不仅像以往播出《三国》《水浒传》那样互相在自己的媒体上宣传，还引入共同招商机制，就是广告主只要买了安徽卫视的冠名权，也就同时拥有搜狐视频的冠名权。这一新举措立刻引起国美电器、三洋和海马汽车的注意，它们迅速与这两家媒体签订协议，购买冠名权。① 这个例子实际是现在网台合作常采用的一种模式，称为内容驱动模式。具体而言就是即电视台和视频网站往往会共同基于某个影视内容，在宣传、播出、营销等环节展开合作，最终实现共赢。从共生理论的视角解释，"影视内容合作"实际就是安徽卫视与搜狐视频的共生界面。在这个共生界面中，"共同播出""互为宣传""共同招商"就是三大共生介质。这三大共生介质是"影视内容合作"的不同侧面，并具有一定互补性，共同承担着"影视内容合作"这一共生界面的通道、载体功能。

第三，在共生界面稳定性方面，远远高于点共生模式或间歇性共生模式。前面提到连续共生模式对共生界面的性质提出了更高的要求。其中稳定性就是它的高要求之一，由于稳定性得不到保证，共生界面就无法连续工作，媒体共生单元之间的连续共生模式就无法存在。基于此，在连续共生模式中，传统媒体与新兴媒体常常会以签订有法律效力的合作协议的形式，来确保共生界面的稳定性。例如，前文中提到的乐视网与湖北卫视的合作就签订了合作协议，而安徽卫视与搜狐视频也签订有类似协议。

---

① 李威. 台网联动2.0时代的三种合作模式 [J]. 声屏世界, 2012 (12): 65-66.

第四，在共生唯一性方面，连续共生模式也远高于点共生模式或间歇性共生模式。例如前面列举过两例台网合作的例子中，在合作协议规定的范围内，双方都唯一依赖对方。

(2) 开放特点

连续共生模式的显著开放特点是，对内开放程度高，对外开放程度低。也可以理解为，传统媒体与新兴媒体共生关系的形成与发展更依赖于彼此间的交流与合作的程度，共生环境对共生关系的影响较小。上述网台合作案例中，乐视网与湖北卫视的合作协议以及后续双方执行协议的力度决定了双方共生关系的形成与发展，双方所处的环境包括民营或国营机制，等等不是该共生关系存续的决定因素。

(3) 阻尼特点

在传统媒体与新兴媒体的连续共生模式中，其媒体共生单元构成共生关系时，所遇到的阻力较之间歇性共生模式要小，较之点共生模式更小。大概有如下原因：第一，连续共生模式的共生界面的稳定性更高，这就确保媒体共生单元之间能顺利进行物质交换、信息交流、能量传递；第二，连续共生模式的共生界面存在多种互补共生介质，这就能确保媒体共生单元之间能多元地进行沟通和交流；第三，连续共生模式的共生介质具有内生性，即这些共生介质的产生完全基于媒体共生单元质参量内在性质之间的联系，与其他因素无关。例如，在"安徽卫视与搜狐视频合作"一例中，其共生界面中的三大共生介质即"共同播出""互为宣传""共同招商"，它们的产生就完全是基于安徽卫视与搜狐视频双方内在的协商与合作。共生介质的内生性使得这些共生介质能与媒体共生单元完美契合，因而它们能最大限度地发挥通道、载体的作用。

综上所述，正是基于以上三点，较之点共生模式与间歇性共生模式，媒体共生单元在连续共生模式下的共生阻尼最小。

(4) 共进化特点

根据上文所述，媒体共生单元的点共生模式共进化特点并不明显而间歇性共生模式则是有所显现。那么连续共生模式的共进化特点是如何的呢？实际上，通过前面的论述，我们已经知道，与点共生模式和间歇性共生模式相比，连续共生模式的稳定性更佳、持续性更好、共生阻尼更小，显然，它的共进化特点也理应更为明显。

(四) 一体化共生模式

1. 一体化共生模式的内涵

传统媒体与新兴媒体一体化共生模式是指，在连续时空条件下，传统媒体与新兴媒体形成了具有独立性质和功能的共生体。此时，构成共生关系的媒体共生单元之间进行物质交换、信息交流和能量传递，只需在共生体内进行，而不必如点共生模式、间歇共生模式和连续共生模式那样，其物质交换、信息交流和能量传递还不同程度受到外部环境因素的影响。

比较而言，一体化共生模式与其他三种共生模式最大的区别就是，媒体共生单元已经不存在独立的性质和功能。在其他三种共生模式中，传统媒体与新兴媒体还是泾渭分明的两类媒体，有各自独立的性质和功能，能独立自由地与外界接触交流。而在一体化共生模式下，共生体成为带有独立性质和功能的组织，传统媒体与新兴媒体融入其中，都成为共生体的组成部分。共生体取代传统媒体或新兴媒体以前的位置，成为与外界环境相互作用的主体。传统媒体或新兴媒体要与外界环境进行接触交流必须通过共生体来进行。

所以，传统媒体与新兴媒体共生的一体化模式，绝不是传统媒体与新兴媒体的简单相加，也不是传统媒体与新兴媒体一般意义上的合作，而是传统媒体与新兴媒体融合一体的组织结构形态。

具体来说，对于传统媒体与新兴媒体的一体化共生模式，也可从以下几个方面来理解：

（1）一体化共生模式是以共生体的全面、稳定、持续发展为目标。共生体作为带有独立性质和功能的组织形态，其全面、稳定、持续的发展，是各媒体共生单元全面、稳定、持续发展的保障。从某种程度上说，共生体的发展要优先于各媒体共生单元的发展。当共生体的发展与媒体共生单元的发展发生矛盾时，媒体共生单元甚至要放弃一部分利益，来维护共生体的发展。

（2）一体化共生模式以各媒体共生单元利益的实现为动力。这也就是说，共生体在发展的同时，也要以实现各媒体共生单元的利益为己任。由于各媒体共生单元是形成共生体的基础，各媒体共生单元的发展才是推动共生体不断向前发展的动力。

（3）一体化共生模式是以媒体共生单元间的有效融合为路径。共生体并不是各媒体共生单元的简单相加，而是它们包括内容、渠道、人员、技术在内的各要素的深度融合。媒体共生单元之间是否能有效融合不仅是共生体形成关键，并且是决定共生体性质好坏与否、功能完善与否的关键。

（4）一体化共生模式是以具体的组织机制为保障。共生体形成后，是否能实现全面、稳定、持续发展，需要各媒体单元充分发挥协同效应、相互包容、相互配合，所以完善的组织激励机制和保障机制必不可少。

基于上述理解，我们对媒体共生单元的"融合一体"也就有了以下两点认识：第一，从静态看，"融合一体"指的是一个具有主体资格的单一实体即共生体。在共生体内部，媒体共生单元优化分工、彼此包容、相互合作，并适应和服从共生体的整体利益。对外，媒体共生单元作为一个整体统一行动，以取得利益最大化为目标，与外在环境进行接触与交流。第二，从动态看，"融合一体"是一个全方位互动以及融合的过程。在这个过程中，媒体共生单元的技术、内容、人员、组织结构等要素相互融合，趋于一体，共求发展。

2. 一体化共生模式的特点

上述两点认识，其实就是我们现在所说的"媒体融合"的应有之意。可以说媒体融合的成熟形态就是媒体共生单元的一体化共生模式。

（1）界面特点

在传统媒体与新兴媒体的一体化共生模式中，共生界面的构成必须考虑共生体的内在要求，所以理所当然要依据共生体的总体发展思路或战略进行方向性选择，而不是自行其是，否则会损害共生体的内部结构，破坏媒体共生单元构成的共生关系。具体而言，其共生界面如何生成、怎样生成完全由媒体共生单元彼此协商决定，环境对媒体共生单元的影响微乎其微。因而一体化共生模式的共生界面具有内在的方向性和必然性。

传统媒体与新兴媒体一体化共生模式的共生界面具有主导性。这是由于媒体共生单元彼此协商决定了共生界面的性质和功能，而共生界面一旦生成，又反过来对媒体共生单元之间的沟通与互动起着决定性的作用，特别是在媒体共生单元的生存或进化目标、进化方向以及进化速度上起着决定性的作用。

传统媒体与新兴媒体一体化共生模式中，存在更加多样并且更加丰富的共生介质，这是点共生模式、间歇共生模式和连续共生模式所不可能企及的。例如光明日报社建立了包括报纸（《光明日报》及其子刊子报）、网站（"光明网"）、移动互联网产品（手机光明网、光明日报手机报、光明日报手机客户端、光明云媒、云端读报、Skype"时光谱"新闻服务）、社交媒体平台（光明日报官方微博、微信）、楼宇信息屏（光明都市传媒、光明校园传媒）等在内的多载体、多层次的传播报道平台体系。

这一体系中的任何一种传播载体既可看作是媒体共生单元，同时也因它们都承载着物质交换、信息交流和能量传播的功能，并且它们的功能互补性又很突出，所以也可视为共生介质。依此而言，传统媒体与新兴媒体一体化共生模式的多样和丰富性由此可见。

在传统媒体与新兴媒体一体化共生模式中，其共生界面的稳定性非常强，这也是点共生模式、间歇共生模式和连续共生模式稳定性所不可比拟的。这种强稳定性是一体化共生模式中的丰富而多样的共生介质所赋予的。例如中国国际广播电台的国际在线，是该台最早探索媒体融合发展的平台。现在，国际在线的 61 个语种网站，均能实现文字、图片、广播、视频等多媒体融合互动传播。国际在线的 61 个网站构成了 61 个共生界面，每一个共生界面中的各种共生介质都会以自己的方式为加强共生界面的稳定性发挥自己的作用。

在传统媒体与新兴媒体一体化共生模式中，其共生关系的共生唯一性无论对哪种共生模式而言都是最高的。这是由于在共生体中，任一媒体共生单元不是孤立的，而是作为共生体的一部分存在的。所以，在共生体中，由于媒体共生单元对共生体的依赖性特别强。所以共生体的生存与发展决定着媒体共生单元的生存与发展，共生体的利益总是放在单个媒体共生单元的利益之前。所以，在构建共生关系时，任何一个媒体共生单元都不能自主地选择共生对象，于是共生关系共生唯一性高也就在情理之中了。

（2）开放特点

在传统媒体与新兴媒体一体化共生模式中，共生体对内部与外部的开放程度并不一样。相比较而言，对内的开放程度远高于对外的开放程度。这主要是由于在一体化共生模式下，媒体共生单元之间物质、信息、能量的交流主要在共生体内进行。媒体共生单元的生存和发展更依赖于共生体而不是外在环境。例如前面提到的人民日报"中央厨房"的例子，作为共生体，"中央厨房"主导着其中媒体共生单元的交流与沟通以及分工与合作，决定着媒体共生单元未来发展的方向。外在环境对媒体共生单元难以产生影响。

（3）阻尼特点

在传统媒体与新兴媒体的所有共生模式中，物质交换、信息交流和能量传递最顺畅、阻力最小的当数一体化共生模式。所以，这一共生模式的阻尼特点最不明显。其原因主要是由于，一体化共生模式对媒体共生单元之间的协同合作、资源整合、优化分工提出了明确的要求，不能达到要求的媒体共生单元之间是不可能形成一体化共生关系的。

还是以人民日报的"中央厨房"为例，三大团队彼此间的资源整合、鼎力合作是形成"中央厨房"组织模式的前提。如果三大团队无法形成合力，"中央厨房"组织模式也就不存在了。

（4）共进化特点

在传统媒体与新兴媒体的所有共生模式中，共进化特点最为正面鲜明的是一体化共生模式。在这种模式中，共进化特点分别通过媒体共生单元、主导共生界及特点共生介质体现出来。

首先，在媒体共生单元多元、丰富、稳定的构建共生关系时，进化或创新常常会催生新的媒体融合形态。例如，2014年4月，湖南广播电台推出全媒体芒果TV网络平台后，便通过创新形式，在第十届金鹰晚会直播中引入"电视弹幕"。此外用户在芒果TV（PC端、移动端）观看直播现场的同时，还可以通过各端口参与互动留言，并且这些留言也能以"弹幕"的形式出现在芒果TV的直播画面中。又如，2014年8月，"微信电视"这一创新性产品概念刚被提出来，北京电视台便及时将其推出。微信电视依托移动互联网技术，以微信为切入口，通过与电视屏的跨屏互动和传统电视的传播方式，实现了"互联网+传统媒体"的目的。无论"电视弹幕"还是"微信电视"都是新的媒体融合形态，都把传统媒体与新兴媒体一体化共生模式的进化特点突出地体现了出来。

其次，主导共生界面的出现也体现了一体化共生模式的共进化特点。例如英国BBC的"多媒体新闻中心"、我国《人民日报》的"全媒体新闻大厅"都是各自一体化共生的主导共生界面。这种主导共生界面完全颠覆了传统新闻产品生产或传播的理念和方式，其所体现的共进化特点也是不言自明的。

再次，特点共生介质是共生体的重要物质条件，是共生体内由媒体共生单元构成共生关系的体现。同时，也是共生体与外部环境相互作用的必然结果。前面列举的《人民日报》全力打造的全媒体新闻平台，就是一体化模式共生体。这一共生体的核心即"全媒体新闻大厅"则是主导共生界面，而"一次采集多元传播"则是特点共生介质。

在一体化共生模式中，特点共生介质的产生为共生体提供新的快速进化的诸种途径和方式。共生体的这种快速进化的来源是：稳定的共生界面为媒体共生单元的物质交换、信息交流和能量传递创造了有利条件；而特点共生介质为媒体共生单元的物质交换、信息交流和能量传递提供了结构性基础。

二、传统媒体与新兴媒体共生的行为模式

如果说传统媒体与新兴媒体共生的组织模式反映的是它们共生关系的内在结构，那么传统媒体与新兴媒体共生的行为模式则反映的是它们成为共生体的外在表现。与对共生组织模式的分析目的一样，我们探讨共生行为模式的目的，也是为了弄清每一种模式在媒体共生单元进化过程中所处的层级及其对共生关系的构成产生什么作用，并通过揭示各种不同的行为模式的合理性与不合理性，为传统媒体与新兴媒体构建共生关系时识别和选择适合自己的行为模式提供依据。

传统媒体与新兴媒体共生的行为模式有寄生、偏利共生、非对称互惠共生及对称互惠共生四种。为了更好地理解这四种共生行为模式，我们将分别从共生单元特点、共生能量

特点、共生作用特点、共生增容特点和共生稳定特点等方面对每一种行为模式作具体分析。

（一）寄生模式

对传统媒体与新兴媒体来说，寄生模式是其共生行为模式中比较特殊的一种样式。要更好地理解这种行为模式，我们必须从物质交换、信息交流和能量传递入手。当在传统媒体与新兴媒体之间构成共生关系时，传统媒体是寄主者，新兴媒体是寄生者。寄主与寄生者进行物质交换和信息交流时，寄主处于主导地位；在进行能量传递时主要是单向的，即作为寄主的传统媒体，只是不断地把能量输送给寄生者，而作为寄生者的新兴媒体则没有能量传递给对方。例如传统媒体创办的网站初期，情况就是如此。

1. 媒体共生单元特点

对于传统媒体与新兴媒体共生来说，寄主向寄生者输出能量往往是通过媒体共生单元进行的，例如报纸创办网站的初期，总是前者向后者提供内容，或者说网站成了报纸内容的转载者。其间二者的沟通与联系则是通过"栏目"等媒体共生单元进行的。

正由于如此，作为寄主的报纸，其媒体共生单元的体量一定大于作为寄生者网站的媒体共生单元的体量，这样才能使二者之间的供求关系得以延续。可见在寄生模式中，构成共生关系的媒体共生单元之间存在性状不对称性的清况。由此便可推论：在性状以及功能、形态上完全相同的媒体共生单元之间是不会形成寄生关系的。

再者同类媒体共生单元的寄生以亲近度为基础，异类媒体共生单元的寄生以关联度为基础。只有具备很高亲近度或关联度的媒体共生单元间才可能形成寄生关系。例如，前面提到的靠纸质报纸养活的报纸网站，它与纸质报纸属于异类媒体共生单元，由于其本身就是纸质报纸出资所建，所以它与纸质报纸的关联度很高。

2. 共生能量特点

如前所述，在媒体共生单元的寄生行为模式中，寄生行为本身并不产生新能量，寄生体现为寄主向寄生者能量的净转移。这是寄生行为模式与其他共生行为模式的最大区别。也正是这一点决定了寄生行为模式的其他一些特点。关于这一点，只要联系传统报纸媒体与报纸新闻网站所构成的寄生行为模式去考虑就清楚了。

3. 共生作用特点

对于传统媒体与新兴媒体来说，寄生行为模式并不必然表现为不良作用，无论是对寄主、寄生者还是对媒体共生单元所处的环境而言都是如此。但是也应当看到，寄生是有限度的，这种限度突出表现在由寄主向寄生者单向输出的能量积累到一定程度，致使寄主把寄生者当作不堪负担的包袱。二者之间的共生关系面临解除的危险时，寄生行为模式就是有害的了。不过，假若寄生者从寄主那里索取能量后，能迅速转化为自己的能量，并促使自己慢慢壮大起来，那么它对能量的索取会逐渐减少，乃至最终不仅不要寄主供应能量，反而还向寄主回馈能量。此时，寄生行为模式的良好作用便得以体现出来。例如，就报纸与报纸网站而言，报纸网站的建立和发展离不开母体报纸的支持，但如果报纸网站是一个永恒的能量消费者，那么它对母体报纸就是有害的，但如果报纸网站也开始产生能量，对母体报纸的能量索取有递减的趋势并在以后能与母体报纸形成互惠共生，那么此时寄生关系就不但无害，并且往往是有益的。例如凤凰网与凤凰卫视、人民网与人民日报之间就经历过从寄生到互惠共生的转变。

4. 共生增容特点

增容即共生密度的增加或维度的升级。增容能力是共生行为模式内在性质的直接表现。对传统媒体与新兴媒体的寄生行为模式而言，一般增容能力有限，以寄主的能量供给能力为边界。具体就传统媒体与新兴媒体而言，其寄生行为模式中，维度增容表现为寄生新兴媒体类型的增加，如国内很多报纸都开办有报纸网站、手机报、报纸APP、报纸微博等。密度增容表现为寄生新兴媒体数量的增加。如中央电视台从开办央视网到陆续创建多个频道子网站，就表现出明显的共生密度增容的特点，即参与共生的新兴媒体数量增多。

5. 共生稳定性特点

传统媒体与新兴媒体的寄生行为模式是否能稳定、是否能在一段时间内还能推行下去，首先要考察二者之间能量的生产与能量的消耗情况。作为寄主的传统媒体，其能量的生产速度大于作为寄生者的新兴媒体的能量消耗速度，稳定性就比较好，否则就不好。其次还要考察传统媒体与新兴媒体构成寄生行为模式之后，寄生者性状和功能的变化。关于这一点，仅以下例稍加说明，2014年元旦，《解放日报》打造的"上海观察"APP正式上线，其定位是资讯类深度阅读产品，只在互联网上发行，并以向用户收费为主要盈利模式。在刚起步阶段，该APP与《解放日报》的寄生行为模式清晰可见，其运营主要依靠的是《解放日报》单向的人力物力扶持。此后，"上海观察"依靠行政力量，针对各区县以集订方式推广。这种方式取得了不错的效果，其订户总数接近16万。不久，"上海观察"就解除了对《解放日报》的寄生行为。这个例子说明，寄生者性状的变化也会影响寄生行为模式的稳定。

（二）偏利共生模式

传统媒体与新兴媒体的偏利模式比较好理解。顾名思义，就是推行这种行为模式的过程中，能量总是偏于向共生关系中的某一方转移。这里需要强调的是，寄生行为模式一般不会产生新能量，而偏利共生行为模式则是相反，产生新能量则是其功能所在。这些新能量产生之后，或者是偏向地输送给新兴媒体，或者相反，偏向地输送给传统媒体。这里用了"偏向"一词，就是说明，偏利共生行为模式固然也有新能量的双向输送，但这种情形并不多见。

1. 媒体共生单元特点

在传统媒体与新兴媒体的偏利共生行为模式中，由于某种原因，使得一种媒体共生单元处于支配地位，另一种媒体共生单元常常处于弱势地位。现在，在传统媒体与新兴媒体之间，新兴媒体往往由于传播技术的先进性以及传播渠道的广泛性，使得在共生关系中，新兴媒体往往处于支配地位，传统媒体往往处于弱势地位。如谷歌新闻搜索，其强大的搜索引擎能搜索任何报纸的任何新闻。在它与报纸构成的偏利共生行为模式中，其支配地位显而易见。

2. 共生能量特点

传统媒体与新兴媒体的偏利共生行为模式一般都产生新能量，但新能量只向一方转移。例如，新闻门户网站与传统报纸媒体之间存在偏利共生行为模式，新闻门户网站汇聚了传统报纸媒体所发布的几乎所有重要信息，也所以吸引了大量的用户，赚取了大量的广告费，而传统报纸媒体却并没有因此受益。

3. 共生作用特点

如前所述，在传统媒体与新兴媒体偏利共生模式中，新能量总是偏向共生体的某一方转移，那么显而易见的是：这种新能量的偏向转移的结果必然是有利于获得新能量的一方的生存与发展，而对另一方则是不利的。总的来看，偏利共生难以产生持续的共生作用。偏利共生行为模式在传统媒体与新兴媒体形成共生关系的初期较为常见，一般来说，新兴媒体往往是获利方，传统媒体则是非获利方。

4. 共生增容特点

传统媒体与新兴媒体偏利共生行为模式中，其维度增容一般表现为新兴媒体种类的增加，密度增容一般表现为某种新兴媒体数量的增加。这是由于，传统媒体与新兴媒体偏利共生行为模式产生的共生能量往往只向新兴媒体一方转移。这无疑会激励更多的新兴媒体参与进来，新兴媒体无论是种类还是数量都会大大增加。就当前实际情况看，与传统报纸媒体形成偏利共生行为模式的新兴媒体种类在不断增加，从新闻门户网站到新闻搜索引擎再到手机新闻客户端等，其共生维度增容明显。与此同时，与传统报纸媒体形成偏利共生行为模式的新兴媒体数量也在不断增加，光就新闻搜索引擎来说，就有谷歌、百度、必应、好搜等，其共生密度增容明显。

5. 共生稳定性特点

传统媒体与新兴媒体偏利共生行为模式的稳定性较差。其原因如前所述，在媒体共生单元的偏利共生行为模式中，新能量总是偏向某一方转移，会引发共生关系内结构的变化，构成共生关系的传统与新兴媒体之间的平衡一旦被打破，稳定性也就不复存在。当然，偏利共生模式也并不是一无是处，当它破坏了共生关系的平衡后，会促使共生关系变偏利共生模式为互惠共生模式。

（三）非对称互惠共生模式

在传统媒体与新兴媒体共生行为模式中最为常见的是非对称互惠共生模式。所谓非对称互惠共生，就是在媒体共生单元的共生关系内，新能量的分配是非对称性的。也就是在一段时间内，共生关系中的一方获得的能量多于另一方。与偏利共生模式不一样的是，这种有偏向性能量分配是以互惠为基础的。例如2014年7月22日，上海报业集团的"澎湃新闻"上线。"澎湃新闻"更注重于互联网技术创新与新闻价值的传承相结合。在功能的设定上，它借鉴社交媒体的交互功能，设置了四个按键，即"评让""提问""跟踪"和"分享"，力求打造成为"中国第一个新闻问答产品"。

从当前的社会反响看，其功能定位已获得客户的充分肯定。但是，"澎湃新闻"至今的赢利情况并不理想，"澎湃新闻"其主要营利模式仍是传统媒体发展新媒体的方式，即以广告收入为主，通过优质内容吸引用户，再以海量的用户换取广告收入。上海报业集团已投资三个亿，现在仍在继续加大投入。其原因是看好它的发展前景，相信它用不了多久就会向上海报业集团回馈丰厚的利润。

1. 媒体共生单元特点

传统媒体与新兴媒体采用非对称性互惠共生模式构成共生关系，必须注意，它对质参量是否兼容有着比较严格的要求。质参量指的是决定媒体共生单元内在性质的因素，质参量兼容，就是构成共生关系的媒体共生单元之间某种或某些因素是否存在对应关系。如此，就必须考虑，若选择的是同类媒体共生单元，它们之间应以亲近度为基础，若选择的是异类媒体共生单元，它们之间应以关联度为基础。例如人民日报与人民网形成非对称互惠共生模式就是以亲近度为基础；乐视网与湖北电视台形成非对称互惠共生模式就是以关联度为基础。

2. 共生能量特点

传统媒体与新兴媒体非对称性互惠共生模式中，其构成共生关系的媒体共生单元之间必定有新的能量产生，这是由于若不能产生新能量，媒体共生单元之间就失去了构建共生关系的价值或意义，这种共生关系即使建构起来也会所以而难逃解构的命运。除此之外，媒体共生单元构建共生关系的目的就是追求效益最大化，这里所说的效益包括社会效益和经济效益两个方面。至于目的是否能达到，常常又取决于共生界面的功能是否会有效发挥或发挥到何种程度。

在我国，现在很多报纸媒体都办有自己的网站，但这些报纸网站的内容生产受制于母体报纸，因而无法做大做强。其中原因之一就是两者之间的运行渠道不畅通、机制不够灵活，或者说由运行渠道或运行机制所构成的共生界面不能有效发挥正向功能。针对这一情况，当前我国一些报业集团在进行渠道融合的实验，有的已初见成效。

3. 共生作用特点

在传统媒体与新兴媒体非对称互惠共生模式中，其构成共生关系的媒体共生单元之间，只有相互作用才会产生新能量。基于此，我们就必须认识到这样几点：其一，在一个共生体系内构建共生关系的媒体共生单元并不是一组，可能有很多组，并不是只存在于一个层级上，而是存在于多个层级上。共生体内所以就存在多种或多层级的共生关系，表现出复杂性和丰富性，媒体共生单元之间的相互作用同时也变得丰富而复杂。其二，在一组共生关系内，新能量因非对称分配致使有的媒体共生单元的发展快、进化快，有的则作用小、发展慢、进化慢。导致新能量分配的非对称性的原因可能有多种，但有一种可能是最根本的：在一组共生关系内，充满活力发展前景好的一定是具有创新性的媒体共生单元。这样的媒体共生单元很可能代表了媒体融合发展的未来方向，其理当占用更多的新能量。

4. 共生增容特点

在传统媒体与新兴媒体非对称互惠共生模式中，维度增容和密度增容是必须的，尤其当今媒体融合发展已成为世界潮流和我国的国家战略，这两种增容的速度已然加快。但是要强调的是对于维度增容而言，既然其表现为新兴媒体类型的增加，那么就应当在新兴媒体类型的选择上有所侧重，使之与传统媒体优势互补。

例如，"新华社发布"总客户端2014年6月正式上线，当日单条稿件最高点击超过

1130万人次，页面浏览量超过5000万。截至2014年10月底，以"新华社发布"为龙头的"党政客户端"已覆盖全国31个省市、自治区，用户近900家，覆盖了全国三分之一以上的县级行政单位。现在各地客户端以"新华社发布"总客户端为总入口、总龙头、总集成、总发布、总平台。① 它们之间互联互通，融合发展，最终将建成国内最大的国家级移动客户端集群。从"新华社发布"已经产生的社会影响和发展前景看，新华社集团在新兴媒体类型的维度增容上是很成功的。对于密度增容来说，既然其表现为新兴媒体数量的增加，那么每增加一种新兴媒体都应当考虑到它与已有的新兴媒体的关联性，是否能形成合力。关于这一点，新华社集团所建构的以微信法人账号为代表的"新媒体矩阵"，是值得借鉴的。

5. 共生稳定性特点

在传统媒体与新兴媒体非对称互惠共生模式中，与稳定性直接关联的有两点：第一，构成共生关系的媒体共生单元之间新能量的非对称分配是否相对合理；仅就它的涉及面及影响程度而言，若涉及面比较窄，影响的程度有限，其稳定性就比较强；第二，推行非对称性互惠共生模式中，共生界面所起的作用是考查稳定性要素之一。一般来说，共生界面所起作用的大小与其功能的健全与否相对应。也就是说，共生界面的功能健全程度较高，并且又得到较好的发挥，它所起的作用就大，非对称互惠共生模式就比较稳定。关于前一点，我们凭经验就可以理解；关于后一点，则可以某些传媒集团的管理经验为例稍加说明。

研究发展，一些运作良好的传媒集团大都采用扁平式管理结构，从非对称性互惠共生行为模式的角度说，这种扁平式管理结构是共生体的优质共生界面，传媒集团能健康稳定发展与此共生界面不无关联。

（四）对称互惠共生模式

传统媒体与新兴媒体构建共生关系的过程中，它全力追求的就是推行对称互惠共生模式。虽然媒体融合发展的现实情景并没有提供多少成功的案例，但人们心中的理性之光却永远存在。之所以如此，是由于这种行为模式在以下几方面存在优于其他几种行为模式之处：第一，在对称互惠共生模式中，新能量的分配虽不均衡，但最为合理，由于参与构建共生关系的媒体共生单元均能受惠，只是受惠的程度有别而已，并且它们受惠程度与其对

---

① 慎海雄. 创新创新再创新　抢占融合制高点 [J]. 新闻战线, 2014 (07): 9-11.

构建共生关系的贡献一致；第二，在对称互惠共生模式中，共生界面的功能最全，能助力于媒体共生单元之间的共生关系的构建，并且还能助力于共生关系的修正，使之更优化；第三，在对称互惠共生模式中，物质交换、信息交流和能量传递的频率最高，这就与优质共生界面的存在有关，也与媒体共生单元的张力有关。四是在对称互惠共生模式中，各媒体共生单元都会有进化创新的机会，各共生界面也是如此，从而共生体系的共进化速度远远高于其他行为模式。

1. 媒体共生单元特点

在传统媒体与新兴媒体构成互惠共生模式中，参与构建共生关系的媒体共生单元的质参量必须兼容，并且形态方差较小。其质参量兼容的基本要求是同类媒体共生单元应以亲近度为基础，异类媒体共生单元应以关联度为基础。这一要求与前文论述的非对称互惠共生模式并无根本区别，此不赘述。

2. 共生能量特点

在传统媒体与新兴媒体对称性互惠共生模式中，参与构建共生关系的媒体共生单元之间新能量的产生速度及充沛程度要高于非对称互惠共生模式。其原因之一是媒体共生单元的创新与进化程度高，共生界面的功能得到充分发挥。原因之二是共生体系所处的共生环境成为其新能量产生的助推器。对称互惠共生模式是否能有效实施，其实在一定程度上取决于共生体系与共生环境之间的和谐程度。例如现在媒体融合发展已经上升为国家战略，我国各级各类主流媒体集团纷纷推出相应方案并大力组织力量实施，已经初见成效；此外新技术快速发展致使新的媒体形态层出不穷。这种共生环境促使传统媒体与新兴媒体必须加速构建共生体系，或完善共生体系，从而使新能量的生产和分配均处于合理状态。

3. 共生作用特点

在传统媒体与新兴媒体对称互惠共生模式中，共生作用的特点最为鲜明。这主要表现在三个方面：第一，共生关系的调整加快。其原因是参与构成共生关系的媒体共生单元之间相互沟通、相互联系的速度加快。这就要求共生关系迅速做出调整使之能及时合理地反映媒体共生单元之间的相互沟通、相互联系的成果。第二，媒体共生单元的自我更新速度加快。这是由于在新能量分配相对合理的情况下，媒体共生单元追求高质量、高水平的欲望强烈。第三，共生识别与选择提速。媒体共生单元之间构建共生关系的过程，其实也是相互识别、相互选择的过程。在对称互惠共生行为模式中，媒体共生单元要识别并选择优质的媒体共生单元作为与自己的构建共生关系的对象，较之别的共生行为模式要快很多。

4. 共生增容特点

在传统媒体与新兴媒体的对称互惠共生模式中,共生增容的目的与其他共生行为模式相比有很大的差别。这种差别主要表现在:第一,共生增容的目的在于加速所有媒体共生单元的共进化进程,为此,共进化意识贯穿于共生增容的全过程。第二,共生增容把质参量兼容纳入识别和选择的标准中,并且对质参量中的维度或密度有通盘的考量;第三,共生增容能促进共生体的内涵式发展与外延式发展,以此提高其融合发展水平。

5. 共生稳定特点

传统媒体与新兴媒体的对称互惠共生模式较之其他共生行为模式优势明显。这种优势主要体现在对称性地进行能量分配上。在这种优势得到充分发挥的前提下,互惠便能有力且迅速推进媒体共生单元构建共生关系。因此,这一行为共生模式的优势就能获得所有媒体共生单元的认同。在此情形下,只要共生体系内部通过优质共生界面稍作强化,优势认同便可迅速转化为共生关系认同或共生体系认同。依次推理,对称互惠共生模式具有高稳定性是有其必然性的。

第三节 "中央厨房"实践

一、"中央厨房"发展现状

(一)"中央厨房"式新闻生产的概念

中央厨房(Central Kitchen)的概念来源于餐饮业,是指餐饮业中统一采购、统一配送、标准化烹饪制作的集成式厨房模式,即根据订单将原料制作成成品或半成品,配送到各经营门店进行二次加热或者销售组合后卖给顾客。这样的做法,最大的好处就是降低生产成本,提高生产效率。

国内媒体借用了"中央厨房"概念,将之应用到新闻生产领域,指的是通过集约化制作平台实现信息的多元发布。[①] 新闻"中央厨房"以新闻采集、编辑分发、技术支持三大模块为主干,由新闻中心统一指挥、各部门协同办公,形成一个"集约化采集、即时化发

---

① 徐世平. 东方网"中央厨房"的建设与实践[J]. 青年记者, 2017(07): 27-29.

布、多点化传播"的新闻传播体系。媒介集团派出全媒体记者统一采访，将采集到的文字、图片、音频、视频等全部素材上传到数据库中，编辑和技术人员再根据不同媒体特性，对素材进行二次加工，制作成适用于各种媒介终端的形态各异的产品，分发给受众。这种统一采集，针对不同媒体需要进行多元输出的新闻生产方式，可以整合人力资源，节约了生产成本，打通新闻采编发的各个流程，提高新闻的生产和传播效率。① 其实，"中央厨房"概念是中国本土化的说法，国外跟"中央厨房"的概念类似的是"全媒体编辑部""全媒体新闻中心"等，还有一些称之为大编辑部、超级编辑部、中央编辑部、数字采编中心等。尽管叫法各异，但其核心都是集约化、一体化新闻生产，目的是为了节约资源，提升生产效率。

（二）"中央厨房"式新闻生产的流程分析

所谓全媒体生产，就是多平台、多形态，打破报纸、广播、电视、网络之间的界限，形成全方位的报道体系。要想实现全媒体生产，必须对采编流程进行重构，打破原先传统媒体的运作和组织模式，打造统一的内容生产运作平台，以全媒体信息的采集、加工和发布为核心业务，以协同互动、兼容共享为主要特点，构建一种集约化、标准化、工业化的新闻生产模式，也就是我们所说的"中央厨房"。

"中央厨房"通常有一个全媒体平台指挥中枢，由它来统筹协调所有业务，下设采编团队、稿件数据库、技术支持系统三个构成要件，有些媒体还配置了相应的空间平台、数据处理平台、传播效果监测系统等来配合全媒体生产的需要，每个构成要件相互协作，形成策采编发联动的传播网络。

当新闻发生时，由全媒体平台指挥中枢进行统一策划调度，一次性派出记者，分别采集回事件相关的所有文字、图片、视频、音频素材，各类素材采集完毕后上传到统一的素材库。编辑对这些素材进行"初次加工"，筛选剔除冗余信息，生成新闻成品或半成品。新闻素材进入"中央厨房"的稿件库之后，采编团队的编辑和技术人员相互配合，从稿件库中挑选合适的素材或半成品，根据报纸、网站、两微一端等不同媒介的属性，依托技术支持系统，对素材进行二次加工，生产出符合媒介特性的不同形态的新闻产品，分发给受众，"中央厨房"依托传播效果监测系统及时处理用户反馈情况，完成一整套的全媒体新闻生产流程。

---

① 王东平．"中央厨房"：媒体深度融合新模式 [J]．新闻研究导刊，2017，8（14）：268．

此前，传统媒体和新媒体都有独立的选题来源和渠道，各媒体之间、媒体集团各子媒之间的资源分布呈相对独立性，无法实现共享。"中央厨房"要求破除传统媒体和新媒体之间的藩篱，扭转了过去单兵作战的生产方式，成立一体化编辑部，采用集约化、一体化的信息采集。"中央厨房"大多有一个具有共享性质的平台，传统媒体和新媒体都可以在这个平台里进行操作和编辑，资源全部共享，达到全媒体高度集成的状态。"中央厨房"的"食材"来源广泛，新闻的选题和素材来源不局限于过去各媒体常用的渠道，并且还延伸到社会公众提供的各种新闻信息，汇聚了各家媒体和公众的新闻素材和新闻线索，实现图片、文字、音频、视频、数据的全方位资源采集。集中采访、统一选题、统一策划，聚集了新闻内容和新闻线索，拓展了信源管道，形成了共享机制，增加了新闻素材的丰富性，真正搭建了海量素材共享的基础平台。

完成对新闻素材的收集后，厨房开始点火做饭了。"中央厨房"的办公室里通常会设置各个不同分工的小团队，编辑负责内容生产，设计师负责美术设计，工程师负责产品开发，数据分析师负责挖掘和清洗数据，和过去那种割裂、孤立的组织架构不同的是，这些不同分工人员之间是相互连通的，随时沟通、随时联系，保证选题、策划、数据处理、开发间供需的无缝对接。

"中央厨房"就像一个大后厨，在"厨师长"的统一指挥下，有条不紊地做出一道道美味佳肴。通过统一的入口，从采集到生产、发布、运营、反馈，形成了开放、联动的公共平台生产模式。一个新闻事件发生后，各媒介终端也可以相互利用彼此的产品特性和用户反馈调整自己的内容制作方向，如电视的图片和视频可以放在 APP 或者网站上，网页上也可以集成报纸、电视的内容精华，呈现出融合新闻的完整模块，各个终端间构成了交互融合的信息流传播。

"中央厨房"是全媒体生产的超级枢纽，整合了各媒体的要素，形成了集约化的全媒体生产模式，在这个枢纽中，体现了新闻采编发流程的联动性。这种采编发联动的模式重塑了传统的新闻采编机制，打通了各个子媒之间的连接，优化了资源配置，同时也要求新闻媒体人员改变过去单一媒体作战的理念，适应全媒体的制作风格。

过去，传统媒体和新媒体都有独立的选题来源和渠道，各媒体之间、媒体集团各个子媒之间的资源分布呈相对独立性，无法实现共享。"中央厨房"要求破除传统媒体和新媒体之间的藩篱，扭转了过去那种单兵作战的生产方式，成立一体化编辑部，采用集约化、一体化的信息采集。"中央厨房"大多有一个具有共享性质的平台，传统媒体和新媒体都可以在这个平台里进行操作和编辑，资源全部共享，达到全媒体高度集成的状态。"中央厨房"的"食材"来源广泛，新闻的选题和素材来源不局限于过去各媒体常用的渠道，并且还延伸到社会公众提供的各种新闻信息，汇聚了各家媒体和公众的新闻素材和新闻线索，实现图片、文字、音频、视频、数据的全方位资源采集。集中采访、统一选题、统一策划，聚集了新闻内容和新闻线索，拓展了信源管道，形成了共享机制，增加了新闻素材的丰富性，真正搭建了海量素材共享的基础平台。

（三）传播形式的多样性分析

移动互联网的发展突破了传统新闻媒体时间和空间的局限性，促进了新闻传播方式的变革。传统媒体时代，各个媒体发布信息的渠道和形式比较单一，在融媒体时代，新闻信息的发布形式趋向多样化。"中央厨房"式全媒体报道、多渠道分发顺应了新时代的要求。

"中央厨房"的编辑对采集回来的文字、图片、视频等素材进行编辑、加工、审核，围绕某一个新闻事件，写出不同风格的稿件，如纸媒适合深度报道，广播适合感染力较强的内容，电视追求现场感强的视觉冲击效果，新媒体报道以"及时快速"为主要特点。运用互联网资源，对信息进行整合、加工、包装，按照媒体的属性、受众的需求，生成多元化、多维度的产品，为用户呈现独特的信息。构建了同一时态报纸、广播、电视、微博、微信、客户端、网站等全媒体多端共播的媒体矩阵，由原先彼此分割的单一传播变为互为关联的复合型传播，形成舆论合力，媒体传播力大大加强。

二、"中央厨房"式新闻生产实践现状分析

一体化新闻生产发端于西方，自 2000 年起，西方媒体就开始了一体化生产的探索，虽未提出一个类似"中央厨房"的具体概念，但其生产流程中无时无刻不在践行着一体化生产的理念。国内的"中央厨房"不是一个新名词，直到 2014 年后，"中央厨房"采编模式重新被业界所关注。在国家政策和市场环境的双重影响下，我国进入了媒体"中央厨房"大发展时期，从中央媒体到地方媒体，都纷纷开始了"中央厨房"式一体化生产建设。下面将运用案例分析法，对国内外媒体"中央厨房"式新闻生产实践现状进行阐述和研究。

（一）国外"中央厨房"式新闻生产实践现状分析

早在 2000 年，美国就有媒介集团在佛罗里达州坦帕建立了一座大厦——"坦帕新闻大厦"，将分散的《坦帕论坛报》Tampa Bay Online 网站、WFLA-TV 电视台等聚合到一

起，所有工作人员也都在这座大厦里办公，新闻大厦成为一个全新的"融合型新闻工作室"。① 新闻大厦里有统一的负责人，每天总负责人会提供新闻线索，并发配采访任务，大厦里的所有记者依据当天的采访任务外出采访，大厦里的所有从业人员都可以共享采访素材。"坦帕新闻大厦"把旗下的报纸、电视、广播等媒介有机整合到一个平台，统一策划、统一采访、资源共享，媒体之间的地域壁垒得以破除，各媒体的优势得以发挥，可以称得上是一体化新闻生产的雏形。

进入媒介融合时代以后，国外主流媒体都认识到一体化新闻生产的重要性，纷纷进行采编流程改造。2008年，建设一体化编辑部成为国外主流媒体采编流程再造的重头工作。

美国有线电视新闻网（CNN）进行采编流程改革后，所有部门共享一个主编室，由主编室负责全媒体记者的调遣，所有的记者不分彼此，统一听从主编室指挥。不仅如此，还设立统一的媒体资源部，把全球记者站采集到的新闻素材集合在媒体资源库里，各个频道和子媒体可以共享这些素材，然后对这些素材进行分类加工，制作成适合不同渠道分发的新闻节目，统一放入媒体稿件库中，各子媒可以根据自己需要选择不同形式的内容。这种信息共享和流程融合的架构类似于国内所称的"中央厨房"。除了采用"中央厨房"式一体化生产架构外，CNN还非常注重分析数据在新闻业务中的作用，根据各个平台的受众趋势和消费模式等数据分析来优化其新闻业务，进行精准报道与广告投放。

《纽约时报》也开始采用一体化新闻生产模式，将纸质新闻采编团队和数字新闻运营团队整合为一个联合新闻编辑部，所有的编辑都在一起办公，打破了岗位界限，进行顺畅沟通、快捷互动、协同作业。《纽约时报》还引进先进的网络通信设备，为《纽约时报》集团内所有的工作人员提供一体化的多媒体通信服务，包括视频、音频等多媒体会议和通信对话系统、稿件传输系统。

2007年11月12日，BBC搬入新的多媒体大楼，开始进行新闻生产流程再造。改革重组创立"超级编辑部"，编辑部采用"蜘蛛网"式开放有弹性的布局，没有办公室，没有严格的分区，所有编辑的工位以全媒体总编为中心向外辐射。BBC拥有一个开放式编辑平台，所有记者都可以通过移动设备将现场获得的图文声画信息及时上传至数据库，随后这些素材被导入开放式编辑平台，进行统一加工、集中处理，形成模块化的素材库，供所有编辑取用。BBC于2012年设立了"新闻实验室"（News Lab），为BBC提供技术研发支持。为了配合"统一编辑部"的工作模式，新闻实验室推出全新的OpenMedia采编系统，

---

① 尹宏伟. 媒介融合背景下传统编辑的应对策略［J］. 今传媒，2015，23（05）：109-110.

可以实时地传递新闻素材和现场脚本。

工作室还推出了"榨汁机"（The Juicer）系统，利用人工智能机器学习技术分析新闻素材，进行信息分类筛选工作，建立了一套自动化新闻产品生产系统"雾化新闻工作流"（Atomised News Workstream），能够从数据库中自动选取内容，组合出定制化的新闻作品。

（二）国内"中央厨房"式新闻生产实践现状与国内媒体"中央厨房"发展

21世纪初，国内的某些媒体已经开始了全媒体融合生产的探索。早在2005年，南方报业传媒集团就提出了构建"新闻数码港"的设想。广州日报报业集团于2007年6月设立"滚动新闻部"，负责报纸、手机和网站三个部门的联动发稿，此举在国内尚属先例。2008年3月，烟台日报传媒集团成立全媒体新闻中心，成为全国首个试行全媒体一体化新闻生产的单位。2010年，湖南日报报业集团的三湘华声使用全媒体"中央厨房"信息生产模式，开始报网一体化的探索。但是囿于当时技术尚未成熟，所以这些传媒集团的融合探索并未激起太大的浪花。

直到2014年，互联网技术推动我国媒介进入大变革大重组的时代环境下，媒体融合生产才真正提上了日程。传统媒体受到严重冲击，不得不寻求一种融合的发展态势，各家媒体开始追求一种全媒体大平台的重组和共享机制，而"一次采集、多元发布"为主要特点的"中央厨房"采编模式重新被业界所关注。2014年8月18日，中央全面深化改革领导小组第四次会议审议通过了《关于推动传统媒体和新兴媒体融合发展的指导意见》，标志着媒体融合已经引起了国家政府的重视。"中央厨房"开始真正大规模投入实践是从2015年3月全国两会开始的。两会期间，新华社、人民日报社还有一些地方媒体尝试运用"中央厨房"采编机制进行全媒体联合报道，引起了广泛关注，取得了良好的传播效果。

2017年1月11日，刘奇葆在《人民日报》第六版刊发的署名文章《推进媒体深度融合，打造新型主流媒体》中指出："'中央厨房'就是融媒体中心。推进媒体深度融合，'中央厨房'是标配、是龙头工程，一定要建好用好。"在国家政策和市场环境的双重影响下，我国进入了媒体"中央厨房"蓬勃发展时期，从中央媒体到地方媒体，都纷纷开始了"中央厨房"式一体化生产建设。

三、"中央厨房"新闻生产模式

2014年以来，央级媒体规划建设的技术平台，已经基本全面覆盖了数字传播领域的主流技术，云计算、大数据、人工智能等技术热词频频闪现，重要程度不断加强。单纯的全媒体媒资系统和采编流程一体化平台，已经不能满足2017年媒体深度融合的技术需求。但是，自建平台式融合思路的要求很高：第一，媒体规模大，有规模较大的信息和数据积累；第二，自身实力较强，有能力搭建基于大数据的三大平台，其搭建耗资需要数千万元，如果没有实力则根本不可能搭建起来；第三，具有较强的技术能力，而绝大多数传统媒体由于长期以来"重采编轻经营，轻管理无技术"，自身技术能力较弱；第四，要具有很强的市场化能力，才能实现商业价值的变现。由此可见，只有真正具备各种技术支撑能力，能够根据市场需求进行动态需求调整的综合技术平台才有可能成为2017年媒体融合深度发展的重点工程。而当前这一领域具备相应实力且最受关注的是人民日报社等主流媒体打造的"中央厨房"模式。

（一）观察："中央厨房"模式的三个共性特点

通过调研和整理，我们认为，现阶段主流媒体探索建立的"中央厨房"模式具有以下三个共性特点。

1. 实现全体系贯通和全流程覆盖

传统的跨媒体内容集成平台，改造重点是内容的存储和调用层面，而内容的采集、编写和审核等主要环节则依然按传统媒体的固定流程和逻辑进行运转。一方面，这种模式容易导致内容生产流程缺乏贯通性，内容的原始烙印较深，难以打造"无界化"内容产品；另一方面，这种模式储存的多为新闻成品，大量采编过程中有价值的基础素材则极易流失。而媒体融合传播环境下，任何素材资源的流失，都可能影响数据的丰富程度和后续数据分析、挖掘能力的有效发挥。所以，无论"中央厨房"模式由哪家媒体主导，全体系、全流程的覆盖和贯通，都应当是媒体深度融合阶段不可或缺的基础能力。例如，人民日报中央厨房提出的"采编联动平台"概念，就形成了"采访中心""全媒体编辑中心"以及"技术中心"三角支撑架构，从技术平台建设理念层面回应了这一重要问题。

2. 通过技术改变传统新闻运作模式

"中央厨房"最关键的是体制、机制的改革。在近年来的媒体融合探索中，技术平台的构建存在一定的理解误区——认为传统媒体的技术建设目标是拓展数字化传播渠道。而我们调研发现，传统媒体实现融合发展的核心障碍其实不是所谓的"渠道失灵"，而是其内部基于行政层级的部门权力保护障碍和基于僵化流程的条块分割管理制约。这就是为什么在新媒体和传统媒体竞合研究中，曾经出现过很多体制、机制创新的模式和路径，但实践中却鲜有成功范例的原因——规模越大的传统媒体，痛下决心进行自我革新的难度也往往越大。在 2014 年开始的主流媒体融合发展调研中，我们切实感受到"扁平化管理,""去中心化"等新媒体思维，推动到中层管理部门的时候很容易出现停滞，固有的权力结构对调整的反弹和排斥在很大程度上影响着媒体融合策略的推进效率，甚至造成"雷声大、雨点小"的尴尬局面。

在这种情况下，技术平台如果应用得当，有可能实现对于管理结构的"倒逼"式调整。例如，从《人民日报》当前的实践情况来看，由于"采编联动平台"带来了素材跨部门共享和信息横向的无障碍流通，这也就意味着传统的层级化管理机制对于素材和信息的纵向封锁能力被大大削弱。新闻产品的生产主体正在从以部门、行业为边界的记者、编辑向跨部门、跨行业的"新闻工作室"转变。随着新闻产品化的实现路径更加灵活多元，媒体、地域、部门、专业等传统壁垒有可能被真正跨越。

3. 重塑新闻生产中心

在新闻生产中，"互联网思维"秉承的"去中心化"理念就不能盲目使用。从国家新闻宣传战略来看，无论任何时候，新闻媒体都应当坚持主流价值观、符合社会先进文化导向。所以，应该强调的是，在媒体融合中，"去中心化"只应该应用于传播渠道和内容分发层面，新闻生产环节则恰恰需要重塑符合移动互联网传播特点的内容调度中心。这就意味着"中央厨房"应当在实现传播形式、传播渠道多样化的同时，最大限度地保证互联网内容的导向和质量。

（二）关于"中央厨房"模式的三点思考

通过上文分析，我们可以看出，由于"中央厨房"模式在全流程覆盖、旧机制解构和新中心重塑三个方面具备的突出特点，客观上呼应了传统媒体在融合实践中长期存在又难以解决的痛点，因而具有较强的针对性和应用价值。而从中宣部、国家广播电视总局等主管部门推进媒体融合战略的顶层设计思路来看，截至当前我国媒体融合战略经历了两个发展阶段：

第一阶段：2014 年至 2016 年，是我国媒体融合模式和路径的实验阶段。主要特点是自主探索、百花齐放。即在宏观方向明确、战略框架清晰的前提下，主管部门通过扶持政策和资金杠杆督促各级媒体激活主观能动性，积极探索符合实际情况的方法和策略，并在转型实践和市场竞争中打磨调整，完成优胜劣汰。从实际情况来看，到 2016 年底这一阶段已基本完成。

第二阶段：2017 年 1 月 5 日"推进媒体深度融合工作座谈会"的精神表明，我国媒体融合战略已经进入模式和路径的总结推广阶段。这一时期的主要任务是要在第一阶段全国主流媒体实践的基础上，总结提出具有广泛适用性的媒体融合模式，进行面向全国的理念推广、手段复制、经验借鉴和平台共享。出于优化资源配置，减少重复建设的客观需要，主管部门资金和政策扶持也将从分散转向聚焦，刘奇葆同志发言中对于"中央厨房"是"标配"是"龙头工程"的论述实质上代表了对工作重点的重新部署。

那么，"中央厨房"模式到底是否能承担这一重大的历史责任？对于这一问题的思考，应当结合近年来外界对于"中央厨房"的三点主要质疑进行分析。

1. 疑问一："中央厨房"是否能承担技术迭代带来的昂贵成本？

我国的主流媒体在融合发展探索中，具有很强的"技术追随"特点，在技术驱动思维的指引下，传统媒体投入大量资本构建技术平台，一时成为数字传播技术公司最主要的"客户"。央级媒体中，除人民日报社"中央厨房"之外，新华网融媒体未来研究院在无人机、生物传感技术以及人工智能领域的投入也引起了广泛关注。而与传统媒体相比，互联网技术迭代非常频繁，当前还看不到其技术演进的"天花板"何时会到来。在这种情况下"中央厨房"会不会成为技术迭代浪潮中昙花一现的短暂过客，一直是备受关注的重要问题。

我们认为，媒体融合中传统媒体的技术迭代成本高低，其实与技术平台的基础设计理念息息相关。例如，面向智能媒体时代，对于VR/AR、机器人写稿这些新的技术应用，成型的技术平台是否能实现兼容和拓展？

如果不能，就需要投入各种资源进行专项开发，由此导致的成本增高自然难以避免。所以，对于"中央厨房"模式而言，其技术平台的理念和架构，不能以产品为导向，而应当以全媒体用户使用习惯和新闻生产流程为导向。具体而言，我们不能仅仅满足于开发出一个只能面向"两微一端"的新闻内容生产平台，而必须结合用户的媒体使用习惯随时改进和创新新闻生产流程，必须通过技术模块化管理，最大限度地保证技术平台的延展性和兼容性，未来只要是能够对接用户行为和规模流量平台的新媒体业务，都应当能够通过在"中央厨房"现有平台上添加接口或模块的简单方式实现动态功能扩展，如能实现这一目标，就能大大降低技术迭代带给传统媒体的成本压力和资源浪费。

2. 疑问二："中央厨房"是否能解决传统媒体的数据空心化问题？

在传统媒体大数据平台的构建中，数据结构存在天然缺陷。一方面，由于传统媒体在日常工作中积累了大量的历史新闻素材和内容产品，所以其内容数据库往往比较丰富。然而，由于不同媒体的内容资源彼此封闭，所以素材和内容库的"孤岛效应"也在全国范围内大量存在，内容共享、互换、协同开发的机制迟迟难以建立。另一方面，由于缺乏规模化流量入口和数据平台，就算拥有了大数据的挖掘、分析能力，多数传统媒体也难以实现对用户行为数据和电子痕迹的直接采集和持续分析。这一短板也决定了传统媒体难以直接对接终端平台、面向个体用户开展"个性化推荐""按需定制"等时髦业务。

我们认为"中央厨房"模式为改善当前内容资源的"孤岛效应"提供了可能。一方面，媒体用户在使用"中央厨房"的同时，产出的新闻产品不断沉淀，持续丰富着平台内容资源的总体规模；另一方面，通过新闻素材共享和新闻产品的平台化存储，"中央厨房"未来有可能形成一个跨媒体、跨地域的内容资源库，从而解决传统媒体各自为战、内容资源彼此封闭，难以应对聚合类新闻网站冲击的市场难题。而对于"用户数据空心化"的问题，聚焦新闻生产流程的"中央厨房系统"并没有直接应对之道。当前可以预见的是，随着今后技术服务能力与优质传播平台的捆绑趋于紧密，市场运营中遇到的具体问题或许会更新我们思考这一疑问的维度和视角。

3. 疑问三："中央厨房"是不是"新瓶装旧酒"？

在"中央厨房"模式发展过程中，对于其是否具有广泛推广价值的质疑始终存在。典型的担忧是"中央厨房"最终会变相成为全国主流媒体的"在线供稿系统"。与通信社的功能非常类似，推送的是满足社会共性需求的同质化内容，不适应互联网的分众化、个性化信息需求。

对于这一问题需要从两个角度进行分析：其一是从内容生产流程来看，"中央厨房"应当是一个具有较高用户自主空间的内容生产加工平台，而不是一个提供新闻成品的远程下载平台。"中央厨房"的存在意义，不是将所有的主流媒体的内容进行标准化统一管制，而是要探索以正确的新闻事实为基础、在专业的新闻价值观主导下进行的新闻产品多样性呈现和开发。其二是对于内容生产主体而言，"中央厨房"应当是"全球美食广场"的后厨，而不是"麦当劳"的后厨。前者各色菜系荟萃，不同饮食习惯的人都能适应；后者则品种单一，注重同质化食材和菜肴的加工效率，难以满足所有食客的口味和喜好。

从我国媒体融合实践来看，传统的媒体融合思路过分强调单打独斗，由于成本和资源所限，凭借任何一家主流媒体的一己之力，其实都无法打造出真正的"美食广场"，最多只能成为改良后的"麦当劳"。这其实也是单一的传统媒体难以与"今日头条"等聚合类新闻客户端竞争的根本原因——内容规模和类型严重不对等。所以我们认为，只有联合全国的传统媒体内容生产团队，发挥协同生产效应，才有可能塑造出互联网"内容美食广场"。

例如，现阶段人民日报社"中央厨房"模式中以"工作室"为单位的内容生产主体组织方式灵活，效率较高，所关注的内容范畴也各具特色，此种模式如果能够实现全国推广，的确在一定程度上有助于扭转传统媒体集群单兵作战的不利局面，建立集团军式的内容规模优势。换言之"中央厨房"模式应当确保提供安全、正宗且丰富的基础食材，而不能影响和阻碍成品菜系花色和口味的多元化呈现和创新。在这种情况下，不同类型的工作室基于各自的角度和立场，恰好能够为不同口味、不同偏好的受众提供真正感兴趣的新闻"菜式"，并且随着参与"中央厨房"烹饪工作的媒体用户不断增加，菜式品种也应该日趋丰富，最终真正满足互联网用户"千人千面"的信息需求。

四、"中央厨房"应用的五个畅想

传统媒体之所以迫切需要融合，核心在于受众将电波和版面作为新闻接触管道的习惯发生了变化，今天最大的新闻资讯管道是社交媒体带来的社群连结。传统电视和报纸的议程设置能力正在逐步让渡给规模化流量平台的资讯连结和流量引导。在这种情况下，流量成为比内容更为重要的资源，有优质内容未必一定有规模化流量，但有规模化流量则很容易吸引到优质内容。所以，媒体融合中，传统媒体集群必须考虑如何才能早日获得"流量自由"，从而成为具有商业盈利能力的市场主体。要实现这一目标，"中央厨房"模式的功能和应用还需要思考进一步向终端用户延伸和渗透的空间和机遇，在深耕用户关系的基础上不断推出具有市场生命力的创新业务。那么，如何才能进入用户的环境脉络？如何有效提升环境脉络中的流量吸附能力？我们认为，从"中央厨房"的技术和资源基础而言，未来有以下五个创新应用的延展方向。

（一）从"中央厨房"到"中央餐厅"

从名称上来看，"中央厨房"是强调加工的中间环节，搭建的是"B2B"式的内容生产车间，加工的原料是"新闻半成品"。然而，受众对新闻的需求具有多维多层的特点。既追求某一事件背景知识的全面可查，又需要从浅入深的分析和解读。所以"中央厨房"中的某些新闻素材或半成品，其实可以面向受众进行直接传播，从而提高新闻传播效率。当然从新闻资讯的即时性来看，传统媒体已经基本丧失了对突发新闻的有效掌控，而微博、微信朋友圈等即时分享平台已经成为人们了解突发新闻的主要渠道，而这些平台存在的最主要问题就是信息散乱无序，真假难辨。而如果"中央厨房"形成全国覆盖效应，应当重点考虑将主流媒体新闻网中的准确度和权威性优势与互联网平台的传播效率优势进行充分结合,通过多种渠道将"中央厨房"变成"中央餐厅",为受众提供最为可信的突发事件新闻。应当注意的是,此项业务的设计"在精不在多",切忌不要"滥用"打扰用户的权利。而应当通过数据和技术手段,培养用户对于"中央厨房餐厅"品牌最为直白清晰的认知:只有这里标注的资讯才最为可信。

互联网环境中,只要最为简单的认知,才最有可能在固定场景中唤醒用户的记忆,成为满足其需求的首选,从而塑造用户认知层面"中央餐厅"与社交媒体的定位差异。

(二)从"中央厨房"到"中央图书馆"

工业社会中,传媒行业在一定程度是发挥着社会"知识权威"的作用。一方面,传媒的内容对受众的思维方式和生活方式具有显著的教化作用;另一方面,传媒业也承担着为受众答疑解惑的功能,大量的读者来信、观众提问都是以媒体为桥梁,寻找生活问题最为专业的答案。所以,经过多年积累,传统媒体的内容资源库,其实就是一个知识丰富的"图书馆",在"中央厨房"的功能开发中,我们不能仅仅局限于将素材加工成新闻,也应当考虑将素材以知识体系的方式进行重新归类,提供给用户进行检索查询。如果能够实现这一设想,"中央厨房"将衍生出一个既有历史时间跨度,又有地域覆盖广度的"中央图书馆",当我们聚集某一行业或某一知识进行查询的时候,其地域分布和发展脉络将比任何图书馆都更加清晰,便于理解和掌握。

例如,在"中央图书馆"中搜索"非典",可以很清晰看出这一疾病在我国出现的时间、最初地区、人们对其态度从不了解到非常重视的转变过程以及我国各地的应对措施和经验。不同时期的新闻信息,是对于当时社会历史事件最为权威的记录,当我们通过"中央图书馆"按照时间脉络进行事件纵向还原的时候,所迸发出的学术价值和历史震撼,很可能远远超过我们今天的预想。

(三)从"中央厨房"到"中央时光机"

从麦克卢汉提出"媒介是人的延伸"观点至今,传媒技术的演进方向始终致力于通过各种方式来提升受众的"临场感"。受众对文字的阅读必须依靠想象,广播激活了受众的听觉,电视在听觉的基础上又激活了视觉,互联网则汇集了此前所有的媒体表现元素,并赋予了我们自主选择的权利。沿着这一脉络思考,2017年我们正在进入智能媒体时代,这必然意味着思维和想象的场景化呈现和立体化感知。借助智能穿戴设备和虚拟现实场景布设,受众可以在不改变时空坐标的情况下实现时空穿梭之旅,体验历史和未来的种种变化。

一直以来，传统媒体集群在中国社会演进中各个方面进行的持续记录和数据留存，实际上已经形成了覆盖不同时代，是提供永久记录和生动回忆的最佳载体。只是这一特点受制于较为单一的媒体表现元素，难以发挥社会和商业价值，只能在故纸堆中黯然尘封。例如，人民日报社曾经推出过"生日报"的业务，为用户提供其出生当日的《人民日报》复制版纪念报纸，让人们看到他生日那天发生了哪些新闻事件。这一业务其实就是在贩卖旧报纸中蕴含的温暖记忆。由此我们可以看出，虽然一定历史环境下撰写的文章内容有时效性，但新闻报道作为时代镜像的价值却永远存在，关键在于如何进行业务设计和价值激活。

在智能媒体技术日益发达的今天，媒体融合对于新闻成品和海量素材价值的开发视野不应局限于"新闻内容"这一种呈现方式，也不应过分强调与互联网争夺报道的速度和效率，而是应当考虑开发更为多样化的业务类型。例如，可以依托各种新兴智能媒体设备，在"中央厨房"的全国社会历史资料库基础上，开发"中央时光机"功能：通过建立虚拟现实体验馆，在 AR 眼镜、VR 头盔等设备的辅助之下，人们既可以回到几十年前的社会环境，感受改革开放以来生活的巨大变化；又可以跟随运动健儿亲临奥运赛场、攀登珠峰绝顶。只要是"中央厨房"资料库中储存的场景，都具备定制开发的基础和潜力，所需要的只是商业推广的周期和用户体验热情的激发。对于传统媒体而言，"时光机"的概念一方面有助于重新激活旧新闻的价值；另一方面也能够搭建线下的流量入口，通过沉浸式的用户体验空间，让用户重新找回自己与传统媒体的亲密关系。

（四）从"中央厨房"到"中央数据仓"

在媒体融合中，"数据"与"流量"的重要程度堪称一时瑜亮。由于电子痕迹的采集和分析的便利度不断提高，现阶段的数据结构具有两个主要特点：

1. 数据的掌控权正在从政府职能部门转向互联网产业巨头

信息化之前的社会结构中，各种数据分别由不同的职能部门收集并储存，如居民个人隐私数据由公安部门掌握，商业公司数据由工商、税务等部门采集，不同类型的数据彼此之间很难建立联系。而信息社会中，互联网的功能已经从最初的新闻、邮件等共性信息获取泛化为社交、购物等个性信息交换，人们所有在线行为留下的电子痕迹都可能被实时记录并进行关联分析。在这种情况下，"数据"的归属、范畴和价值也在发生巨大变化，最为典型的是"数据"不再局限于传统服务于社会管理的有限应用，而是已经成为实现商业价值、激发消费行为的重要工具。

2. 当前社会对于数据的认知存在片面性

当前社会对于数据的认知存在片面性是过分强调用户数据的抓取、分析和占有，所有围绕社交、消费、搜索等用户主动使用行为进行功能设计的互联网公司，都形成了自己的海量用户数据库，这些数据库彼此分割，呈"孤岛"状态，而其所有者都将进一步扩大数据库规模的愿望寄托于拓宽自身业务范围的努力之中。于是我们看到，"微信"推出"微商，"淘宝"推出"直播"，"百度"推出"外卖"，仿佛只有不断满足用户的生活刚需，才能让用户心甘情愿地将自己的各类隐私数据双手奉上。然而，在强调用户数据的同时，我们应该看到，互联网上各类社会数据的权威来源越来越模糊，当用户以获取知识为目的进行搜索，得到的往往是各种以诱导为目的的广告信息。而除了搜索引擎之外，我们似乎没有更好的方式去验证信息的准确性。

媒体融合中，建成全国规模的"中央厨房"，不但意味着可以形成海量的分行业数据库，并且还意味着能够整合当地的分行业专家资源。原因很简单，由于传统媒体的版面和采访分工，是按照与民生相关的各个行业进行分类的：一般包括医疗卫生、公安消防、政府部门、工青妇、娱乐等。不同版面的记者和编辑，承担着相关内容的媒体"把关人"职责，而其拥有的一系列专家资源，就是该区域某一行业的"意见领袖"。因此我们认为，一旦这些媒体加入"中央厨房"，其价值绝不仅意味着简单增加了"厨房"的内容生产能力，更有价值的是每家媒体经过十几年甚至几十年积累而成的区域社会数据资料和专家资源。如果"中央厨房"能够打通和整合这些分散资源，就等于建立了一个体系丰富且能不断扩展的"中央数据仓"，虽然传统媒体暂时在获取用户数据方面不具有明显优势，但"中央数据仓"中呈现的全国社会及行业知识却能满足各地用户对于生活知识权威来源的强烈需求，届时无论是知识的咨询，还是网络谣言的甄别，"中央数据仓"不但可以提供简单的用户在线查询，还可以开发有偿的专家咨询服务，直接实现"知识变现"。而这种与用户直接互动的过程，本身也是互联网公司收集用户数据最主要的渠道，传统媒体并不是没有通过新媒体吸引受众的能力，而是往往受制于"追随思维"——总想去复制互联网公司的成功模式，而不考虑怎样依托自己的资源优势进行业务创新和价值开发。例如上文中提出的对于数据的片面理解：难道只有规模化的用户"流量"才是有价值的"数据"吗？恐怕真正的价值不能等待竞争对手去"示范"，而必须依靠自己的独到洞察和大胆发掘。

（五）从"中央厨房"到"中央商务区"

"中央厨房"对于全国传统媒体的内容整合，意味着多种类型资讯的全面汇集。无论这一平台的服务目标如何界定，其作为一个大型权威信息平台的潜在价值都已具备。而这其中，对于商务信息的归类和开发，在未来具有较大的扩展空间。当前电子商务的核心模式是激活了碎片化受众的消费行为，在"长尾理论"的作用下，各电商平台的价值被不断放大，个体用户消费行为的改变，也直接冲击了线下综合性购物商场。我们看到，用户体验要求越低的消费品类，网络购买的需求越旺盛，而当前所有的大型互联网企业，都依托自身的流量优势，部署了此类的相关业务，可以说今天的电子商务环境已经呈一片红海之势。传统媒体如果贸然杀入，折戟沉沙的概率自然很高。

然而，在产业层面，当前能够覆盖全国商业机会的大型权威信息平台却依然处于缺失状态。而随着我国产业的区域性转移，国家新区的建设，不同区域产业结构的调整以及各地政府招商引资所提供的扶持政策等信息大量出现在当地的主流媒体之上。而当前互联网上却只能搜索，未来对于汇集全国主流媒体内容资讯的"中央厨房"而言，这一市场空白为其发挥自身优势提供了重要的战略机遇：建立能够提供准确商务信息汇总和横向比较的信息端——"中央商务区"。

"中央商务区"的宏观意义在于可以从全国视野来掌握各地的产业结构调整方向、产业资源需求和产业发展热点，了解全国整体产业结构和资源配置存在哪些显性问题。这些发现在一定程度上可以和国家统计局、工信部、商务部等主管部门了解的情况相互关联，彼此印证，结论可直接服务于相关政策的制订和调整。微观意义在于可以帮助企业用户找到最适合自己发展的政策条件和市场环境，建立"央级媒体—地方媒体—地方政府"的招商引资新通道。

总之，媒体深度融合环境下，"中央厨房"模式对于传统媒体的融合发展路径有着非常重要的意义，虽然这一平台当前依然以提升传统媒体的新闻生产能力为主要目标，但"中央厨房"的后续价值开发不应仅仅止步于媒体生产流程革新。由于互联网企业的发展经验已经多次证明：数字媒体环境下，从"流量"平台导入"新闻"业务较为容易；而想要单独凭借"新闻"业务来扩大"流量"规模却困难重重。所以，在提供优质新闻内容的同时，"中央厨房"对于创新业务的探索和开发，对于用户环境脉络的融入与契合，也许才是未来主流媒体在深度融合阶段实现弯道超车的杀手锏。毕竟，对于主流媒体而言，无论口号多么响亮、无论规划多么缜密，是否能重新拥有"平台自主"和"流量自由"才是未来决定媒体融合最终成果的核心指标。

本章小结

媒介融合环境下,使新闻传播面临着机遇和挑战,极大地推进了新闻传播的改革和创新,是新闻行业蒸蒸向上发展的助力。处于互联网信息爆炸的时代,新闻从事者需要端正自身的态度,提升自己的能力,保证其在庞大的信息资源库中选择独特新颖的实时真实的新闻信息,吸引人们的注意力,来主动地观看、思考和评论新闻,参与到新闻行业内,为新闻行业和新闻传播的发展提供充足的动力。新闻传播未来的发展也必须在坚持信息真实、实时的基础上进行相应的策略调整,以适应新闻行业的发展和人们的新闻需求。

第四章 媒介融合时代不同类型的新闻发展

随着科技和社会的发展,不断产生新的媒介。新媒介的加入改变了传统传播的形式,但这并不表示新媒介将取代传统媒介,而是新旧媒介的融合和合作将越来越密切。我国媒介融合的研究起步较晚,同时也相对还不完善,研究表现出同质化状态。本章以媒介大融合背景下产生的"双微新闻""数据新闻""短视频新闻"为研究对象进行分析和研究。

第一节 双微新闻

一、双微新闻的内涵与发展

(一)双微新闻的内涵

自微信推出后,经过数次改革,功能已经越来越和其他社交媒体趋同。微信创立初期,传播相对较为闭合,信息只能在朋友圈内传播,内容也仅限于小道消息式的防风式传播。随着技术的发展,微信的传播形态也发生了转变,2012年7月,腾讯推出了微信公众号,微信的社交媒体性初见端倪。2015年,腾讯公司又推出了网页版微信"今日头条",使朋友圈的内容逐渐开放,这些开放性的功能被称作是微信功能的开闸泄水。

从传播学视角来看,双微新闻在新闻生产领域有颇多的相似之处。首先,微博、微信新闻都是基于移动互联网而建立的,都具有较强的社交性,都拥有社交媒体所独具的特质,都具有信息传递速度快而强且转瞬即逝的特性。其次,微博、微信新闻的新闻生产都是公民性生产,微信、微博都初步呈现出公共媒体新闻平台的雏形。再次,当前在社交媒体新闻生产中,两者的互动生产缺一不可,相互影响,相互渗透,在一系列公共事件和突发性事件中，两者均具有较强的影响力。微新闻生产是基于"微"平台的一种新闻传播方式，最开始是基于微博这个新闻发布平台进行消息传播，随着媒体技术的不断发展，微新闻的形态也随着新媒介技术的发展而扩展。这里将微博新闻和微信新闻统称之为"双微"新闻或"微"新闻。

（二）媒体融合环境下微新闻生产的发展

在社交化的新媒介环境下，新闻生产环节发生着变化，微新闻从理论方面到实践方面，都显示出不同往日的特点，这也正是微新闻的魅力所在，我们有必要对其进行分析。

1. 媒体融合环境下新闻生产的演变

当今社交媒体盛行，新闻生产环节发生了较大变化，呈现出以下特点。

（1）新闻生产的全民参与式

微新闻盛行必然会产生高度开放式的新闻生产空间，这种新闻生产不再集中于某一个人手中，不再是单纯关起门进行采访，而是媒体的注意力扩大到数字化的空间领域，进行跨时空新闻生产。

在数字化生产空间里，特别是当微博和微信等社交媒体产生后，人们不再局限于面对面交流，而是随时随地进行沟通互动，这种即时性的沟通交流具有较强的互动性和新闻参与性。全民参与式的新闻生产使新闻业呈现出新的图景，未来新闻业的发展不仅需要营造全民共产的新闻大环境，也更需要新闻记者深度利用社交媒体进行互动生产。

（2）新闻生产的高度融合

新媒介时代，需要生产出适合多样平台传播的新闻。在媒体融合的环境下，传统媒体已经意识到，仅依托原始式的新闻生产已经不能顺应新媒体的发展，纸媒单一式新闻生产已经远远不能满足受众对新闻的需求。这就催生了传统媒体向融合媒体转型，如整合河南广电4家传统媒体和8家媒体公司所成立的大象融媒体集团，声称要实现"一次采集，多种产品，多元传播"，该传播平台涉及14类主流媒体业态和高达38个媒介传播平台。

新媒介时代，新闻生产的内容也具有高度的融合性。社交媒体是公民新闻生产的平台，新闻产品趋于多样化，如何能够吸引大众，就要求产品具有独特性和新颖性，这就促使媒体人对新闻生产的内容进行整合，生产出整合式的深度报道。

（3）新闻生产的受众定制

在高度社交化的时空里，媒体与受众实时互动需求增加。在互动过程中，如何管理与受众的关系，如何保持和延续受众的黏合性，是新媒体人要思考的问题。在受众具有高度黏合性的微博和微信空间里，精准化的和以受众为导向的新闻生产愈加受到重视。大数据时代，海量信息的易得性及客户信息的精准性，能够使得新闻生产达到精准化和定制化。受众需要哪类新闻，媒体就会对这类新闻进行生产和推送，这种定制化的新闻生产越来越受到关注。

2. 媒体融合环境下微新闻生产的理论创新

（1）微新闻的社会化和互动化理论释义

1990年，马克·波斯特（Mark Poster）在其著作《第二媒介时代》中提出了第一媒介社会和第二媒介社会的区别，第一媒介社会是指以广播为代表的传播形态，具有"一对多的传播方式、单向传播、政治控制、分散的大众和媒体主导社会识"等特点。第二媒介社会有别于第一媒介社会，第二媒介社会是以网络为中心的社会。第二媒介社会最根本的特点是"去中心化、双向互动传播、超越国家控制、民主化和媒体宣扬个人意识"。① 在媒体融合的环境下，新闻传播的每个环节都发生了变化，这给新闻业的生产过程带来了不同的体验和不同的生产灵感。新媒介空间更加重视媒介环境，侧重于不同媒介环境所引起的社会转变。新媒介的两个研究趋势是社会互动理论和社会整合理论。②

从社会互动理论视角来看，在微新闻生产过程中，互动更加活跃。在网络化、社交化的媒体形态下，媒体从主导性"一对多"的传播方式逐渐转变为"去中心"化的传播形式。受众也不是分散的大众化的，而是群体性的受众，新媒介给媒体带来更多新鲜的、可以选择的空间，也给受众提供了更自由的互动方式。新媒介社会的微新闻生产空间更加开放，是富有动态性的互动生产空间。

从社会整合的视角来看，新媒体具有更加强大的社会性。以往人们是从人际交往中体会社会化过程，得到社交化满足，现在社交媒体打破了这一方式，社交媒体更加趋于社会化、群体化。所以，在新媒介微新闻生产空间里，新闻消息的准确性需要我们在互动过程中加以整合确认。

（2）微新闻的议程设置理论

从社会学视角看微新闻生产，就不得不分析媒体发布的内容，议程框架引导人们认知社会。舒德森的新闻生产思想认为，作为一种社会机制和文化的新闻，往往是建构和制造的新闻，是社会建构的现实和报人制造的东西。所以，媒体议程设置直接反应社会建构。

---

① ［美］马克·波斯特（范静哗译）. 第二媒介时代［M］. 南京：南京大学出版社，2000：22-27.
② ［美］斯蒂芬·利特约翰，凯伦·倡斯（史安斌译）. 人类传播理论［M］. 北京：清华大学出版社，2009：340.

媒体所塑造出来的"社会现实"很大程度上影响了人们的认知。在传统媒体新闻生产方面，我们可以看出民众更加倾向于相信媒体所构建的社会现实，虽然这和现实社会有很大差距。如里根人气幻象现象，里根执政时期所遇到的经济问题和国际问题都是史上最糟糕的，但与以往有很大不同的是，媒体营造了扭曲的公众舆论，给人呈现出一种里根在执政时期获得成功的错觉，所以美国民众对里根执政时期的印象普遍良好。这种认知并不是真实的社会现实，而是被媒体建构出来的社会。

在微新闻生产过程中，议程设置功能依然存在。微新闻的议程建构引导着人们去思考。在网络社交媒体时代，媒体的议程发生了较大变化，这不仅仅受真实事件的影响，还受着受众议程影响。

唐纳德·肖和麦克姆斯是这样来阐述议程设置的，新闻生产者每天要完成选择和展示新闻的任务，他们在塑造社会现实的过程中扮演了重要的角色，他们构建公众思想，引发受众的认知发生变化，这就是大众传播的议程设置功能。① 所以微新闻生产过程中建构正确的议程框架，将会产生较高的舆论引导价值。

二、媒体融合环境下的微新闻生产环节

基于社交媒体的个人化新闻生产和传统新闻生产有着很大的不同，其流程发生了重大变化。微新闻生产是新闻和受众直接面对面的过程，微新闻的传播者摆脱了组织的框架，形成了人人生产的态势，颠覆了传统的新闻生产模式。

（一）媒体融合环境下的微新闻生产主体的多样化

传统媒体的生产者主要是指编辑和记者，他们把控了整个新闻传播的过程，主导着整个新闻界的舆论导向。在媒体融合的时代，微新闻传播者呈现出多元共存的状态。在这种情况下，微新闻生产中的生产者更倾向于无权威化，多种传播者共存。在高交互性的社交媒体时代，微新闻能够更好地诠释麦克卢汉所提出的媒介即信息，媒介是人体的延伸。微新闻的网络舆论更加易于聚集传播，个人言论的表达有了空前的影响力，并且易于发酵和传播，这和传统媒体的新闻生产环境有很大的不同。

微新闻传播者主要包括以下三类。

---

① ［美］斯蒂芬·利特约翰，凯伦·倡斯著（史安斌译）. 人类传播理论［M］. 北京：清华大学出版社，2009：340.

1. 传统媒体

随着社交媒体影响力不断扩大，几乎所有媒体机构开始进行媒体融合，特别是纷纷开始利用"双微"新媒体的传播优势吸引受众，其中动作较大的是《东方早报》所创立的澎湃新闻。澎湃新闻是全面落实媒体融合的新闻传播机构，基于网络、手机客户端、微博、微信而创立，完全贴合新媒体发展趋势。除此之外，大众日报报业集团也在大力推动媒体融合，在壮大传统媒体自身的前提下，做好新媒体平台，推出报纸、微信公众号、微博、网络、手机客户端一系列一体化的融合措施。在媒介融合时代，几乎每个报业集团、每份报纸、每个新媒体工作室和每个新闻板块都在做新媒体融合推广。

2. 政府企业机构

当前大部分政府单位和组织机构都拥有官方微博和官方微信公众号。社交媒体给政府机关提供了许多便利，特别是在建立政府良好形象，提高政府公信力，建立与民众的良好沟通方面，起到了积极作用。除此之外，不少企业也都持有微博和微信公众账号，这为企业宣传和产品推广增添了不少动力。社交媒体具有较强的互动性，民众可以自由发表自己的观点，也可自由参与话题的讨论、转发和分享。这些都促使政府企事业单位的信息透明化，并要求它们加强与员工及外部人士的沟通。

3. 草根大众

人人生产微新闻，使得每个人都能成为新闻的发声器。微博和微信平台拥有最多的是非专业记者，他们称不上是业界精英，但他们声称要做有思想的人，不愿自己的声音沉默在熙熙攘攘的大众之中，他们关注公共议题，其微博和微信也有一定量的粉丝和点击量。

（二）媒体融合环境下的微新闻生产受众的年轻化

在年龄结构上，微博和微信的使用者都以年轻人居多，并且学历较高，以大学生群体为主，这部分人群的表达意识较强，对热门新闻比较关注。但年轻受众易受外界干扰，易发布一些过激言论，这就需要主流媒体加以引导，使他们在网络空间里"健康成长"。

（三）媒体融合环境下的微新闻生产环境的脱域化

微新闻的生产环境相比传统媒体新闻生产更加宽松，微博和微信所承担的社会责任与审查义务相对较低。人人生产，人人传播，可谓是给新闻发布开了天窗。微新闻传播的环境发生以下变化：首先是传播者可谓是人数众多，难以监管；其次是传播者隐蔽化，即传播者隐藏在电脑屏幕的后方，身份更加隐蔽，不用对自己的言论负责任，难免会产生一些谣言和激进的言论。所以，规范传播者的行为显得尤为重要。

从媒介组织层面来看，在主流媒体和组织机构的官方微博和微信公众号发布新闻消息的过程中，往往受到组织规章制度的约束。但个人在微新闻生产中脱离了组织规范和制约，新闻生产环境相对宽松自由。

从技术把关层面来看，关于微新闻生产的一系列规章制度初步建立，但明显还有不足之处。从2012年开始，微博开始实行实名认证，而微信从建立之初就开始实名制。两者的实名制在一定意义上使个人发布和转发消息时更加透明化，但是只有这些是远远不够的。

（四）媒体融合环境下的微新闻生产流程的直接化

媒体融合环境下的新闻机构进行了组织再构，其新闻生产方式和传统的生产模式有着很大的不同。传统媒体的专业新闻生产过程主要分为：新闻选择、新闻采访与写作和媒介终端呈现。

传统媒体的新闻生产流程，主要是以"新闻采编中心"为核心，实行采编分离的管理机制。以传统纸媒齐鲁晚报为例，其新闻生产方式可以称为"V"字形生产结构，即记者的上方主要有部门主任和编辑掌控。一篇报道从其发现新闻线索到终端呈现，不仅受到部门主任选题的制约，还要受到编辑最后修订的影响，即：从信息、记者、主任、编辑到报纸的过程。所以，在传统纸媒的新闻生产中整个流程中的每个环节都有专人把关。

纵观微新闻生产，从信息传播过程来看，微新闻生产流程与传统媒体新闻生产过程存在着很大不同。微新闻生产中，人人皆是传播者、发声者，每个人都能对信息进行采写，也能直接将信息传达给受众。微新闻生产流程更加集中，微新闻生产可以看作是从爆料、受众、新闻、到转发的循环过程，这样一个聚合新闻传播过程。微新闻的生产流程可以简化为从信息到受众的过程，形成人人传播、面面传播的传播形态。所以，社交媒体中微新闻生产模式不同于传统新闻生产方式，微新闻生产的直接化是最显著的特点。

（五）媒体融合环境下的微新闻生产信源的空间化

传统媒体的记者主要是通过上街寻找、新闻线人介绍、新闻热线和互联网搜索等方式来发现有价值的新闻线索，来确定是否进行采访。记者通过上报选题给主任或编辑，来确定选题。各层编辑通过召开编前会，来确定记者上报的选题是否被采用。随后，传统新闻记者要收集多方信息，以确定采访提纲，再进行实地调查。最后，经过记者的信息整合才能最终完稿，新闻稿件是否能呈现到媒体上，还要经过编辑修改、信息审核、校对、排版才能够出版发行。

微新闻生产更多的是发布简短的文字、图片和视频等。选题常常是自己日常生活中关注的领域，或是自己感兴趣的事情，或者是亲身经历所见。

微博和微信中的信息经过深挖和数次加工，最终形成微新闻事件。微新闻生产中的受众不是被动的信息接收者，而是兼具两重身份，他们既是接收者又是传播者。受众在微新闻平台中，主动积极地去寻找自己感兴趣的话题，并且进行加工再传播。所以微新闻的传播过程是循环的过程，整个传播过程具有较强的信息黏合度。相比传统媒体，不仅缩短了传播时间，简化了传播流程，并且增加了较多的传播节点，有很强的传播性和影响力。

在社交媒体的数字化时代，微新闻生产中的信源获取，具有空间离散化和易得性两个特点。亲身实地和深入现场的采访已经远远不能满足传统媒体的发展需求，社交媒体具有的超时空性，使传统媒体在社交媒体上发现新闻线索变得异常容易。

三、媒体融合环境下微新闻生产的发展策略

当今传媒业的现状印证了一个问题，报纸不只是一个宣传工具，它还能将有思想的、对社会有价值判断的读者转变为公民记者。针对微新闻生产中受众表达失控、碎片化、微新闻生产把关不严、议题偏向等问题，我们要从以下几个方面进行优化生产。

（一）提升公民的新闻素养

随着公民加入新闻生产者的队伍中，公共领域的流向改变了。微新闻传播呈现出小众化聚合状态，表现为分散的无数的小圈子传播，而这些圈子拥有"密集的用户"和"迷人的共同思想"。

"长尾理论"表明，借助微平台，可以帮助一些不知名的作家和媒体进入公众的视野。数字化的微新闻平台每天发布大量的新闻信息，每个人都可以分享自己的故事、个人的看法和意见，人人都能生产自己的新闻产品，但这些新闻产品的质量是参差不齐的。

我们要提高受众的新闻素养，使其在新媒体空间里理性表达。微新闻生产过程中，信息的采写和传播是基于个人价值判断，这样受众很容易受到个人偏好和猎奇心态影响，滋生和传播谣言。所以，在微新闻生产中，如何提高受众的新闻素养，引导理性表达，是构建和谐媒介生态的一部分。

加强网民的新闻素养教育，尤其要开设针对大学生的新闻素养课程。大学生作为网民

的重要组成部分,有充足的时间上网,在业余微新闻生产中所占比例较大。提高他们的新闻素养可通过以下途径,在校园内开设新闻选修课程、新媒体讲座等。

(二) 提高新闻的价值

不论是在传统媒体还是在新媒体领域,只要是存在着新闻生产,只要社会对新闻还有需求,那么新闻专业主义仍然是有效的。

传统媒体要坚守新闻专业主义精神,在微平台中引导社会舆论。坚守新闻专业主义精神,是从道德层面对记者进行约束。新闻专业主义精神中最根本的是要保证新闻的公正、真实和客观。专业的新闻操守,能在一定程度上保证新闻行业的有序发展。我们知道微新闻生产中,不乏虚假新闻、花边新闻,这些都对新闻专业主义造成冲击,专业性和权威性的新闻生产将会有效遏制其传播。除此之外,微新闻生产中坚守新闻专业主义精神,能更好地保障受众的权益,代表受众的利益。

官方政府以及官方媒体应该肩负起把关人的责任,引导主流舆论,把握主流议程设置,不应该被网众声音所淹没。除此之外,还要加强网民互动,使网络议程设置贴合主流议程设置,这样才能贴近民生,使政府的公信力得到提升,才能营造良好的互动型媒介生态环境。

(三) 培养全能记者

媒体融合环境下,新媒介形式的不断更新,对记者提出了更高的要求,全能型记者呼之欲出。

第一,技术的全能型。大象融媒体集团的记者报道两会时,使用了6D谷歌眼镜,使两会的现场画面、声音得到了实时传送,吸引了受众的眼球,进一步提高了报道的时效性。新媒体下的记者不但要会使用录音笔、摄影机和摄像机,还要掌握新兴的新闻生产技术,例如图像处理技术、网页设计、多媒体技术、数据的统计分析等。

第二,新闻生产形式的全能型。微新闻生产一般是"一稿多投"的,这就要求新媒体记者不但要能熟练操作多种终端,更重要的是,要能够在短时间内创作出适合不同终端的新闻作品,以提高媒体的聚合传播功能。

第三,公共专业知识的全能型。全能型记者应该具有对社会现象深度分析的能力,具有透过新闻现象看到事件本质的能力。全能型记者要综合把控公共知识,这样才能更好地传递公共知识,帮助受众筛选出真实的信息,进而引导受众理性传播。

（四）加强制度规范建设

有序的、规范化的新闻生产才能保证微新闻的质量。通过以上的分析，我们知道微平台中的公民新闻生产，是碎片化的、非理性的生产，网络侵权事件屡见不鲜，只靠主流媒体的引导是不够的，我们还需要一系列的规章制度来规范人们的行为。

我国现行的关于互联网信息传播的规章制度有《互联网信息服务管理办法》《新闻网站电子公告服务管理暂行办法》《互联网站从事登载新闻业务管理暂行规定》等条例。2014年8月7日，互联网信息办公室正式发布了"微信十条"即《即时通讯工具公众信息服务发展暂行条例》，它对微信公众号起着一定的规范作用，这在一定程度上遏制了一些谣言、暴力、恐怖、欺诈等信息的传播，保证了微信新闻可以在有序的规范性环境中传播，净化了微信环境。仅有这些是不够的，还需要对知情权、隐私权、言论自由和舆论监督等权利进行进一步的明确。所以，仅仅依靠现有的规章制度监管微新闻生产，还存在明显不足，这就要求我们制定的法律也要跟得上新媒体技术的发展。

2014年是媒体融合的元年，这一年我国提出传统媒体与新兴媒体进行融合发展的战略，强调了传统媒体要加强新媒体舆论引导功能，试图营造健康的新媒介生态，构建和谐的舆论表达。

在无跨界融合必灭亡的媒介环境下，不论是网络媒体人、自媒体人还是微新闻达人，都在努力地进行微新闻生产，在微新闻生产过程中不能丢失新闻责任，要坚持新闻专业主义精神。否则，即使是强势的传统媒体，也很可能会最终丢掉主流舆论场阵地，主流记者也会变得形同虚设。

大时代需要大担当，当前来看，传统媒体在微信、微博重大新闻发布中，受众趋于服从，传统媒体仍然是微新闻生产的主导者。传统媒体在微新闻生产中，应该注重舆论引导功能，这就需要传统媒体坚守新闻专业主义精神，保证新闻报道的平衡、公正、全面和真实。传统媒体要通过社交媒体这个窗口，利用微新闻作为千里眼和顺风耳，最终掌控社会舆论。

第二节　数据新闻

"数据新闻"包括两个层面：新闻中的数据，数据中的新闻。作为新闻中的数据，关注的是数据的一致性、相关性和准确性，注重文本和数据的完美结合；而作为数据中的新闻，则是侧重于数据形成新闻的过程和表达。

针对这两个概念，当前大多数媒体正在积极探索和发展的内容包括：数据化选题的策划、数据采集、数据筛选与整合，对数据信息挖掘并以可视化的形式呈现新闻。理想的"数据新闻"，可以是一则报道，也可以是一项应用、一个网站甚至兼而有之。传统的柱状图、条形图、饼状图、散点图、雷达图仍然适用，时间轴、地图、网络图、热点图等组合与叠加，加上用户体验良好的交互属性，新闻与传统的新闻出现了传统的演变。

一、数据新闻的发展语境

（一）数据新闻表达方式的创新

传统新闻的数据呈现方式往往是枯燥的，"数据新闻"的出现打破了数据枯燥、冗长的表格形式，而多以图表、图解、图形、表格、地图、动画、视频等来传递数据及信息。可以说，"数据新闻"的出现是对新闻表达方式的创新，主要表现在以下三个方面：

第一，改变了传统的文字报道为主的新闻表达方式。报刊以文字报道见长，即使电视和广播借助图片、音视频报道，也需要借助文字稿件的配合。然而"数据新闻"中图表占据主体，当图表能够清晰地传达信息时，文字只起到提示和点睛作用。

第二，充分运用了多媒体等新闻表达方式。由于编程工具和绘图软件的开发和应用，使得"数据新闻"以更加多样的形态呈现，既可以是静态的图片，也可以是动态的图像，类似互动地图等可视化运用丰富着"数据新闻"的多媒体表现形态，实现高效地传递新闻信息。

第三，提高了新闻表达中的交互性。一方面，"数据新闻"可以解释新闻与每个人存在的联系，受众在阅读"数据新闻"时，通过点击其中的交互式设计，就能够得到更多个性化的信息。另一方面，媒体在推出"数据新闻"报道的同时，鼓励用户参与新闻制作，增加了用户对新闻的关注度和参与度。

下面以"数据新闻奖"的评选标准为例，来具体说明和传统新闻相比，"数据新闻"在表达方式创新上的体现。

"数据新闻奖"（Data Journalism Awards）由非经营组织"全球编辑网络"（Global Editors Network）主办，是全球第一个专门为"数据新闻"报道设立的奖项。"数据新闻奖"的出现，不仅有助于向新闻业彰显"数据新闻"的价值，在展示最佳实践、设定行业标杆方面扮演了重要角色，也为全球"数据新闻"从业者提供了展示作品、相互沟通、经验分享的网络平台。

2012年"数据新闻奖"初创，当年参与评奖的作品就达286个，涉及全球51个国家和地区，入围59个项目/作品，最终评出了卫报《骚乱谣言》传播可视化项目等6个获奖作品。2013年第二届"数据新闻奖"参与评选的作品超过300个，15个国家的72个作品入围，最终评出了《"傻瓜"的艺术品市场》等7个获奖作品。

前两届"数据新闻奖"已经展现出广泛的地域分布和多元的参与主体。从地域看，除欧美外，日本、菲律宾、肯尼亚、尼日利亚、巴西、阿根廷等亚非拉各洲国家均有优秀作品提交，可见"数据新闻"已经在世界范围普遍实践。从参与主体看，参与者包含了媒体、非营利组织、广告公司、政府、高校等各类组织以及自由职业者，反映了"数据新闻"的跨界属性。

"数据新闻奖"的奖项设置尤其值得关注，虽然第三届"数据新闻奖"的奖项设置有所调整，但主要侧重考量"数据新闻"在叙事、调查、应用和可视化方面的表现。根据主办方的说明：

（1）数据驱动叙事奖颁发给以数据收集和分析作为主导元素、就某一特定主题进行的单篇或成组新闻报道。该奖项强调叙事，平台不限，纸质或网络均可。代表作品是卫报出品的《美国各州同性恋权益》报道，作品以不同颜色代表不同权利，例如结婚、教育、就业等，单这一张图其实已经足够说明很多情况，例如东北部地区大多是同性恋天堂，而东南部地区的同性恋者生活艰难。

（2）数据驱动调查奖颁发给通过收集和分析数据来揭露或聚焦权力滥用和公共利益话题的调查报道。该奖项指向明确，强调主题和方法。代表作品是西雅图时报的《美沙酮：疼痛的政治学》，通过分析国家医疗系统统计数据、比照国家卫生机构政策文件以及对州政府官员、医疗专家、死亡者亲属等的采访，揭示出美沙酮的使用与医疗政策和监管之间的密切关系。

（3）数据驱动应用奖颁发给既能对特定主题提供深入解释，又能为用户提供探索数据和参与创造机会的互动性应用。该奖项强调互动与参与。代表作品是BBC的《英国社会阶层计算器》，为当代英国的阶层体系建立了新的模型，用户以选择题的方式提交自己在经济、社会、文化方面的若干数据就能够得出自己所属的阶层。

（4）数据可视化奖颁发给最新颖、最亮眼、最让人印象深刻的可视化作品。该奖项强调形式创新，独立的可视化项目或与其他报道形式相结合均可，代表作是《卫报》的

"骚乱谣言"项目,将伦敦骚乱过程中 7 个影响最广的谣言在 Twitter 上的传播过程可视化。

从以上"数据新闻奖"的奖项设置可以看出,叙事、调查、应用和可视化是"数据新闻"的表现维度,一个"数据新闻"是否优秀,正是在这几个表现维度上进行考量,许多获奖作品是同时在数个维度上有出色表现的,这与传统新闻表现形式和考量有着根本的区别。

(二)"数据新闻"可视化

1. 新闻"可视化"的原因

如今,越来越多的人开始倾向于用视觉化和形象化的方式来接受和理解信息时,图像直接作用于人的视觉,消除了人们的知觉与符号之间的距离,因而也消除了文字那种需要通过接受教育才能理解的间接性,消除了符号的所指到能指之间的思维过程,新闻也所以产生一定程度的变化。从另一方面讲,在这个快时尚、轻阅读的时代,人们对大段文字已提不起兴趣,他们更倾向于花更短的时间,用更轻松的方式获取信息,这给新闻业带来了巨大的挑战,用文字讲故事的效果已大不如前。实际上,从图像记忆理论来看,人的大脑传输的信息中有九成是图像,一半的大脑功能用于处理可视化信息,可视化的内容大大减少了大脑的中间处理过程。所以,成为"视觉动物"是人的本能,新闻可视化契合了受众希望"以图明事"的需求。

同样,在"数据新闻"生产过程中,数据可视化是最常用的手段,如今的媒体无论"新旧"都在跃跃欲试甚至已经"大干快上",越来越多的数据可视化作品在各类媒体上出现,让媒体和受众领略到"数据之美"。这种与新闻相结合的数据可视化是近年兴起的数据新闻的一种外在表现形态,它使用视觉元素将新闻中的数据或信息进行集成加工和提炼重组,将数据的内在逻辑转化为图形语言,让受众得以在视觉感知的辅助下更为直观和深入地了解新闻,同时在阅读中获得乐趣。

《卫报》之前做的一个关于伊拉克和阿富汗战争的数据新闻,他们把士兵在伊拉克战场上阵亡的地点都在地图上标注出来,可以让人们直观地看到阵亡士兵的信息。在地图上,每一次死伤事件都以红点标识,并关联有伤亡人数、时间、造成伤亡原因等说明。与单纯的文字描述相比,密布的红点显得格外触目惊心。可以说,"数据新闻"可视化是由于受众资讯接受方式、接受习惯、接收终端发生了变化,符合现代社会人们移动化、碎片化、轻量化、浅阅读的需要。其实质,则是新型媒介形态的勃兴导致新闻生产、流程和传播方式的转变。

2. 国内媒体"数据新闻"可视化实践

在"数据新闻"可视化方面，国内外媒体机构都作了有益尝试。基于多年的积累，当前众多新闻网站都开设了相应的栏目，如网易"数读"、腾讯新闻"数据控"、新浪新闻"图解天下"、搜狐"数字之道"、央视"图解"等。数据新闻主要集中在以下三个领域：

（1）高端时政解读报道。2013年两会期间，央视用大数据实时分析民众对全国两会以及两会上所传达的政治、经济、民生、环境等方面讯息的反应，并在总理答记者问上，就民众最关心的问题向总理发问。2014年全国两会期间，央视在每天最重要的新闻栏目"新闻联播"中专门安排4分钟的专题《两会解码——两会大数据》。

新华社在2013年全国两会期间尝试用大数据、词云图的形式解码全国两会"关键词"，政府工作报告十年高频词变迁等数据挖掘，推出《词云解读政府工作报告》等解读稿件。所谓"词云"，是一种对文本中出现频率较高的"关键词"进行视觉突出展示，方便受众快速了解海量文本中的关键信息的计算机语言识别和图像生成技术，文本中某些信息出现的频率越高，就离图中心越近，显示规格就越突出。

2014年全国两会期间，新华社继续用大数据挖掘技术，对李克强总理的政府工作报告进行词频等分析与统计。同时采用"全景信息图"报道手法，《一张图看2014年政府工作报告中的那些数字》《一张图看政府工作报告中的民生》等系列报道将各枯燥内容可视化，配以不同的字体、颜色、插图和文字，丰富多彩且重点突出。

（2）使严肃的主题报道变得生动。2014年春运期间，百度推出"百度地图春节人口迁徙大数据"，采用的可视化呈现方式，动态、即时、直观地展现中国春节前后人口大迁徙的轨迹与特点。新华社《"老虎""苍蝇"在哪儿？——来自中纪委的"反腐"大数据》《"老虎""苍蝇"们"腐"在哪？——大数据透视中纪委"立案检查"》，将中央纪委监察部网站设置的"案件查处"栏目内容，根据一定的分类要素和指标进行大数据整理分析，梳理出"老虎""苍蝇"的地域分布图、危险年龄段、级别、所在行业领域、常见的贪腐形式等，用生动形象的可视化图表，让读者对"老虎""苍蝇"有更为清晰、具象的认识，数据丰富，形式新颖，冲击力强。

（3）延伸至重大突发事件、日常报道。马航事件后，新华社播发《大数据告诉你：马航失联为何传言那么多？》，通过大数据分析告诉受众：60小时，696万余条微博，为何10个版本传言广泛流传？流言为何基本都集中在4小时内爆发？报道分析了突发事件中传言传播的典型特点。新华社还播发《爱在那儿！——<爸爸去哪儿>大数据解读》，通过对新浪微博上提及"爸爸去哪儿"的45.5万微博用户数据进行梳理，精确分析出节目看点、观众人群、用户地区偏好、年龄分布等，揭秘节目火爆背后的"硬道理"。

3. 哪些"数据新闻"适合可视化处理

需要注意的是，当我们准备着手做一则"数据新闻"之前，要厘清什么样的内容适合可视化？第一，新闻事件发展时间跨度大或者是延展范围广的，需要直观展现其发展脉络或立体呈现其影响维度。如马航事件。第二，新闻内容与数据高度相关，如经济发展形式。第三，新闻内容纷繁复杂，需要通过视觉元素帮助受众进行简化调理，使得用户对核心内容和重点内容能够一目了然。

二、数据新闻的制作流程

（一）制作数据新闻的要点分析

（1）数据驱动。"数据新闻"的创作者相信，透过数据能够抵达隐蔽的真相，能够诞生精彩的故事。这种理念伴随着思维方式和工作方式的转变。在"数据新闻"中，数据不是可有可无的搭配或装饰，而是新闻报道的核心要素。

（2）叙事呈现。近年来信息图在社交媒体平台成为一种主流的传播形态，虽然同样运用了数据可视化的手段，但信息图不等于数据新闻。大多数信息图只是展示，没有叙述、解释和阐发。而在"数据新闻"中，数据虽然会说话，但还需要记者提炼意义、突出焦点，形成完整的叙事，才能与接受者之间达成有效的交流。记者需要谨记，自己最后提交给用户的不是一张炫目的词云或地图，真正要呈现给用户的是数据背后的意义。

（3）可视化表达。可视化让数据直观、形象、易懂，与枯燥的文字或密集的表格相比，可视化能更有效地、直观地呈现大量信息，并为用户所接受。纽约时报2012年奥运会期间推出一组动画，把第一届现代奥运会直至选手们的成绩放到同一个虚拟竞技场上竞技，可以清楚地看到人类如何在前人的肩膀上不断刷新纪录。

类似的情况是当涉及数据比较、时间推移、地理分布、层次、流向等逻辑关系时，正是充分运用可视化手段的时候。

（二）获取数据、分析数据、呈现数据

虽然少数媒体不时推出一些精彩的数据新闻，但在如何制作数据新闻上，国内外的新闻界仍在摸索。这里，本书以2013年"数据新闻奖"获奖作品《"傻瓜"的艺术品市场》

为案例进行分析。

法国记者让·阿比亚特西（Jean Abbiateci）的作品《"傻瓜"的艺术品市场》(*The Art Market for Dummies*) 获得了2013年度数据新闻奖的数据驱动叙事奖（Data Driven Storytelling, Small）。正如项目名称中"for Dummies"所指的阿比亚特西想用数据讲述艺术品市场运作的故事，做到哪怕是傻瓜都能听明白那样，得这则报道中，他没有采访行业专家，没有采用任何引语，而是让2008年到2012年间艺术品市场拍卖价格最高的320件艺术品自己说话。借助可视化的表现形式，数据充分展示出客观、清晰、精确等优势，讲述了一个有关艺术品市场主题的故事。下面按照获取数据、分析数据和呈现数据的流程逐步分析。

1. 获取数据

"数据新闻"并不天然需要大数据。占有大数据的确是创作数据新闻的有利条件，例如央视借助搜索引擎服务商百度的LBS定位数据，根据全国人口春运迁徙的情况，或者卫报通过分析260万条关于骚乱的推特信息观察谣言如何传播，这些基于大数据的案例往往能发掘出寻常难得的洞见。但并不是所有"数据新闻"都要用到大数据，《"傻瓜"的艺术品市场》所用的数据并不大量也不多样。作者将报道所用到的数据公开分享在谷歌文档上，最大的一个表格也只有12列320行，整个文档下载为XLS格式，只有30Ka获取数据的途径十分多元。在历届"数据新闻"获奖作品中，BBC的《英国社会阶层计算器》数据来自对16万受访者的网络调查，阿根廷《国家报》的参议院支出调查基于参议院在网站公布的大量PDF文档，路透社"连接中国"项目数据采自政府网站、政府报告、政策文件、新闻报道、学术文章以及智库。而如作者所说，关于艺术品市场的数据在网络上随时可见，行业网站、行业报告、行业数据库等都成为报道公开的数据来源。

获取数据的手段同样简单。在本案例中作者使用火狐浏览器的数据抓取插件提取网页数据，使用谷歌金融应用程序接口（Goggle Finance API）抓取拍卖行当日汇率以统一币种，甚至尝试用工具图像颜色汇总应用程序接口（Image Color Sum marizer API）来统计艺术品的色彩。类似免费开源的插件和应用程序接口在网络上大量存在，足够满足日常"数据新闻"抓取数据的需要。

2. 分析数据

在数据中发现故事、挖掘意义是从数据上升到新闻的关键一跃。阿比亚特西的经验是，不要试图并行推进数据分析和图形设计，而是依据数据先形成故事，再考虑如何精确地呈现故事。故事从哪里来？面对数据表，分析者可以沿不同思路着手。

其一是假设检验，在动手之前，分析者头脑中往往已经充满预想和假设，一方面要避免所以形成偏见、误读数据，另一方面也应该重视灵感，从假设出发去证实或证伪。

其二是关注异常值，异常值既包括最大、最小之类的极值，以及在意料之外的项目和数值，在财务审计中强调的从异常中发现问题同样适用于数据新闻。

其三是进行对比，孤立的数据缺乏价值，只有在数据间建立逻辑联系才能产生意义。本案例对320件艺术品的艺术家性别、创作年份等进行对比，得出了男性主导艺术品拍卖行业等有趣的结论。

其四是趋势分析，这一思路适用于时间序列数据，分析者可以按时间轴探寻数据的变化趋势，本案例研究历史数据发现了中国艺术品市场的崛起。分析的要点在于要和数据共舞，不动手尝试，永远不知道会发现什么。在技术和工具方面，本案例中作者阿比亚特西用Excel表格完成了大部分的工作。而首届数据新闻奖的286个项目/作品中，有126个使用的工具就是Excel，由此可见工具应用并不是"数据新闻"的最大阻碍。

（3）呈现数据。可视化是"数据新闻"与传统新闻形态最明显的区别。可视化将信息形象化和秩序化，使得新闻报道能够摒弃复杂文字直抵问题的核心。随着可视化技术的发展，当前"数据新闻"可以在地图、时间轴、树状图、气泡图、网络图、散点图、热力图、标签云、流程图等丰富的形式中进行选择。本案例中作者选择了网络常见的可视化库和开源代码，主要生成了三处可视化表达，准确而恰当，实现了预期的传播效果。

在"毕加索：超级巨星"部分，作者用简单的筛选视图呈现多维数据，展现2008年至2012年拍品总价最高的50位艺术家。以年代为横轴，将流派置于其上并作为筛选艺术家的标签，点击后即展现该流派所述的艺术家及姓名、排名、代表作缩略图以及拍品总价等数据。

在"艺术：男性主导的行业"部分，一张动态气泡图展示了2008年至2012年拍卖价格最高的320件艺术品。作者在左侧区域设置了拍卖年份、十大作品、性别、在世/离世、国家、城市、创作年份等筛选条件，用户选择后右侧气泡图会发生相应的变化。每一个气泡代表一件艺术品，气泡的颜色代表艺术品类型是素描、油画、雕塑还是丝印，面积代表拍卖价格，位置代表筛选属性，鼠标悬停在气泡上时还会弹出作品名称、缩略图、作者、创作时间以及具体价格数值。多维数据在一张图中得到了全面而清晰的展示，虽然用户的关注角度和关注深度各有不同，其需求都能够得到充分满足。

三、"数据新闻"对新闻业的影响

(一)对新闻生产的变革

第一,改变了新闻生产方式。在过去,记者通过调研手段来了解和反映这个世界,即用眼看、用嘴采访、用笔写作。"数据新闻"开启了新的方法论,带来了用统计或量化方法分析数据并生产新闻的理念与方式,致力于"从数据的海洋中发现新闻"。

第二,改变了新闻生产流程。传统的新闻传播过程是由专业记者、编辑担任"把关人"角色。某个突发事件出现后,媒体机构需要派出大量的记者到现场采访,获取第一手的资料。而在大数据环境下,"数据新闻"的消息源获取不再需要"记者"亲临现场,依靠网络的大数据平台就能轻松完成。"数据新闻"中所处理的数据量级已远非传统新闻操作中数据图表可以相提并论,程序员和视觉设计师进驻编辑部,成为采编过程中的重要力量。

第三,改变了新闻的传播模式。传统的新闻传播模式中,新闻记者根据职业性的新闻敏感获取、选择、过滤新闻信息,将他们认为有新闻价值的新闻传播给受众,完全是依据记者自身的主观价值做出的判断。而"数据新闻"的价值通常取决于数据本身,而非编辑的新闻敏感度,加之大数据具有的可预测性,寻找相关关系性,进而避免了新闻记者在把关时受到的主观意识的影响,例如刻板成见、意识形态和利益价值观。

第四,改变了新闻的产品面貌。传统的新闻生产以文字和图片为主要呈现方式,无论是报纸、广播、电视,都是以大量文字进行事件的叙述和评论。而"数据新闻"可以是一则报道,也可以是一项应用、一个网站甚至兼而有之。传统的柱状图、条形图、饼状图、散点图、雷达图仍然适用,时间轴、地图、网络图、热点图等组合与叠加,加上用户体验良好的交互属性,新闻再也不是过去的模样。

(二)"数据新闻"的发展趋势

可以说,未来传媒业发展将迎来一个生态媒体的时代,从产业的角度来说,传统媒体作为一个独立的行业形态,未来可能会走向消失和消亡,而专业素养和媒介能力会渗透到社会生产和生活方式的各个环节和方面。

就拿互联网时代信息的参与方式而言,2000年以后出生的孩子,他们手里拿着的玩具不再是汽车和变形金刚,而是iPhone和iPad,作为互联网时代的原住民,可以想见互联网会越来越成为一种生活方式，而游戏的大众娱乐体验也越来越受到重视，在教育等领域，已经有专家在研究教育的游戏化，从这个角度出发，"数据新闻"的收集数据、完成分析、呈现数据是否也会有一天与游戏结合，使得人们在愉快的体验中实现与数据新闻的互动，我认为这是一个非常可能的方向。除此之外，现在的"数据新闻"，特别是可视化新闻生产力是比较低下的，要做一个数据新闻出来要耗费很长的时间，所以怎么样在各个环节当中有效地提升"数据新闻"自动化的生产程度，也将成为今后关注的一个热点。

第三节　短视频新闻

一、融媒体时代我国短视频新闻传播的出现

随着社会的全方位进步发展，互联网信息技术的更迭交替，媒体环境发生了巨大的改变。当人们不断向融媒体时代迈进时，短视频应用迅猛发展，且前景广阔。短视频应用的出现，极大程度地提升信息传播效率，所以如何进一步利用短视频这种传播方式促进新闻资讯的传播成为媒体工作者集中思考的问题。

（一）短视频定义及特点

通过大量的文献阅读及资料对比分析，短视频的定义与特点总结如下：

1. 短视频概念的界定

短视频，主要是指视频长度3~5分钟，通过移动智能终端实现播放、拍摄、编辑，并可在社交媒体平台上实时分享和互动的新型视频形式。[①]

第一，短视频集声音、文字、图片、视频于一体。短时间内，可以快速将新闻事件发生现场情况拍摄、编辑并上传至移动终端。受众通过智能手机、平板或笔记本电脑等移动电子设备，可以随时、随地自由了解新闻资讯。因其时长短、制作便捷、更新速度快、适合碎片化裂变化传播、用户交互性属性强等特点，深得受众喜爱，并积累了一定数量的受众群体。与传播媒体相比，短视频短小精悍，在图文更替的过程中，视频所要传达的信息一览无余。

---

① 刘晓东，司凯威. 短视频网络传播情况与发展趋势研究［J］. 广播电视信息，2018（08）：77-79.

第二，短视频可以即时保存、实时分享，适应快节奏的都市生活，人们可以利用各种闲暇时间浏览、回看视频内容，增加了短视频的传播效果。最重要的一点是，短视频的出现打破了受众人群的年龄层级及受教育程度的限制，即使是年龄段较低、较高的用户或受教育程度偏低的用户，也可以通过短视频中的声音、图片了解视频大概内容，当然，这也是为什么短视频在当今生活中备受追捧的原因之一。

纵观当前国内外互联网行业市场，不难发现，不同短视频应用的内容、受众定位也不尽相同。第一类是围绕社交属性运营的短视频应用，具体包括快手、抖音、火山视频、一直播等。第二类是围绕资讯内容属性运营的短视频应用，具体包括梨视频、澎湃视频、人民视频等。第三类是围绕技术属性运营的短视频应用，具体包括VUE、配音秀等。

2. 短视频传播特点

手机网民规模的扩大，无疑为短视频应用提供了更为巨大的潜在数量用户群体，短视频也成为当之无愧的新型传播媒介。短视频传播特点总结如下：

（1）短视频的播报时间较为简短

短视频内容时长多在3~5分钟内，最长在10分钟以内播放完成。在移动互联网的大环境下，用户只要手持一部手机，就可以随时随地对短视频内容进行阅读。当今社会，人们的学习、工作、生活压力较大，一天的忙碌休息之余，很难再投入大量的时间、精力进行文字阅读。所以，短视频的出现一是改变了人们的阅读方式。即无需全神贯注的阅读每一行文字来获知信息，通过浏览图片、字幕、视频片段即可了解视频内容。二是由于短视频内容时长相对简短，用户可以利用"碎片般的"空闲时间观看浏览，也更好地契合了人们的快时代生活特质，受到了用户的支持和喜爱。例如，当下较为流行的快手、抖音APP，平均每个短视频长度不超过20秒，但仅仅在这不超过20秒的视频中却能传递丰富的内容资讯，引发众多粉丝热议。

（2）短视频更新速度快

短视频内容更新速度快，具有即时传播的特点，其制作与传播过程之间的时间间隔几乎为零。以当下最流行最时尚的原创Vlog平台VUE为例，软件自带一系列编辑工具。大片质感的滤镜、自然亮化的美颜效果，丰富有趣的贴纸、不同风格的音乐和字体素材，完全"傻瓜自助式"的协助用户制作高质量的Vlog。即使第一次上手也不用担心，操作界面简单易学，拍好图片和视频就能一键式剪辑成一个Vlog。制作完毕后，可以选择保存视频至本地图库、社区私密聊天平台或一键转发至微信、微博、QQ空间的个人主页中。视频的编辑与更新接连完成无需等待，大大地增加了短视频的传播速度与效果。

再相对于传统媒体单位拿到信息素材后，通常要经过分配记者—记者前往现场—采访—拍照—后期编辑—印刷—出版等一系列步骤，才能将信息传递给受众，短视频的制作、编辑、上传速度和效率优势更是体现得淋漓尽致。利用短视频应用平台发布视频，受众也无需漫长的等待，可以在 24 个小时中全天候获取自己想了解的信息，对自己喜爱的视频博主进行实时追踪。

（3）短视频的内容生产以 UGC 为主，PGC 为辅

短视频内容生产方式大多以 UGC+PGC 模式进行。根据短视频的分类，我们不难发现，围绕社交属性运营的短视频应用，如快手、抖音、一直播等应用多为 UGC 模式进行内容生产。用户可以自己根据自身特点、个性，拍摄原创视频内容。

围绕资讯内容属性运营的短视频应用，具体包括梨视频、澎湃视频、人民视频等，多为 UGC+PGC 模式进行内容生产。以梨视频为例，为使平台内的新闻信息能够更迅速准确地发布，应用上线前夕，梨视频团队就专门聘请了全国各地近三千名拍客为其捕捉、拍摄视频素材。而当应用运行稳定并吸引了大批用户以后，梨视频组建的专业编辑团队正式上线，开始对用户收集到的大量素材进行专业化的编辑，深度挖掘素材背后的故事，极大地提升了用户的阅读兴趣，从而增加了用户黏度。

（4）短视频较为适合碎片化传播

近十年来，随着互联网和移动智能应用突飞猛进般的发展，碎片化信息时代走进人们身边。目前，人们通过互联网阅读、浏览、了解当今世界每一天的发展和进步。一方面，人们能够利用相对较少的时间获取相对完整的信息，提升阅读效率；另一方面，信息的不完整性往往会直接影响受众的思考和判断，并且带来知识体系的空缺。短视频的出现，不仅利于受众及时利用较短时间获知自己想知道的信息，更能弥补因阅读信息的不完整出现的思考判断偏差。现代人们生活压力较大，无法利用大量的时间获取新闻讯息或是娱乐资讯，所以我们经常可在"手机依赖症"人群不断攀升的今天，地铁、公交随时都能看见人们手持手机获取资讯的画面。而短视频凭借时长短可以迅速吸引用户的关注，完成信息的获取。

（5）短视频与受众互动方式更为便捷

短视频这一新型媒介形式的出现，使平台与受众互动方式更为便捷。主要表现在以下三个方面：第一，受众参与性提升。短视频"一键式"编辑方式，提升了受众参与制作编辑视频的热情。简单的操作界面，便捷的操作方法，使各个年龄段的受众都能轻松上手，发布身边新鲜事，在一定程度上也增加了用户体验应用的乐趣。第二，受众自身有着强烈

的社交需求，乐于分享身边发生的新鲜事。现代人生活压力较大，内心难免会存在孤单、寂寞，社交软件的出现可以大大排遣人们生活中的苦闷心情。在分享自我信息的同时，也可以通过观看其他网友发布的视频内容排遣自己的心情。同时，短视频还支持转发、点赞、评论等一系列功能，大家可以针对视频内容各抒己见，实时沟通，碰撞思维的火花。平台可以通过用户经常浏览的视频内容进行兴趣分类，通过设置关键词和"我的喜爱"，APP 随即将根据设置自动生成用户喜爱的内容和频道，即时即刻地为受众提供他们需要的新视频内容，极大力度地满足受众的要求。为了更精准地满足受众的需求，部分 APP 更是加快版本更新的速度，及时优化软件运行存在的问题，推出操作更加快捷的新功能供用户选择。

（二）融媒体时代我国短视频新闻的兴起

依托移动互联网信息技术和移动客户端技术的发展，我国已经成功向 Web3.0 时代迈进。也就是说，Web3.0 的出现标志着网站内的信息可以直接和其他网站进行数据交流互动。正因如此，社会生产力的大幅度提升和互联网信息技术的升级革新才更加紧密相连。于是，新媒体的出现正式开启了融媒体时代的新篇章。

"融媒体"是全面集合了媒介载体，集合报纸、广播、电视等传统媒体的共同点，又存在互补性的不同媒体，在人力、内容、宣传等方面进行全面整合，实现"资源通融、内容兼融、宣传互融、宣传融合、利益共融"的新型媒体。了解融媒体时代的特点，有助于传统媒体的整合与转型，而把握了融媒体时代的发展趋势，媒介平台才能立于不败之地。融媒体时代的特点可以简述为以下三点：互动性，媒介平台采用多种播报形式，通过技术手段增加与用户之间的互动交流，使用户更加具有身临其境的"体验性"；个性化，"权威发布"被个性化重新定义，有思想、有传播能力的"网红"成为舆情中心；全媒体性，新媒体与传统媒体相互依存而不是取代，形成更为立体的全方位多视角播报矩阵。伴随着融媒体时代的到来，我国短视频新闻逐渐走进大家的视野，充当起了一定的"新闻宣传员"的身份。

短视频新闻是移动短视频的一种类型，它的视频内容具有新闻属性，时长一般从几秒到数分钟之内，是一种可以在移动客户端或各社交媒体观看、评论和分享的短视频形式。与短视频相同的地方是，二者都是通过视频为载体进行传播。而与之不同的是，短视频新闻拥有其自身独特的特质——新闻性。从短视频新闻的内容层面来看，短视频新闻播报的内容是与正在发生的新闻事件息息相关，具体可以包括用户自身经历的突发事件、社会事件等。在播报新闻时,短视频平台均秉持着基于新闻事件本身的编播原则。从短视频新闻的功能层面来看,其最突出的功能就是向用户传递可靠、真实的新闻信息。所以,短视频新闻在采集素材时要保证素材的可利用性,经编辑对素材进行梳理后,发布至平台供受众获取信息,起到引导舆论的效果。

2006年我国短视频行业取得了突破性的进展。在这一年里,用户的智能手机的应用商店里同时上新了多款短视频应用软件,并迅速吸引了一大批忠实的用户群。2006~2014年间短视频经过不断的发展更迭,短视频新闻正式走进大众视野。2014年是我国全面深化改革"元年",在两会召开的过程中,央视网首次联合短视频平台,通过秒拍、微视向公众直播两会盛况。在这些短视频平台中,网友可以发布"两会心愿""两会提议"主题视频,实时参与两会讨论,实现公民参与议政的权利。2015年5月,"今日头条"APP入驻短视频市场,视频播报时长多控制在5~10分钟。APP上线以来,曾实现日均视频播放量高达15亿次的好成绩。目前,今日头条已经成为国内最大的短视频平台之一。2016年11月,梨视频正式发布,视频时长多控制在30秒~5分钟之间。

产品的先锋军,个性化的需求梨视频尤其注重对视频内容的编辑审核。

作为资讯阅读类短视频为了更好地为受众提供梨视频地运动团队着力对资讯版块进行统一整改。推出"微辣Video"、"冷面""风声视频"等频道。用户可根据自己的喜好自行点击不同风格的资讯栏中进行视频速览。为了进一步提升短视频新闻播报速度,梨视频在世界各国区域签约了大量"拍客","拍客"的加入也更好地助力了梨视频团队的发展。

(三)融媒体时代我国短视频新闻发展现状分析

近两年,我国短视频应用平台取得了良好的成绩,用户数量及其知度性都在不断增长,短视频平台融资案例频繁。其中,米画视频完成3500万A轮融资;一条视频完成4000万C轮融资;快手完成3.5亿美元D轮融资;梨视频更是率先达到7.16亿美元A轮融资。短视频平台的成功融资案例,也在一定程度暗示着短视频新闻行业的繁荣。

各大短视频新闻平台凭借各自掌握的资源优势,为受众带来丰富的视频内容。2018年10月30日,共青团中央官方抖音账号对我国当代武侠小说作家金庸先生去世这一消息进行了报道。视频内容多为金庸先生的生活照片,此视频当日浏览数量达至千万。《人民日报》官方微博账号推出"主播说联播"系列短视频。

通过新闻主播简短的播报,在对新闻信息播报的同时进行新闻评论,一度引发受众的热议,频频登上微博热搜。梨视频凭借数量巨大的拍客群体,依据拍客的户籍所在地,设置了"梨四川""梨贵州""梨济南"等多个视频主题。用户可以依据自己的生源地点击相应的"梨区域",随时掌握本地生活资讯。

除此之外,主流媒体也不断拓展了短视频新闻业务品牌。例如,新华社网络电视在2015年11月于各大应用市场上线首款短视频新闻客户端《新华15秒》。《新华15秒》依托新华社客观权威的全球新闻报道资源,旨在利用15秒的黄金阅读时间让用户迅速、直观获取全球新闻资讯。与此同时,平台设置直播平台,24小时内全天滚动播报,引发业内关注。新京报与腾讯新闻通力合作推出《我们视频》。

《我们视频》成立两年来,迅速成长,扩大了用户群体,在行业内外赢得了一致好评,并在时政资讯类视频新闻领域取得了令人欣喜的成绩。澎湃新闻开辟"澎湃视频"版块,设置视频、时事、财经、思想、问政、生活等十余个分类主题频道,供受众自主选择感兴趣的话题进行阅读。人民网于2018年3月推出了直播短视频交互式客户端《人民视频》,其内容主要依托《人民日报》融媒体资源,其主要服务内容涵盖手机直播、新闻短视频等。

二、融媒体时代我国短视频新闻传播特征分析

通过对我国短视频新闻应用案例的研究,融媒体时代我国短视频新闻传播的特点可总结为以下五点:

(一)短视频新闻的播报速度快

相对比传统媒体来讲,短视频新闻在新闻播报的过程中具有播报速度快的特点。首先,移动客户端功能的普及,为用户自主编辑发布短视频新闻创造了条件。在"人人都是新闻记者"的时代,用户掌握着新闻发布的主动权。通过微信、"拍客"微博、微视进行短视频拍摄,记录身边的"新鲜事",每个人都可以越是往往不经意的拍摄所记录下来的素材就可能包含着一定的新闻性,播报速度也必将快于其他传统媒体,短视频新闻平台内容生产多采用"UGC+PGC"模式。世界各地无时无刻不在为短视频新闻平台提供新闻素材。"拍客对新闻现场的情况进行摄录,为受众还原了新闻事实,传递了正确、在第一时间有价值的新闻信息。而后经过新闻采编团队的再次编辑审核,短视频新闻就再次展现在了受众眼前。最后相对于传统媒体烦琐复杂的新闻制作"采、编、播"流程,短视频新闻制作模式较为单一、快捷,在收集到新闻素材后,可以快速利用视频编辑软件对拍摄画面进行剪辑,搭配采访时的对话字幕或适当字数的解说文字,一则短视频新闻就可以顺利输

出至移动客户端，方便用户及时阅读浏览。正由于短视频新闻播报速度较传统媒体更为迅速，才引发了用户的关注，从而便于积累用户群体。

（二）短视频新闻的内容涵盖丰富

尽管短视频新闻多在五分钟以内，然而播报内容却涵盖丰富。通过这短短几分钟的短视频新闻，受众除对新闻事件发展有了基本的了解外，还可以通过与涉事人员或其家属朋友的采访对话，更为深入地了解新闻事件的本质及走向，甚至可以通过旁观者的对新闻事件的看法在一定程度上引导受众的舆论走向，实现新闻信息的二次发酵，引发关注。

例如，2018年4月1日，微博大V@长春饭店小奶油发布了一则短视频新闻，视频内容为城管中队正在拆除文化广场鸽子楼。文化广场鸽子楼近159.4平方米，共容纳鸽子1300只。作为长春居民心中的地标建筑存在已有二十年历史，附近居民在闲暇时间都会主动投食喂养这些鸽子。视频一经发布，长春本地居民纷纷前往现场了解实情。得知鸽子楼属于违章建筑，且没有任何审批手续不符合相关规定，所以必须拆除的实情后，不少居民表示难过惋惜。视频首先通过搭配字幕及现场拆除鸽子楼图片来播报这则新闻事件，接着对鸽子楼的历史进行简要介绍，而后对负责拆除鸽子楼的城管所相关工作人员进行采访，便于受众了解拆除鸽子楼的原因。最后对围观群众进行采访，倾听公民对于拆除鸽子楼的看法和声音。用户在浏览完这则短视频新闻后，不仅可以获知整个新闻事件的发生原因、发展进程，还可以了解当地居民对此事的态度和看法，这与传统媒体只是利用文字或者图片报道取得的播报效果是完全不同的。

（三）短视频新闻的叙事方式更为简洁

短视频新闻叙事方式更为简洁，便于受众迅速接收、获取自己感兴趣的内容。短视频新闻的开篇主要通过"字幕+图片+配乐"对新闻事件进行整体的回顾，而后，通过采访新闻事件当事人，帮助受众更深一步了解新闻事实。最后通过视频素材对新闻事件进行总结，并在视频左下角标注视频来源、采编记者等信息。由于短视频新闻时长较短，所以其视频画面甚至可以不需要进行镜头内部蒙太奇的调度就可以完成。受众的关注点并不在镜头的技巧运用，而是在于视频内容是否具有观看兴趣。只要出现一个有趣的关注点，就会引发受众关注从而传播推广。

除此之外，短视频的叙事形式也符合着人们的心理需求，为了使人们的注意力集中在屏幕上，编辑团队在编辑视频的过程中会选择恰如其分的音乐，这样伴随着音乐的渲染，人们的情绪也更容易被唤起。以防人们对视频内容进行误读，屏幕的各个位置均增添字幕解释，对于格外突出的信息，字幕的颜色会随时调整，让人们对新闻事件的发生进展一目了然。

新冠肺炎蔓延期间，世界各地都受到不同程度的影响。新闻讯息铺天盖地般向受众袭来，使受众应接不暇眼花缭乱。所以，叙事方式更为方式更为简洁的短视频新闻就显得格外突出，它不仅可以让受众对新闻讯息一目了然，更能通过字幕等标识标记关键词，方便大众记忆。以人民日报微博账号3月2日发布的一条题为《法国卢浮宫受疫情影响关闭》的短视频为例，该视频内容主要介绍卢浮宫受疫情影响推迟开放，但法国当地疫情感染情况、卢浮宫开放时间等关键信息都用黄色字幕标注，方便受众在最短时间获知新闻讯息。

（四）短视频新闻的受众参与性强

短视频新闻无论是从制作层面，还是传播层面来讲受众参与性都极强。新闻事件的发生具有瞬间性，在突发新闻事件中，专业新闻采编团队无法第一时间赶往新闻现场，而碰巧经过新闻现场的受众，此时此刻就化身为"拍客"，用iPad、手机等移动设备对新闻现场进行拍摄。从短视频新闻制作层面来讲，"拍客"拍摄到的素材可以最大限度、真实地为受众还原新闻事件。此刻的受众已经不单单是接受新闻信息的人，而是采编新闻信息的人了。例如：3月8日，梨视频上传了一则《男子科目三没过，地上打滚崩溃大哭》的短视频新闻，播报的是河南一男子因无法接受自己科目三考试未通过，情绪崩溃随即在地上打滚崩溃的事件。

视频拍摄者就是该男子的行车教练，教练后期在采访中谈道："一开始并没有想拍摄视频的念头，但实在被该男子的行为惹得哭笑不得，于是记录下来与家人朋友分享。"由此可见，往往就是不经意拍摄的内容，就蕴含了事件的新闻性，再加以专业新闻采编团队的编辑加工，一条短视频新闻就呈现在用户的面前了。

从传播层面来讲，受众的参与程度直接决定新闻信息的再次发酵。短视频新闻平台上传更新的内容都设有一键转发、点赞、评论的功能。用户可以将自己感兴趣的短视频新闻一键转发至微信、微博、QQ空间等平台，让更多用户进行观看。除此之外，用户可以对自己感兴趣、喜爱的短视频新闻随手点赞、留言。通过评论区的互动，用户可以发表自己的看法并与其他用户沟通交流，在一定程度上，评论区的评论也可以引领一定的舆论方向。4月12日，梨视频发表一则名为《失聪姑娘帮人"复制"爱宠，留住回忆》的短视频新闻。视频内容主要讲述失聪姑娘李晓鸣为很多养宠物的市民按照其爱宠的样子制作玩偶，让宠物能一直陪在自己身边的故事。视频一经发出，点赞评论数就上升到梨视频搜索榜前 10 名，网友纷纷在评论区评论"求购买联系方式""为失聪女孩点赞"等内容。用户观看完这则短视频内容是，打开评论，会在潜移默化中被评论区的内容所影响，从而发表自己的舆论。

(五) 短视频新闻接收信息的方式便捷

智能手机的普及改变了受众接收信息的方式，用户可以随时随地打开新闻客户端获取新闻信息。纵观如今受众的网络社交生活，短视频已经可以成为受众最喜欢的新闻信息接收途径。在日常生活中，我们也可以在咖啡厅、地铁站等地见到捧着手机观看短视频的人们。资料显示，每天花费一定量的时间浏览短视频已经成为受众的日常习惯，每天花费一个小时以上浏览短视频的网民数量占到网民数量的六成，这庞大的数字群就凸显出"看短视频"已然成为人们日常生活的一部分。在"浅阅读时代"，短视频新闻在内容制作和叙事方式也相对迎合受众口味，得到了受众的青睐。开通并设置短视频软件消息权限，视频推送消息会显示在手机锁屏键，只要用户点击手机屏幕，就可看到新闻标题信息等关键句。其中，以梨视频、澎湃视频等为代表的短视频新闻资讯平台，均在短时间内火爆网络，平台上的各类短视频通过微信群、朋友圈等途径不断传播。用户接收信息的方式"随意"了，阅读习惯也会随之养成。除此之外，短视频客户端还会根据用户的阅读兴趣及习惯，为用户提供个性化服务，"刻意"推送符合用户阅读口味的短视频新闻，增加其短视频新闻的传播影响力。用户在应用平台注册登录后，系统还会自动发送给用户是否允许应用平台给用户定期推送通知的申请，用户一旦同意，系统就会定时定点地为用户推送新闻信息，同时依据用户的定位信息，推送本地资讯，这样用户就不用担心错过自己感兴趣的新闻信息了。

三、短视频新闻的发展趋势展望

(一) 高品质

最近，德州大学学者 Peter S. Chen 和 2 名美国学者一起发表论文表明：画面清晰度和内容含量决定第一印象，受众不会喜欢既缺乏内容，清晰度又不高，又没有任何愉悦感的视频。较长的短视频时长维持在两分钟左右是最符合的，而较短的视频却是 24s 更加合适；受众更倾向于长且高质量、或者短且高清晰度的视频。

很多媒体早已着手制作高品质的新闻短视频。例如，2014年英国广播公司在Instagram应用设置了"bbcnews"账号，把短视频时长限定在15秒；2015年6月，《华盛顿邮报》在放弃"在线直播"方式后，转向到"定制视频"，用原创类高清视频代替原创类高清直播；而Facebook通过全景式视角去制作高质量短视频，在其应用中发布了《星球大战》电影中一条360°的视频短片。在观看这则视频的同时，还可以通过控制鼠标进行画面拉动，使受众能从多个角度观看视频。而在移动端，可以直接通过晃动手机去切换画面的角度，这种全景式画面的新样式为Facebook取得了极大的胜利。

对于我国大部分的新闻短视频来讲，将来更需要的是画面高清晰、内容高质量的短视频信息，然而怎么使大部分以UGC为重点目标群体的短视频分享应用生产更多优质的视频内容？是否需要专业媒体从业者进入短视频分享应用的领域去生产新闻视频？这是当今国内短视频应用平台面临的一个难点，也是短视频新闻行业面临的重要抉择。

（二）动画视频，创新单一短视频模式

原始的视频片段在经过编辑、美化后制作而成，而对绝大部分新闻短视频而言，单调的传统视频形式已无法满足广大用户的需求。为了突出差异化，媒体短视频新闻创作者应当寻求出更具新意的模式去报道新闻。因此动画视频开始变成了这种新的短视频形式，用动画的愉悦感使短视频新闻的严肃立即到缓和，除此之外动画中可以以文字和图片等方式把视频中的核心内容清晰提炼出来，或者对专有名词予以解释，这些均可以增加短视频内容含量。

在国外已经有很多短视频逐渐着手以"动画+视频"的方式去展示新闻内容。2015年英国大选期间，美国新闻博客Mashable便用乐高积木的模型去呈现会议投票的过程，推出了一条独特的动画短视频新闻。除此之外，该网站还推出了《拉卡城内的故事》，利用动画形式还原被某国控制的卡拉城里的现实状况。而我国，飞碟视界传媒科技有限公司推出的《飞碟一分钟》也是利用动画模式，筛选出国内近期的热门新闻，在一分钟的时间内进行阐释和点评。2015年，新华社新媒体中心通过习近平主席访美的旅途，推出了名叫《"剧透"习大大美国七日行》的短视频系列。用生动直白的网络语言阐述出与其相关的内容，引起了广大网民的关注。在今后，加入了动画效果的短视频内容可能将有两个发展趋势：其一和新闻游戏相结合，增加视频新闻的代入感，让受众体验更为强烈；其二伴随着可穿戴设备和虚拟现实技术（计算机仿真系统）的快速发展，虚拟现实作品将来可能可以和短视频相融合。

（三）更加注重 UGC 短视频在突发事件中的作用

国内大部分移动短视频以社交为主要目的，转发和分享需要依靠社交平台。短视频分享应用有着低门槛、低成本的优势，所以通常在重大新闻事件或突发事件中，地域较为接近的网络用户可以利用智能手机以最快的速度把现场画面分享到社交应用中。

实际上，在 CNN 美国有线电视新闻网"我报道"的新闻理念和 UGC 短视频的理念相类似。大部分依托用户使新闻现场、新闻事件得以更为充分的还原，同时加大素材搜集等，再经过新闻媒体的确定、选择、编辑等流程，最后推出一系列全景式、接地气的新闻。由于短视频时间长度短，又以超链接、嵌入的方式展现，相较于文字、图片等形式更为直观，再加上本身就带着声音和画面，在很大程度上把新闻事件呈现出来。这不但可以最快速度地把紧急情况展现给媒体组织和应急救援队等，使得事件得到较快解决。除此之外还能为新闻从业者提供不同角度的视频资源，把事件全面直观地展示在广大受众面前，所以 UGC 短视频在重大突发事件的传播、事件的快速解决中有着极大的作用。

短视频应用为新闻传播提供了一种崭新的方式。就新闻媒体来说，短视频社交工具不单是一个新兴的内容发布应用，也是媒体扩大用户接触面、完成内容多处落地、延伸品牌影响力的有效途径。当前，媒体组织对短视频工具的运用还在起步阶段，日后各大传统媒体或许选择以短视频的新方式把更多的新闻现场报道呈现给大众。对纸质媒体来说是极为关键的，这能够完善穿透纸质媒体在视频传播方面的不足之处。即使短视频的时间长度仅有短短几秒或几十秒，但将零碎的短视频片段的剪辑在一起，就能呈现出一种新的、直观的、全景式图景。

即使社会化媒体均具有"社交""媒体"这二种属性，然而平台不一样，其倾向性也有很大不同。例如，新浪具有偏向媒体的基因，它的微博亦是偏向媒体的；而倾向社交的腾讯，在旗下的微信应用上，依然保持着它的社交属性。

社会化媒体获得成功的原因主要在于其清晰的属性取向。而在国内，短视频应用在属性取向上有些模糊，应该此后的发展中有所偏重。

短视频应用也属于社会化媒体类型，和微博特点有很多相同之处，两者均秉承着同样的理念：信息的时效性、传递性加上基于时效、可传递信息组建的非静态信息传播网络。除此之外，短视频应用也是依托弱连带关系。根据美国社会学家格兰诺维特的"弱连带优势"理论，相比强连带关系，弱连带性能传播效果更为高效。因此，短视频应用的发展重点应在媒体属性上，发挥其在新闻传播上的功能，而这也不代表着能够忽视它的社交属性。在互联网新时期，内容为王关系为后，关系作为主要的生产力，带动着信息内容的产生和传播，而关系流亦变成信息内容流动的必备设备。媒体组织在通过短视频工具进行新闻报道的同时，应该和受众搭建起良好的关系，让"关系网络"和"内容网络"得到更深层次的结合。

本章小结

互联网覆盖范围的扩大、网络通信技术的进步，推动了传媒行业的多元化发展。根据我国当前的新闻传播平台调查显示，新闻传播平台的数量和类别逐渐增多，包括传统的电视媒介，还包括APP、客户端软件、社交平台、门户网站等多种平台，多样的平台在新闻平台传播具有不同的特点，用户类别的差异、新闻信息以及传播方式的不同都是其各自的特点，传统的电视新闻传播面临此种情况也处于不断的发展和适应过程中。未来，互联网的飞速发展必然带来媒介融合趋势的加快，那么对于新闻传播平台来讲，其必然也会处于不断增加和淘汰的市场竞争中。因此，未来新闻传播的平台需要不断进行融合，包括信息融合、功能交融和平台交融，使观看新闻的用户不断增加，才能保证其市场份额。除此之外，发展至今，手机已经成为我们的生活必需品，因此，未来的新闻传播也需要和手机结合，人们观看新闻更为便捷，新闻传播的受众范围自然也更加广泛，自然而然有利于促进新闻行业的发展。

第五章 媒介融合时代媒介的发展趋势

人们正在卷入一场全球性的从模拟技术到数字技术的重大技术变革中，数字技术正在深刻地改变着我们的工作方式和生活方式。新闻传播产业自然也深受影响，特别是在传播媒介上，除了传统的纸质媒介、电子媒介之外，还出现了很多新媒体，它们在对传统媒介造成极大威胁的同时，又凭借数字技术和多媒体技术的广泛应用使新闻传播媒介之间的界限慢慢模糊，并且呈现出融合的趋势。

第一节 媒介融合时代报纸媒体的发展趋势

纸质媒介也称为印刷媒介，它包括书籍、报、刊、小册子、广告传单等，是所有以印刷为复制手段的媒介。

一、纸质媒介的分类

（一）书籍

书籍（这里的书籍也包括使用各种材料的、刊载文字图画等各种符号的装订册）最早出现于中国，由于中国最早有印刷术。欧洲印刷术起初也是用于印制书籍，传播思想和知识，推动了文化和教育的发展，促进了文艺复兴和思想启蒙运动的爆发。

与其他印刷媒介相比，书籍容量大，内容专，既适于传播系统化的知识，又便于探讨深奥的理论，还有保存和查阅方便的长处。但书籍出版周期长，成本高，广告少，价格贵，所以书籍不宜刊载时效性强的内容。

(二) 报纸

报纸的出现，意味着人类新闻事业的开端。报纸作为最早的大众新闻传媒，是资本主义经济发展到一定历史阶段的产物。世界上早期的报纸多为周报，如德国于1609年创办的《通告、报道与新闻报》、1615年创办的《法兰克福新闻》均为周报。1815年，中国第一份近代报刊《察世俗每月统计传》在马六甲海峡出版。在中国境内创办的第一种中文报纸则是瓦剌报馆于1858年初创办的《香港船头货价纸》。1925年，中国共产党创办了第一张日报《热血日报》。

20世纪初期，新科技革命带来了广播电台和电视台，彻底改变了新闻传播媒介的整体格局，出现了报纸、广播和电视三分天下的局面，人类新闻事业从此进入现代新闻事业阶段。在这一时期，报纸不仅受到了其他新闻传播媒介竞争的挑战，自身也发生了很大变化，具体表现在商业化报纸的大量出现、更大程度的社会化以及垄断趋势的日益加强，而这也成为现代报业的主要标志。

总之，报纸是人类新闻传播活动中非常重要的产物。在印刷术没有出现以前，古人是通过手抄文字进行传播交流的，虽然手抄文字比之前的口语传播有所进步，但仍然无法克服其局限性和弊端。例如手抄文字需要人工抄写，所以传递信息速度缓慢，无法批量传播，所以导致其传播范围狭窄，传播信息量有限。印刷术的出现催生了报纸的诞生，报纸以其独特的技术优势克服了手抄文字传播阶段的不足，形成了自己的特点。

1. 报纸的优势分析

报纸作为现代社会生活举足轻重的新闻传播媒介之一，与广播、电视与互联网相比，有着独特的优势和特点。

第一，报纸易保存，有利于流传后世。手抄文字时期，人们为传递信息，采用很多传播载体。在我国古代，相继出现的文字记录载体就有甲骨、青铜器、石刻、简册、锦帛、纸等。这些载体有的价格昂贵，有的体积庞大，并且很多材料无法长久保存下去，流传范围有限。报纸则有轻薄、价廉的优点，特别是后来印刷术的出现使文字一般不容易褪去，容易保存，甚至能流传给子孙后代。

第二，报纸刊载的新闻具有深广性。报纸的报道内容既可简明扼要、点到为止，又可以详尽分析，展开述评，体裁也包罗万象。

第三，报纸的阅读率比较高。报纸具有稳定的物质形态，以纸张作为载体，文字记录信息，读者看得见、摸得着。相比较于口耳传播，信息能够以确定的形式被记录下来，可以被反复阅读，甚至作为资料收藏，多年之后依旧具有阅读价值。麦克卢汉曾说，报纸就像口香糖一样，具有反复品味的魅力。除此之外，报纸价格低廉，又多以散页形式呈现，便于分享，传阅率较高。

第四，报纸携带方便，随时随地可以接收信息。报纸不受时空范围的限制，读报时间和读报地点可以由读者自由掌握和控制。读者可以在地铁、办公室、家里、公园里读报，可以在一天之中的任何空闲时间读报，在这一点上读者的主动性很强。

第五，报纸的阅读选择相对较为自由。报纸是非线性的传播模式，一份报纸在手，受众对于某个版块、某篇报道，可以选择看或不看、先看或是后看、详看或是略看，受众不需要根据编辑的思路，顺着他人安排的路径去接收信息，也不必去看大量不感兴趣的版面，没有时间的限制，甚至可以将报纸寄存，等闲下来之后再安排时间阅读。相比较于稍纵即逝、无法避开广告的广播电视来说，报纸对于读者在阅读体验上的感受要好得多。

2. 报纸的局限性分析

随着科学技术的进步以及人类新闻传播事业的发展，在报纸之后出现了广播电台、电视台和互联网等传媒，和这些大众传媒相比，报纸存在一定的局限性和弱点。

第一，报纸对读者的文化程度要求高。报纸是以印刷文字的形式向读者传递新闻信息的媒介，这意味着它对读者的文化素质有一定的要求。没有接受过教育，目不识丁的受众是无法阅读报纸的，而文化水平较低的读者可能会对报纸上的信息出现误读、错读的问题，最终导致新闻传播没有朝传播者预期的方向发展。所以报纸的受众必须接受过一定的教育，并且对报纸传递的新闻信息有能力正确理解。

第二，报纸与电视的声像一体化相比，略显枯燥。报纸传播新闻信息的方式是依靠文字和图片，内容呈现渠道比较单一，相对于电视的声形并茂来说，显得过于静态和枯燥，倘若信息量相同，受众自然愿意选择声像俱美的电视传媒。

第三，报纸的时效性偏弱，传播不够广泛。和手抄时期传播比，印刷报纸突破了时空限制，能够在较短时间内把大量信息传播到千家万户。而广播电台、电视台、互联网在时效性上更加迅捷，现场直播、实况播映等方式使受众能在第一时间清晰地感受到来自世界各地的重大新闻事件。相比之下，报纸受到工作程序的影响，不可能实现现场直播，所以在时效性和传播范围上面的优势并不明显。

第四，报纸的容量稍显不足。报纸的容量很大，但是要受到版面空间的限制，而网络有无限宽广的内容空间。

第五，报纸和网络相比，互动性不够强。报纸和读者之间的联系，可以通过读者来信、读者座谈等形式实现，报社编辑部通常通过这些形式来接收反馈信息，以便更好地调整自己的版面和报道内容，但这种方式耗时长久，并且效果不是很好。尤其和双向互动性非常强的网络媒介相比，报纸传、受双方的互动性并不强。

（三）期刊

期刊又被称为杂志，有一定的刊名，连续出版。出版周期一般在一星期或以上，一年之内。期刊的出版周期比报纸长，在时效上不如报纸，但期刊时间的相对充裕使其对同一事件的材料收集和分析、写作，可以更充分、深入、精到。在报纸进入"厚报时代"以后，期刊的这些长处又日益被厚报吸纳。但期刊仍可利用其受众面窄、针对性强、内容选择精、日刷质量高、保存和查阅方便等特点，保持相对优势并开辟新的领域。

在国外，杂志细分的特点非常突出。例如，女性杂志年龄段可以细分到 3~5 岁，有专门为 17 岁少女编的刊物就叫《17 岁》，还有专门为职业单身母亲编的 *Working Single Mother*。杂交也是期刊的细分方法之一，例如健康与美容、美食结合，文学与时尚结合。

二、书、报、刊三类纸质媒介的比较分析

（一）形式方面的比较

版面报纸大，期刊中，书籍小。但书籍页码多、容量大。报纸一般为散页不装订，期刊简单装订，书籍装订精细。印刷上报纸粗糙，期刊精致，书籍一般。版面上报纸灵活，期刊美观，书籍庄重。出版周期报纸短，期刊中，书籍长。这对内容的影响最大。

（二）内容方面的比较

内容种类上，单个媒介中报纸新、广、杂，连续性强，期刊次之，书籍更次之。然而对同一内容，书籍专、深、全，期刊次之，报纸更次之。

书籍的出版周期较长，不便于刊载时事新闻和评论。期刊的周期比报纸长，绝大多数期刊是非新闻性的，新闻性的内容也主要为深度报道和评论。报纸则一般以新闻和时事评论为重要内容。

广告也是重要内容。有些读者还为了看分类广告而买报纸。报纸上广告多，期刊次之，书籍更次之。报纸出版快、制作容易，广告发布及时、成本低。报纸版面大，适合作文字说明。报纸区域性强，适宜刊登针对特定地区的分类广告、促销广告等。期刊的纸张

和印刷质量好，广告画面清晰漂亮，适合树立企业和产品形象。书籍的出版时间长，读者单一，故一般没有广告，或仅刊登一些相关书籍的广告。

（三）使用方面的比较

价格报纸最便宜，期刊次之，书籍更次之。因而报纸的读者面宽，期刊次之，书籍更次之。这也反映在发行量上。书籍便于保存和查阅，期刊次之，报纸更次之。

三、媒介融合时代的纸质媒介

当年电子媒介出现时，就有言论预测纸质媒介将要消亡。新媒体出现之后，这个论断又再次被提起，然而直到现在，报纸、期刊等纸质媒介仍然存在，虽然销量有所减少，但至少当前还不用担心消亡的问题。

传统报纸的劣势在于，囿于截稿时间和排版、印刷等环节，新闻传播的时效性较差。新闻信息只能通过文字、图片等静态符号来展现，现场感、生动性不够。互动性表现出间接、延时的特点。互联网显然可以弥补传统报纸的弱势。这就需要报纸媒体树立开放的心态，积极与互联网展开合作，借助网络力量，提升传播能力。

（一）报网互动

"报网互动"是近几年媒介领域颇为流行的一个词。报网互动是指报纸与网络发挥各自的优势，展开多层面的合作与互动。报纸建立自己的网站，依托网络平台，优化新闻报道流程，这是报网互动的前提。报网互动主要有四个层次：其一是纯技术层面的互动，即报纸利用网络平台发布信息产品，这也是最为初级的报网互动。其二是内容层面的互动，即新闻生产环节的互动，这是报网互动当中最核心的内容。其三是发行、广告层面的互动。其四是品牌层面的互动，包括大型媒体活动中的报网互动，以及媒体品牌传播、体制创新中的报网互动，其建立在前面三个层次的基础之上。

（二）全媒体再造

网络技术和新媒体的发展使媒介呈现融合的趋势。不少传统媒介在转型的过程中，提出了"全媒体"的概念。全媒体，顾名思义，即突破媒介界限，建立在整合和融合基础之上的，能综合运用多种表现形式进行新闻传播的综合性媒介平台。从其内涵来讲，全媒体不仅仅是指人们直接能感受到的传播内容的多媒体表现，并且应该包括全媒体观念、全媒体采编、全媒体经营等内容。

就报纸媒体而言，全媒体战略就是打破传播介质和表现形态的束缚，利用互联网、移动终端等新媒体技术，改变原有的单一纸质媒介传播方式，将新闻传播延伸至其他载体，建立组合式的、跨媒体的内容发布平台。

在全媒体理念之下，报纸记者不再只是文字记者或摄影记者，还是全媒体记者，即要能熟练使用多种采访工具、采用多种报道方式来完成报道。

除此之外，全媒体的新闻制作方式，必然要求媒介组织建立新的新闻采编流程，采集新闻素材，根据不同受众的接受特点进行加工，制作成不同的新闻产品，最后通过不同的传播渠道（媒体）传播给受众。

第二节　媒介融合时代广播电视媒体的发展趋势

一、媒介融合对广电媒体的影响分析

（一）全媒体

全媒体在英文中为"omni-media"，有研究者搜索国外相关数据库后发现，外国新闻传播学界并未将"全媒体"作为一个新闻传播学术语。全媒体的提法更多是来自我国传媒实践的总结，全媒体的概念已经融入我国传媒实践和理论研究中。

我国传媒界对全媒体的探索是一个不断深入的过程。经检索，早在1999年，我国媒体上就已经出现了全媒体的说法，当时是指让受众得到全方位的体验感受。长期以来，人们对全媒体的认识简单且片面。随着互联网的兴起，网络媒体对传统媒体的冲击日益明显，为了摆脱困境、谋求发展，传统媒体开始将"全媒体"作为应对之策。

全媒体的口号和实践最早来自报业。"全媒体"在我国首次以官方文件的形式正式提出是2006年9月颁布的《国家"十一五"时期文化发展规划纲要》和2007年11月颁布的《新闻出版业"十一五"发展规划》两个文件，两个文件确立了以"全媒体资源服务平台""全媒体经营管理技术支持平台""全媒体应用整合平台"等项目为主要内容的"国家数字复合出版系统工程"发展规划。2007年，国家新闻出版总署确定了南方报业传媒集团、中国安全生产报、烟台日报传媒集团等进行数字复合出版研发和试点，并以此为

契机启动了"全媒体数字采编发布系统工程"建设。①

2008年3月，烟台日报传媒集团组建"全媒体新闻中心"，建立集约化采集新闻素材、多渠道分发新闻资讯的传播机制，探索从传统报业向"全媒体"的转型发展。随后宁波日报、解放日报、南方都市报等先后开展了全媒体业务的探索。

在报业全媒体的启发下，广电和出版等传统媒体也逐渐向全媒体转型。2008年，中央电视台对北京奥运会的转播采取了"全媒体"传播，电视、网络、手机都成为奥运会转播的渠道，观众可以通过"全媒体"观赏奥运直播或转播。北京奥运会期间，中国广播网同步网上直播所有的奥运报道广播信号，采用了文字、图片、音视频等多种信息形态，互动点播和在线直播并举的全新报道模式，探索了广播媒体、网站媒体、电视媒体、手机媒体、平面媒体等多种信息终端的融合。② 在出版行业，电影《非诚勿扰》的同名小说《非诚勿扰》于2008年底以"全媒体出版"方式发行，不仅博取了大众的眼球，还在国内掀起全媒体出版热潮，此后，众多图书，例如《我的兄弟叫顺溜》，都采用全媒体方式出版。③

传媒业界的全媒体实践不仅开创了媒介内容生产、传播和营销的全新模式，并且逐渐改变了用户的媒介接触方式和行为习惯。相较于传媒业界的积极探索，我国全媒体的理论研究才刚刚起步，虽然研究者众多，但对全媒体的概念和内涵还缺乏统一的认识。

烟台日报传媒集团社长郑强认为，从传播渠道和载体层面而言，全媒体就是多种媒体形态的融合，它包括几乎所有的传统媒体形态，例如广播电视、报纸、网络、手机、户外媒体等。④

南京政治学院周洋认为，全媒体是传媒应用层面的概念，即综合运用文字、图片、音频、视频等各种信息形态，同时通过网络、通信等传播手段，全方位、立体地传播内容的一种新的传播形态。⑤

姚君喜与刘春娟认为，全媒体的概念可以从广义和狭义两个层面解读，广义上的全媒体是指对媒介形态、媒介生产、传播以及营销的融合应用。狭义上的全媒体则是指综合传统媒体与新兴媒体，在媒介内容生产、媒介形态、传播渠道和传播方式、媒介运营模式、

---

① 姚君喜，刘春娟."全媒体"概念辨析[J].当代传播，2010（06）：13-16.
② 罗鑫. 什么是"全媒体"[J]. 中国记者，2010（03）：82-83.
③ 罗鑫. 什么是"全媒体"[J]. 中国记者，2010（03）：82-83.
④ 吕道宁. 解读烟台日报传媒集团全媒体模式[J]. 城市党报研究，2010（02）：4-9.
⑤ 罗鑫. 什么是"全媒体"[J]. 中国记者，2010（03）：82-83.

媒介营销观念等方面的整合性运用。①

石长顺也认为全媒体分广义和狭义两种，从狭义上理解，是指所有媒介载体形式的总和。而更为广泛的认识是，随着时代的发展，越来越多的信息传播手段带来了我们获取新闻、咨询的新体验，这类新体验都可以纳入全媒体的范畴中去。②

赵允芳认为，全媒体就是在传播技术迅猛发展的环境下，对于各种媒体传播技术交融，各种媒体渠道互联互通，各种信息终端兼容以及各种媒体载体和介质的有机融合等现象的一种综合表达。③

支庭荣从媒体经营创新的角度对全媒体进行阐释，他认为全媒体是建立在数字化和网络化技术不断完善、用户群体高度互动和各类终端功能协同基础之上的传媒组织的持续经营创新。这种创新是广义的、开放式的、无止境的。过去的媒体是"万物皆备于我"，现在的媒体是"一生二，二生三，三生万物"。④

研究者从不同的角度对全媒体进行阐释，缺乏统一的概念正好说明全媒体是新生事物，还在不断的变化和发展中，尚未定型。全媒体是技术发展的产物，它是随着信息技术和通信技术的发展而出现的，全媒体不同于多媒体，也不同于跨媒体。多媒体强调的是多种信息形态的复合表达，跨媒体强调的是信息之不同种类媒体之间的协同传播。而全媒体强调的是传统媒体与网络媒体之间的融合，如果说多媒体和跨媒体是物理聚合，那么全媒体就是化学融合。由于全媒体本身还处于探索之中，所以很难给全媒体下一个确切的定义，但从全媒体发展的实践来看，全媒体至少包括三层含义：首先它是大众媒体，具有公共服务、舆论引导的媒体属性，公信力是全媒体的核心价值；其次它以传统媒体为基础，其核心业务是新闻信息传播；再次它是多种类型媒体渠道融合基础上的开放信息平台，开放信息平台是实现信息畅通无阻的流通和交换的公共空间，内容（应用、服务）的提供方与需求方在开放信息平台上匹配对接。

（二）广电全媒体

全媒体之所以还要分广电和报业，是基于当前我国传媒业的发展现状。在我国媒体行业的划分中，报纸和广播电视是分立的。虽然它们在部分业务上有交叉，但从总体上看，

---

① 姚君喜，刘春娟. "全媒体"概念辨析 [J]. 当代传播，2010（06）：13-16.
② 石长顺，唐晓丹. 全媒体语境下电视编辑的角色转型与功能拓展 [J]. 中国编辑，2009（02）：53-57.
③ 赵允芳. 全媒体时代的报业核心竞争力解读 [J]. 传媒观察，2008（12）：43-45.
④ 支庭荣. 网络聚合、社区互动与增值运营——论"全媒体"背景下的赢利模式创新 [J]. 新闻与写作，2009（11）：37-39.

二者在行业监管、内容生产、传播渠道、运营管理等方面均相对独立，所以我国传统媒体机构基本可分为两类：以报纸为核心的报业集团和以广播电视为核心的广电集团。全媒体的核心就是作为传统媒体的报纸和广电与网络新媒体融合发展，广电和报业都在寻求网络传播时代的生存空间，都在积极利用新媒体技术构建多渠道的传播格局，由于报纸和广电拥有的资源不同、传播模式不同，导致报纸全媒体和广电全媒体的发展路径、战略也不尽相同。报业全媒体和广电全媒体的区分也就有了理论和现实的意义。

所谓的广电全媒体就是指传统广电传媒在新的媒介环境下，以数字化、网络化技术为基础，以传统广电音视频传播业务为核心，在融合多种传播渠道的基础上构建开放信息平台，形成一云多屏式的新型传播格局，以提升传播效力和市场盈利能力。对于广电全媒体的认识可以进一步分解为以下四个方面：

第一，广电全媒体脱胎于传统广电传媒。这意味着广电全媒体是传统广电传媒的延伸和进化，必然带有鲜明的广电特色。广电全媒体虽然在信息传播形态上具备文字、图片、音频、影像等多种信息形态，但其优势在于音视频内容的制作和传播，广电全媒体不是要放弃音视频优势，相反是要不断加强这一优势。这也是广电全媒体区别于报业全媒体的重要特点。

第二，广电全媒体的本质是传统广电媒体与网络新媒体的融合。这意味着广电全媒体融合了包括传统广电媒体和网络新媒体在内的多种媒介渠道，这些媒介渠道不是简单的叠加，而是一个有机整体。当前我国广电集团大多拥有广播、电视、网络等多种媒介形态，但每个媒介形态自成一体，集而不合的现象难以发挥"1+1>2"的效应。

第三，广电全媒体是开放信息平台，能够提供一云多屏式的信息传播服务。广电全媒体是基于传统传播渠道融合基础上的开放信息平台，通过打造大型信息云平台，建立融合内容制作中心，实现集约化采集生产、多渠道编辑分发的一云多屏式的传播格局。

第四，广电全媒体归根到底是媒体，具有鲜明的媒体属性，需要承担公共服务和舆论引导的社会责任，广电全媒体的目标是在新的媒介生态下提升传播效力和公信力，同时也要提升媒体的市场价值，追求社会效益和经济效益的双赢。媒体属性是广电全媒体区别于民营互联网企业的最重要的特点。

广电全媒体是一项复杂的系统性工程，传统广电传媒需要在传播观念、体制机制、组织架构、经营管理等全方位的转型，为广电全媒体转型提供系统性支持。

(三) 媒介融合与广电全媒体的内在联系

如前所述，媒介融合是指在数字化、网络化等技术因素以及政治、商业、文化等多重因素共同作用下，媒介之间出现的多层次、多方面的相互交融的状态；而广电全媒体就是指传统广电传媒在新的媒介环境下，以数字化、网络化技术为基础，以传统广电音视频传播业务为核心，在融合多种传播渠道的基础上构建开放信息平台，形成"一云多屏"式的新型传播格局。

媒介融合和广电全媒体是两个既相似又有明显区别的概念。其相似之处在于，两个概念都表达了媒介在发展过程中呈现的互相交融的状态，其区别在于：第一，媒介融合是多个主体，即不同媒介之间的交融互动，而全媒体是单个主体，即具有多种媒介功能的统一体；第二，媒介融合表达的是媒介演进过程中所呈现出来的发展趋势，而全媒体只是媒介融合发展到一定阶段的产物；第三，媒介融合是强调信息脱离载体，在多种媒介中传播，而全媒体是集合多种信息形态，为用户提供全方位服务。[1]

1. 媒介融合是广电全媒体的基础

没有媒介融合就没有广电全媒体。以数字化、网络化为基础的媒介融合已经成为当代传媒发展不可阻挡的现象和趋势，媒介融合为传统广电传媒向全媒体转型发展提供了依据和基础。传统媒体时代，信息和载体不能分离，从而形成了以载体和传播渠道为依据的媒体形态。报纸、广播、电视既是信息的载体，也是传播独特信息形态的媒体平台。在数字化、网络化等技术的推动下，信息和载体之间逐渐分离，智能化终端的出现使得信息传播不再依赖于特定的渠道和载体，原本界限分明的媒体之间开始出现融合发展的趋势。

自互联网诞生以来，以数字化和网络化为特点的网络媒体消融了传统媒体之间泾渭分明的"楚河汉界"，打破了传统媒体各自为政的局面，网络媒体融合了传统媒体的最优"基因"，并以即时的互动传播、丰富的信息形态成为所有传统媒体的"补充"，网络媒体创造了新型的传播生态，让传统媒体面临前所未有的复杂传播环境。在此环境下，传统媒体与网络新媒体日益融合互通促使了新型传播业态——全媒体应运而生。如果从技术视角观察，全媒体是新媒体技术和媒介融合不断发展和普遍运用的必然结果。为了适应发展需要，全球传媒业纷纷实施全媒体转型。[2]

媒介融合深刻地改变了大众媒体的生态环境，这种改变的具体表现为：第一，融合终端的出现改变了用户媒体使用的习惯，进而颠覆了传统媒体的生存和盈利的基础；第二，多媒体信息产品成为主流的媒介产品形态，UGC以及"融合新闻"生产模式正在改变传统媒体的内容生产方式；第三，以市场为导向，媒介融合促使传统媒体进行内部组织流程

---

[1] 吕岩梅，董潇潇. 全媒体——广电媒体发展的方向 [J]. 电视研究，2011（10）：12-14.
[2] 张敬民. 广电的全媒体时代 [J]. 中国广播电视学刊，2010（12）：32-33.

再造和组织重构;第四,技术为广电、电信和互联网三大行业进入对方核心业务提供了可能,三大行业的市场边界消融,呈现出日益一体化的趋势。所以,媒介融合就是技术数字化、网络化、产品多媒体化、业务融合化、组织整合化,市场一体化,最终将是媒介产业的融合。① 在新的媒介生态环境下,传统广电传媒需要积极借助媒介融合的技术手段开拓新的传播渠道,创造新的传播模式,形成全媒体传播格局,从而适应传媒行业发展的趋势。

2. 广电全媒体是媒介融合的发展与延伸

对于媒介融合而言,全媒体是必经的发展阶段。媒介融合强调的是物理层面的相互交融,是一切变革的基础,媒介融合改变了媒体赖以生存的生态环境。为了适应新的媒介生态环境,传统广电媒体向全媒体调整和转型,广电全媒体从内容和渠道两个层面进行变革:在内容上,建立融合内容生产机制,在内容共享的前提下,集约化生产,开发多样化产品形态,满足不同终端的需要;在渠道上,利用媒介融合的技术,开拓多种传播渠道,实现内容的多渠道分发,建立全媒体信息平台。从这个意义上看,广电全媒体是基于媒介融合基础之上的综合媒体信息服务和全业务服务,也是媒介融合的高级阶段。

彭兰教授指出,中国传媒业正在经历的这场变革应该用"全媒体化"而非"媒介融合"来进行描述。全媒体化只是通往媒介融合的未来的一个途径,是一种阶段性的战略。代杨在《数字时代媒介融合环境下我国传媒企业赢利模式探析》一文中指出,全媒体经营仅仅是传媒集团媒介融合经营的初级阶段。在媒介融合的大环境下,我国传媒集团在经过"全媒体"的转型发展之后,将会开启"大传媒"经营时代,即跨越更多的行业界限,积极优化产业结构,聚合其他相关产业,创造出更多更优的传媒经济模式。

全媒体不是媒介发展的终极状态,随着技术的不断进步,媒介融合的广度和深度会从全媒体向更高阶段发展。广电全媒体并不是终点,而是传统广电媒体适应媒介融合的一种路径。支庭荣认为,全媒体是对媒介现实发展中的报网互动、跨媒体经营、整合营销、媒介融合、社区化等多个概念的一次综合表达,全媒体是媒介走向融合的一种形式。当前的全媒体是数字化技术带来的深刻转型过程中的一个阶段、一种样态,它更多的是反映了一种发展趋势,是对现实媒体境遇和应变状态的一种写照,全媒体本身就孕育着某种改变和变革,全媒体不是终点,它也要迎接下一次变革。②

---

① 欧阳宏生,姚志文. 媒介融合:广播电视产业创新的路径 [J]. 当代传播,2008 (06):34-36.
② 支庭荣. 网络聚合、社区互动与增值运营——论"全媒体"背景下的赢利模式创新 [J]. 新闻与写作,2009 (11):37-39.

3. 广电全媒体是应对媒介融合的路径选择

媒介融合为用户提供了更多接触视音频信息的用户通过 PC、PAD、手机等终端可以方便地点播视音频信息，操作的便捷性和选择的丰富性让用户更加主动，真正成为信息传播的中心，用户的行为习惯逐渐改变，这对单向线性传播的广播电视提出了挑战。在此环境下，媒介融合为传统广电媒体向全媒体转型提供了契机。传统广电媒体向全媒体转型能够带来以下三个方面的直接效益：

第一，提高资源使用效益。传统广电媒体花费了大量资源制作的内容，一个平台、一次播出会造成极大的浪费。广电全媒体要求集约化生产、共享内容资源、内容多渠道分发，从而有效提升资源使用效率，全媒体综合运用多种传播手段，可以实现传播覆盖的最大化，弥补了单一媒体形态的不足，能够带来更好的传播效果和经济效益。

第二，创造了新的发展机遇。每一个新出现的媒体形态都是一个新兴的市场。广电全媒体在巩固电视终端的基础上，还可以向 PC、PAD、汽车、手机等其他终端拓展，在媒体形态上有 IPTV、互联网电视、网络电视台、手机电视、移动电视等。每一种媒体形态、每一个媒体终端都是新的市场空间。有学者指出，国内广电媒体掀起的全媒体浪潮，其目的是利益最大化，其手段是将其他渠道电视化。这一方面是新媒体分流形成的压力使然，另一方面更似一种"圈地"行为。[1]

第三，创新了盈利模式。传统广电媒体的广告增长逐年趋缓，单一的广告盈利模式遭遇了瓶颈。而广电全媒体在传统广告模式基础上，能够创新多种盈利模式：广电全媒体可以向用户提供定制的内容服务，从而让内容具有销售价值；可以向广告客户提供精确的用户数据，从而让精确的营销成为可能；可以在全媒体信息平台上提供增值服务，如教育、游戏、购物等，从而开拓增值服务盈利模式。

传统广电媒体向全媒体转型不仅顺应了媒介融合的趋势，并且有助于解决传统广电发展中的现实难题。传统媒体热衷于发展全媒体的深刻内因源自中国传统媒体被久久压抑的发展本能，全媒体是没有正常发育的中国传统媒体在努力谋求适合自身生存、强大的一条路径。[2]

---

[1] 韦聚彬. 电视媒体和新媒体关系的重新审视——兼论全媒体融合 [J]. 南方电视学刊，2012（05）：58-60.
[2] 吴自力. 全媒体热潮下的冷思考 [J]. 新闻实践，2011（01）：29-30.

二、广电全媒体发展

(一) 我国广电全媒体发展的维度分析

由于媒介融合带来的压力,我国传统广电传媒或主动或被动地走上了融合之路,具体表现为传统广电逐渐向全媒体转型。从总体上看,我国广电全媒体还处于自发式发展的初级阶段,广电的新媒体还处于局部探索阶段,大多数广电媒体还未明确将"全媒体"作为发展目标,但从发展方向上看,随着媒介融合的深入,国内广播电视集团必然朝着以构建开放信息平台为特点的全媒体集团演进。

从微观层面看,传统广电向全媒体转型发展具有三个维度:第一,渠道扩张,拓展新的媒体渠道;第二,渠道融合,传统媒体与新媒体融合互动;第三,以内容和业务统领全媒体传播格局。这三个维度代表了广电机构全媒体的三个阶段,同时也体现了广电机构对全媒体的三种理解和认识。

1. 渠道扩张,拓展新的媒体渠道

对于传统广电机构而言,广电全媒体的起始阶段就是创建新媒体,拓展新的媒体渠道,这也是很多人对广电全媒体最直观的理解。随着传播技术的发展,传统广电作为内容生产和集成商,利用已有的品牌影响力和内容资源开拓新的传播渠道,一方面,传统媒体和新媒体覆盖的人群有所区别,传统媒体的内容通过新媒体二次甚至多次传播,不仅增加了媒体传播覆盖率,并且提高了内容的传播价值;另一方面,新媒体作为市场主体,参与市场竞争,抢占新的市场空间,能够为传统广电带来"增量"创收。现实利益驱动传统广电积极发展 IPTV、网站、手机电视、移动电视等新媒体,不断拓展新渠道。

发展新媒体业务,建立新媒体产业生态链已经成为当前传统广电媒体向全媒体转型的基本路径。以深圳广电集团为例,在传统广播、电视、报纸等传统渠道的基础上,2004年11月3日,集团与深圳市高清数字电视产业投资有限公司共同出资成立深圳移动视讯有限公司,负责经营深圳地区移动数字电视的节目制作与传播、网络传输覆盖以及移动电视商业运营。移动媒体运营平台包括地铁移动电视平台、公交移动电视平台、楼宇户外电视平台和增值业务运营等4大平台,各类终端已经超过20000个,是深圳最大的户外电视新闻广告联播网。

2010年1月,集团独资成立深圳时刻网络传媒有限公司,负责旗下新媒体品牌"中国时刻"网站(www.s1979.com)的运营,中国时刻网依托集团强大的媒体采编团队,建立以新闻融合为核心，视听为特色，网台联动为特点的跨媒体传播的新媒体。

2010年7月19日，广东中广传播有限公司深圳分公司成立，该公司是由集团与中广传播集团有限公司共同出资组建。公司负责深圳地区CMMB网络的建设、投资和运营。公司利用地面及卫星广播电视覆盖网向手机、PDA、MP3、MP4、数码相机、笔记本电脑及车船小型接收终端提供移动多媒体广播电视服务。当前，深圳地区已开通央视1套、央视5套、央视新闻、深圳卫视、深圳都市、睛彩电影、睛彩天下等七套电视频道和中央广播电台、国际广播电台两套广播频率，以及睛彩财经、睛彩导航两类数据业务。

2011年，深圳广电集团联合国内14家城市电视台及5家平面共同出资组建城市联合网络电视台（CUTV）。CUTV开创了城市媒体联合发展新媒体的模式，一经推出迅速得到了认可大量城市级广电媒体加入进来。如今，CUTV的业务已经遍布全国22个省市自治区。

IPTV是三网融合的一项重要业务。2011年初，在建设完成IPTV集成播控平台后，集团成立深圳广信网络传媒有限公司，该公司和深圳的电信运营商合作运营深圳地区的IPTV业务。

可以说，深圳广电集团近年来陆续创建的新媒体均按照公司化的方式进行运营管理，各新媒体按照自身的规律和市场的要求，自主经营、自负盈亏、自我发展、自我约束，从而鼓励各新媒体快速成长。新媒体渠道的建立为深圳广电集团创造了众多新的盈利点，开拓了新的发展空间，提升了传播效力。

2. 渠道融合，建立全媒体传播平台

全媒体发展的第二个阶段是在各个传播渠道的基础上整合资源，打造全媒体的传播平台。各媒体的生存法则不同，新媒体在创建初期各自独立发展，独立自主的市场主体更有利于其按照市场规律快速成长，加强其市场生存能力。由于各个新媒体都要建立内容平台、技术平台和营销队伍，从集团层面看，各新媒体发展到一定阶段就会：造成重复建设和资源浪费，分散集团的资源优势。所以，当新媒体成长起来，具备一定的市场生存能力之后，集团就要进行资源的整合。整合的重点是将各个新媒体渠道打通，让各媒体渠道在技术平台、内容资源、广告营销等方面实现共享，不仅节约了资源，并且能够形成"集团军"效益，发挥规模优势。

全媒体传播平台的建设需要从传统媒体和新媒体融合入手，在内容生产流程、组织架构、体制机制等方面进行改革。以深圳广电集团为例，2012年底，集团将所有的新媒体整合到一起，既将运营IPTV的广信网络传媒有限公司、运营CMMB的中广传媒深圳分公司、运营移动电视的移动视讯有限公司、运营"中国时刻网"的深圳时刻网络传媒有限公司和中国国际新媒体短片节"金鹏奖"秘书处合并，组建新的深圳时刻网络传媒有限公司，实现三屏合一，公司整合后的目标是发挥规模效应。

在融合的过程之中，传统媒体与新媒体的融合相对简单，最难的是传统媒体之间的融合，例如电视频道之间、广播频率的融合、电视和广播的融合等。2013年，在长期调研的基础上，深圳广电集团决定创建融合新闻中心，从内容资源方面流程改造，集约化采集新闻素材，通过融合新闻平台，多渠道分发新闻，从新闻生产机制上适应全媒体的发展需要。

在广告营销方面，现在整个传播体系处在一个"混媒"的时代，对于广告商而言，要实现有效传播和营销，达到品牌建设的效果，需要制定一个全面整合的营销传播计划，需要有针对性地使用各种媒体进行混合传播。"为了适应广告商整合营销的需求，2011年11月，深圳广电集团在上海主办"2012深圳广播电影电视集团全媒体整合营销高峰论坛暨全国首个一站式全媒体广告运营新闻发布会"，发布会提出了"一站式全媒体广告运营模式"。因此，深圳广电集团为广告客户提供全媒体的营销服务，针对不同客户的营销需求，为其提供全媒体营销组合方案。当前集团的全媒体资源包括传统的广播电视渠道、平面媒体、IPTV、移动电视、手机电视、网络媒体、户外媒体等，多种媒体资源的组合能够为广告客户提供更大的传播价值和营销效果。深圳广电集团正在探索的全媒体营销，通过对传统传播渠道运营模式的创新，实现了媒体资源价值的聚合裂变，为广告客户创造了价值。

3. 以内容和业务主导，构建全媒体传播格局

全媒体不仅仅是技术改造的问题，其真正的动力来自内容和业务的传播需求，没有内容和业务支撑的全媒体是没有生命力的，在渠道过剩的时代，内容和业务是取得媒体竞争优势的关键筹码，内容和业务的背后就是用户，只有用户才是真正有价值的资源。如果说广电向全媒体发展是趋势，那么内容和业务的崛起就是路径，获取规模用户才是目的，全媒体发展必然是从渠道融合向内容和业务主导的全媒体传播格局过渡。

从内容层面来看，广电媒体作为专业内容生产商和集成商，具有内容传播的优势，但在全媒体时代，内容正在从频道化生存向栏目化、专业化生存转变，品牌化栏目和专业化内容会形成内容传播新高地，依托于融合化的全媒体渠道，实现全方位、立体化传播。如新闻的全媒体传播，例如《新闻联播》开办网络视频、微信和微博账号；财经内容的全媒体传播，例如《第一财经》的全方位传播体系；娱乐内容的全媒体传播，例如《非诚勿扰》《快乐大本营》等通过各新媒体渠道传播；教育内容的全媒体传播等。深圳广电集团

在内容生产上已经形成了特色优势,以《直播港澳台》《决胜制高点》等为代表的新闻类栏目和以《年代秀》《男左女右》等为首的娱乐类节目已经成为受到观众和市场认可的品牌栏目,这些品牌栏目除了在电视频道播出,还通过视频网站、微博、微信、移动电视、IPTV、手机电视等各种新媒体渠道传播,这些知名栏目和品牌内容已经形成了全媒体化的传播格局,拥有规模化的用户群体。

从业务层面来看,传统广电承担着有线电视服务提供商的角色,同时借助于媒体的影响力,还进行了多元化的业务拓展,如信息服务、培训服务、活动演出、会展服务等,每一个业务都是一个新的盈利点。广电全媒体为新业务提供基础和保障,借助于全媒体的传播渠道,广电新业务才能获得更大的发展空间。借助于双向互动的特点,广电全媒体还可以提供在线购物、在线视音频、在线游戏、在线社交等一系列在线业务,只有这些新业务获得市场和用户的认可,广电全媒体才能获得更多的社会和经济价值,否则广电全媒体失去了存在的意义。

(二) 我国广电全媒体发展特点与模式

媒介融合的环境下,传统广电媒体为了更好地适应新的媒介生态,向全媒体转型已是大势所趋。但在转型发展过程中,由于不同的内外部环境和媒介发展的现实条件,我国广电全媒体呈现出自身特有的发展特点和发展模式。

1. 我国广电全媒体发展特点

广电全媒体虽然脱胎于传统广电媒体,但其在发展过程中形成了与传统广电媒体诸多不同的特点。结合我国媒体的发展实践,我国传统广电媒体在向全媒体转型发展的过程中,其发展特点可以从产业链层面、结构层面、业务层面和发展层面进行具体分析。

(1) 基于产业链层面的特点

产业链是产业经济学中的一个概念,是各个产业部门之间基于一定的技术经济关联,并依据特定的逻辑和时空布局形成的互相关联、互相影响、互相交换的链条式关系。随着媒介生态环境的变迁,我国广电媒体的产业链也随之发生了纵向和横向的改变,改变的趋势是产业链从封闭垄断走向自由开放,垄断的渠道模式向开放的平台模式的转型。

在传统的技术条件下,信息生产、传输、需求三个环节都是封闭的、垄断的,媒体可以通过线性的模式,用有限的生产去满足有限的需求。在这种情况下,无论是报业,还是电信、广电产业都可以在一个封闭的产业链条里构建它的盈利模式和运营模式。① 所以，在资源相对匮乏的时代，在传统产业的竞争是以"封闭、独占、控制、产业链"为特点。

然而，随着技术的发展和三网融合的推进，传统广电的产业垄断被打破，从产业链的角度看，信息产业链发生了纵向的分离和横向的分解。传统广电媒体模式下，广电机构占据着完整的产业链，从上游的内容到下游的渠道，再到基础的网络都控制在广电手中，在产业链的各个环节中，也没有竞争者。在市场和技术的双重推动下，传统广电产业链开始纵向分离，内容、渠道、网络、终端等环节开始分化，并按照产业发展的规律各自运营。首先是台网分离，网络从电视台剥离出来，成为市场化的网络公司，释放了市场价值；其次是制播分离，电视台将内容制作力量分离出来，成立市场化的传媒公司，成为参与市场竞争的市场主体，电视台作为渠道的管理者继续保持事业身份。

技术的推动和政策的放宽使得信息产业链在纵向分离的同时也在进行着横向的分解。原本由广电独占的内容、渠道、网络、终端等领域都出现了更多的竞争者。

从内容生产层面来看，虽然电视台还承担着新闻内容的制作，但在影视剧、娱乐节目、体育节目等方面，大量的内容制作公司出现，社会化公司已经承担起内容制作的主体力量。同时，借助于技术的发展，每个人都能够成为内容的生产者。在WEB2.0阶段，信息的生产者、传播者、消费者之间的界限已经模糊，三者之间的角色随时随地互换。用户生产信息模式（UGC）是对专业者生产信息模式（PGC）的一次重大"补救"，丰富了信息的内容和形态，使得内容生产从"有限的生产能力"过渡到"无限的生产能力"阶段。

从传播渠道层面看，技术的发展为信息传播提供了更多的渠道。首先，数字化技术让频谱资源不再稀缺，广电媒体经历数字化改造之后，出现了大量的频道、频率，满足了市场和受众的信息需求。其次，随着互联网的崛起，网络正在成为信息传播的新平台，信息传播渠道更加多元化，信息通过自由开放、双向互动的网络传播，让用户可以随时随地观看、点播、下载内容，相比传统的广播电视，用户获得了更大的选择权利。随着信息传播渠道得越来越丰富，信息渠道从"匮乏"进入"过剩"阶段，为了获得竞争优势，各渠道间的竞争也日益激烈，内容同质化、低质化的现象屡见不鲜。

从信息终端层面来看，传统媒体时代，无论是报纸、广播电视，其信息都离不开特定的介质载体，电视机作为固定的信息接收终端，使观众看电视成为在固定时间、固定地点的"双固"行为。数字技术的出现，让信息和介质之间可以分离，经过数字化处理的信息

---

① 谷虹，黄升民. 融合产业没有王者只有盟主——互联网平台运行机制的四个基本向度 [J]. 现代传播（中国传媒大学学报），2012, 34（04）：84-88.

可以出现在任何智能终端上，如PC、PAD、MP3、手机等；网络技术的出现，让信息传播更加自由开放，任何与网络连接的信息终端，都可以随时随地接收信息，信息终端的多样化让信息消费更加便捷。

（2）产业链转型：从渠道模式到平台模式

随着三网融合的推进，信息之生产、传输、消费三个环节出现了无限化和碎片化的发展趋势。市场资源从"相对匮乏"过渡到"相对丰裕"之后，产业竞争方式必将发生根本性改变，产业竞争及导电也将发生转移。如果说传统广电的产业结构是渠道模式，那么广电全媒体就是开放平台模式。渠道模式是指在传统的技术条件下，信息的生产、传输、消费都是在一个封闭的产业链条内，信息由专业人员制作，经由固定的传输渠道，实现从点对面式的单向传播。之所以称之为渠道模式，是由于渠道商稀缺的，产业链上的各个环节都是围绕渠道展开。传统广电媒体就是典型的渠道模式，在渠道模式下，传统广电牢牢占据着产业链的各个环节和大部分的市场份额，对整个产业链具有绝对的控制权。

平台模式是对渠道模式的一次颠覆。信息平台是指建立在海量端点和通用介质基础之上的交互空间，它通过一定的规则和机制促进海量端点之间的协作与交互。平台模式不是对观众灌输信息，而是为其提供一个信息服务平台，让用户可以根据自身的需要去寻找、定位内容，让信息生产者与消费者直接对接，从而实现一对一、一对多、多对多的双向互动交叉传播，通过多元化的、无限的信息生产能力去满足多元化的、无限的信息需求。

渠道模式和平台模式的区别在于：第一，渠道是封闭的，其传播的内容和秩序都是由传播者决定，受众只有被动选择的权利；平台是开放的，平台聚合内容和服务，用户可以根据需要去选择内容，并决定内容的秩序。第二，渠道是单向的，信息由传播者经由传输渠道到达接收者，接收者的评价和意见很难反馈到传播者；平台是双向互动的，信息生产者和消费者直接对接，消费者的评价和意见能够即时反馈给信息生产者。第三，渠道针对特定终端，传统媒体的信息、传播渠道与介质都是绑定的，信息都是由固定渠道传输，由特定终端呈现；平台联接多元化终端，全媒体成功地将内容和渠道分离，凭借技术优势和规则全媒体信息平台聚合了大量的内容服务，任何与信息平台联接数字化的智能终端都可以接收信息。

（2）基于发展层面的特点

事物的发展总是存在于特定的生态环境中，生态环境直接影响了事物的发展。我国广电全媒体在发展过程中，由于内部外部条件不同，会呈现出不同的特点。结合我国媒体发展环境，我国广电全媒体的发展具有以下特点：

第一，发展相对滞后。从整个媒体融合转型的形势看，我国广电全媒体发展具有明显的滞后性，这主要体现在两个方面：首先，与报业全媒体相比，我国广电全媒体发展滞后。2005年以来，报纸受到网络新媒体和金融危机的双重冲击，报纸的发行量和广告收入直线下降。面对生存压力，报纸媒体最早提出全媒体的口号，并进行了全面的探索实践。2006—2011年，我国报业全媒体探索就已经走过了"第一个五年"。我国报业全媒体模式探索中2010年达到密集之势，国内数十家报纸媒体尝试通过全媒体实践实现身份与发展模式的转变。① 相比之下，广电媒体虽然也受到网络的冲击，受众和广告流失，但还未出现生存的危机。所以对于全媒体建设还缺乏"置死地而后生"的魄力和决心。我国广电媒体鲜少有明确提出全媒体的发展口号，当前的主要做法是在保证不改变传统广电媒体运营的基础上，发展广电新媒体，缺乏全媒体转型发展的规划。总体上看，传统广电媒体与新媒体仍然是两张皮，媒介融合的道路依然漫长。其次与国外广电媒体相比，国内广电媒体还属于封闭的垄断行业，行业壁垒依然存在，在体制、技术、观念等方面还很落后，限制了全媒体化发展的步伐。

第二，政策主导性强。我国广电媒体还属于国家事业制单位，是党和国家的喉舌，属于国家文化宣传的阵地。我国广电行业当前仍然是影响力巨大的行业，其一举一动不仅与媒体发展格局相关，而与我国文化主权、舆论引导、公共服务等诸多领域相关。我国广电全媒体建设不是单个媒体的发展决策，而是在全国广电媒体统筹发展的环境下，由行业主管部门统筹指导，通过政策协调发展，所以我国广电全媒体发展具有政策主导性。在媒介融合的环境下，三网融合的每一项广电新业务都需要获得广电总局的审批和许可，广电总局出于对新媒体业务信息传播"信息安全、可管可控"的管理，既可以理解为对传统广电行业的保护，也可以理解为对广电全媒体转型发展的限制。

第三，产业链复杂。与报业全媒体相比，我国广电全媒体发展具有更加复杂的特点。报业全媒体发展还是本行业内的转型，而广电全媒体发展与三网融合关系密切，涉及广电、电信、互联网三大行业，产业链构成更为复杂，参与的主体更多元化。随着三网融合的推进，我国广电正在从封闭走向开放，面临更加复杂的产业环境：传统广电需要拓展新的网络传播渠道，而新媒体也希望进军传统的电视终端，与传统电视抢夺阵地。互联网服务提供商、硬件设备制造商都纷纷跃跃欲试，摩拳擦掌。民营网站也纷纷创办全媒体平台，乐视网推出号称拥有"平台+内容+终端+应用"的完整生态系统，依托优势进军电视

---

① 麦尚文. 全媒体融合模式研究 [M]. 北京：中国人民大学出版社，2012：2.

终端。设备制造商也希望向苹果学习，在全媒体过程中获得终端的优势。上海文广总裁黎瑞刚在"华语媒体高峰论坛——迎接全媒体时代"的演讲中指出：传统广电正在丧失对产业链的控制。在传统广电封闭的产业链条时代，整个产业链如果有100块钱，那么90块钱会落入传统广电手中；然而随着产业链开放，参与主体越来越多元化的时候，也许整个产业链从100变成500块，传统广电也从90块变成200块，但剩下的300块就进入了别人的口袋。在整个产业链中，谁最接近用户终端，谁在产业链中的话语权就最大，分享的利益就最多。

第四，具有市场开拓性。对于广电媒体而言，发展全媒体的过程就是不断开拓新市场的过程。随着传媒技术的发展，我国广电全媒体的发展过程中，新媒体形态、新业务不断出现。例如数字化技术催生了CMMB、地面数字电视、移动电视等新媒体业务和渠道，传统广电与通信产业融合出现了IPTV、手机电视，传统广电与互联网行业融合诞生了网络电视、互联网电视等。新出现的媒体形态和业务并未对传统广电媒体形成冲击，反而带来了新的传播方式和盈利模式，在传统广电媒体发展日渐趋缓的阶段，新的媒体形态和业务正在成为传统广电媒体的有益补充。国内各广电集团在保证传统业务的前提下，积极发展新媒体业务，正是为了抢占新的市场空间，开拓新的利润增长点。

2. 我国广电全媒体发展模式

当一种新的技术或业务形态出现的时候，作为媒体，就要思考怎么跟进，要冷静地去研究、规划。一个媒体作为一个单位很难消亡，但是只经营单一媒体，前景就是暗淡的。不会运用新媒体手段去丰富自己的传播平台，就会被淘汰。由于受众面会越来越窄、受众数量越来越少，并且他们可以从其他地方更方便地获取信息，获得更好的娱乐享受。虽然对传统媒体全媒体化生存的方向已基本形成共识，但从当前广电全媒体的发展实践来看，传统媒体如何转型成为全媒体还需要具体分析。

国内报业全媒体经过长期探索，在全媒体布局上大体上形成三类：第一，"延伸改良式"布局，在不改变报业内容生产体制及组织特点的总体面貌前提下，发展报业网站或建设内容的价值链延伸终端，实际上是基于原有流程及内容体系的一种"局部创新"；第二，"整体转换式"布局，在流程及内部结构上进行再造和重组，舍弃原有报业体系，建立全新的全媒体结构体系，触及传媒体制层面的结构性改变，这是变革最激烈、最彻底的布局模式，也是难度最大、风险最高的变革路径；第三，"新媒体带动式"布局，以新媒体平台作为驱动变革的动力平台，带动庞大的、传统的报业体系的转变，渐进式改变行为生产的结构、协作思维和观念。① 报业全媒体的布局形态也反映了传统媒体与新媒体融合的轨迹与路径。我国的广电媒体在向全媒体转型发展的过程中，根据不同的环境特点，也形成了不尽相同的发展模式。

（1）台网合一模式：融合式全媒体。广电全媒体的本质是传统广电媒体与网络新媒体的融合，即台网融合问题。融合式全媒体力图通过"台网合一"来实现媒介融合。融合式全媒体是指传统广电媒体在与新媒体的融合过程中，打通各媒体渠道，通过整体业务流程和组织重构，达到"集约化生产、多渠道分发"的内容生产和传播格局，实现多种媒体手段的有机结合。当前部分广电传媒积极探索的"融合新闻中心""全媒体新闻中心"都属于融合式全媒体的发展模式。

融合式全媒体是从根本上对传统广电媒体的变革，将传统广电从单一媒体改造成为多种媒体的复合，这需要从内容生产流程上进行重构，通过对生产流程的改造，以及多媒体平台的开发与运营，实现内容的跨载体多终端即时分发。融合式全媒体给传统广电媒体提供了时效互补平台和功能互补平台，可以使信息传播获得更多的价值增值。

国内部分广电媒体正在探索建设融合新闻中心，融合新闻中心是通过改造内容生产流程来适应全媒体传播的格局。2011年10月12日，南京广播电视集团全媒体新闻中心正式启用，总投资达7000万元的全媒体高清演播厅由一个多媒体互动信号调度中心及三个演播室组成，拥有文稿媒体区、3G和网络媒体区、电话呼叫中心以及编辑区，通过不同区域的配合，使节目制作和播出流程直接体现在直播和录播当中。该演播厅还集合了3G、网络视频、短信、电话、实时交通地理信息、视频会议等众多手段。通过当中任何一种传输手段，影音素材都可便利地传进演播厅，观众、网友的参与和互动也更加丰富便捷。而当节目播出的时候，演播厅可以向有线电视、无线电视、手机电视、车载电视、网络视频、IPTV等所有终端发送信号。

第二，台网分立模式：扩张式全媒体。台网分立模式是指在不改变传统广电媒体现有体系和结构的前提下，依托于母体的各种资源，广电新媒体按照市场规律和媒介特性独立发展，网台各自运营，形成传统媒体和新媒体并行发展的格局。在这一模式下，广电全媒体展示的是一种扩张式的发展态势，即通过不断增加新的媒体运营平台来拓展新的市场和传播渠道。

扩张式全媒体是基于现有业务流程及内容体系的"局部创新"，它无需改变广电媒体

---

① 麦尚文.全媒体融合模式研究［M］.北京：中国人民大学出版社，2012：118.

现有的内容生产流程，对传统广电媒体的影响最小，是传统广电媒体最现实的选择。扩展式全媒体不改变传统广电媒体的业务流程，但需要在传统广电媒体与新媒体之间建立一种内容资源、技术平台上的关联机制，以便传统广电媒体的内容资源能够延伸至新媒体。

当前我国广电媒体大多采取扩张式全媒体发展模式，典型代表是CNTV。CNTV是由中央电视台创办的国家级网络电视播出机构，CNTV致力于打造以视听互动为核心、融网络特色与电视特色于一体的全球化、多语种、多种段的网络视频公共服务平台。

CNTV是和中央电视台分立发展的独立平台，独立运营、独立发展，在这个平台下聚集了移动传媒、IPTV、网站、互联网电视、手机电视等广电新媒体形态。在面向多终端的业务设计中，CNTV实现了将底层内容打通，一个内容向多个平台分发的流程管控，真正实现了全媒体、全业务的覆盖。

第三，联合发展模式：联合式全媒体。传统广电发展全媒体需要投入大量的资源，我国众多城市级广电媒体缺乏足够的资金、人才、技术以及内容等资源，同时各地市场规模也有限，所以对于城市级广电媒体而言，走联合发展全媒体的道路更为现实。联合发展模式也是网台分立发展，不改变传统"台"的现有格局，只是在新媒体业务方面进行联合，共享技术平台、人才、内容等资源，形成规模优势，共同发展。我国城市级广电机构已经采取了这一发展模式，典型代表是CUTV。

2011年8月，国家广电总局正式批准的，以新型信息网络为节目传播载体的新形态广播电视播出机构——城市网络联合电视台（CUTV）正式上线，CUTV是由深圳广电集团发起，由第一批股东单位，包括14家城市电视台及5家平面媒体共发起的全国城市电视台为主体参与的全国性超级传媒联合体，也是以新媒体和资本为纽带搭建的全国城市电视台整合运营平台。截至2012年7月，城市联合网络电视台成员台及紧密合作媒体达到65家，覆盖全国26个省市自治区直辖市。联合发展是城市台发展全媒体的策略选择，CUTV通过共享牌照资源、内容资源和技术资源，降低城市台新媒体建设成本和运营成本，解决城市台发展新媒体所遇到的资金、资源、人才及规模不足等共性问题，快速提升各城市台新媒体的竞争力、品牌影响力、媒体公信力和广告价值，共同实现新媒体战略。

第四，终端创新模式：应用式全媒体。终端创新模式是指传统广电在传统传播渠道的基础上，通过终端创新突破多种传播介质的边界，向其他渠道和介质扩张，实现传播的多渠道、多层次、全覆盖，使得广电生产系统与社会传播系统保持着开放姿态的关系。传播技术的发展使得内容与渠道的单一联系被打破，信息传播渠道已经显示出互联互通的趋势。这是一个媒介融合时代，也是一个受众注意力遭到极度分化的时代，所以对于传统媒体而言，更需要打破固有的传播渠道和终端，实现多渠道、多终端、多屏幕的互通互动。

技术的发展为传统广电内容的多渠道传播提供了可能，传统广电媒体正在积极利用传播技术将内容向其他渠道延伸。2013年4月12日，湖南卫视《我是歌手》第一季总决赛备受关注，这场总决赛除了通过电视、手机、互联网直播外，还首次进入院线体系，通过电影院的大屏幕进行同步直播，覆盖的影院包括北京、上海、广州以及长沙等11个城市的12家影院，实现了电视台、院线、手机客户端紧密连结，在模式上形成了电视屏幕、影院屏幕和手机屏幕的三屏联动，最大限度覆盖不同类型的受众群体。

观众在电视上观看湖南卫视的节目时，用手机扫瞄电视屏幕下方的二维码，通过手机端APP"呼啦"参与互动，获得"呼啦"徽章后兑换到所在城市影院的电子观影券。除此之外，观众可以边看直播，边用电脑在网上参与湖南卫视贴吧、微博上的互动；直播结束后，登录湖南卫视金鹰网旗下的网络电视台——芒果TV，观看总决赛的完整视频、精彩花絮以及往期的各种海量视频。各种类型的观众都可以找到最适合的观看方式和互动体验。

湖南卫视《我是歌手》的直播带来的启示是：传统广电作为内容提供商在不用深入技术平台建设和传输网络建设的前提下，可以在应用层面实现全媒体化传播。这样的做法安全、便捷，市场风险小，无需投入太多成本就可以实现全媒体传播，终端创新已经为广大传统媒体普遍接受。例如央视《新闻联播》在新浪微博和腾讯微博上开通"@央视资讯"的账号，其他广电节目也纷纷开通各种社会化媒体账户，积极参与全方位、多渠道的社会化传播。

从总体上看，终端创新式的全媒体模式是一种基于原有广电体系的价值增量，由于未能从根本上触及传统的媒体体制与结构，这种"传统媒体+系统新媒体"只能追逐"1+1>2"的链接效果，而无法达到规模与质量倍增的乘积效应。

第三节 媒介融合时代网络媒体的发展趋势

媒介融合时代网络媒体相对"传统媒体"而言，是一个内涵和外延都不断发展演变的概念。综合国内外学术和产业界的概念界定及产业分析，本书认为：代网络媒体是以数字技术、通信网技术、互联网技术和移动传播技术为基础，为用户提供资讯、内容和服务的新兴媒体。媒介融合时代网络媒体主要采用数字压缩技术（包括数字压缩）、网络传输技术和卫星通信技术，这些技术发展的速度和方向决定着新媒体发展的速度和方向。根据媒体表现形式不同，新媒体可以分为互联网媒体、电视新媒体、手机媒体三类。

一、互联网媒体

互联网媒体是以计算机互联网为基本传播载体的媒体形式，由于互联网媒体建构在互联网这类新技术产品之上，所以和传统媒体比较而言，互联网媒体所具有的传播方式更加新颖，更加值得讨论研究。

（一）互联网媒体的常见形态

从当前的互联网媒体形态来看，主要表现形式有以下几种：

1. 博客

博客，又译为网络日志、部落格或部落阁等，是一种通常由个人管理、不定期张贴新的文章的网站。

博客上的文章通常根据张贴时间，以倒序方式由新到旧排列。许多博客专注在特定的课题上提供评论或新闻，其他则被作为比较个人的日记。

一个典型的博客结合了文字、图像、其他博客或网站的链接、其他与主题相关的媒体。大部分的博客内容以文字为主，仍有一些博客专注在艺术、摄影、视频、音乐、播客等各种主题。

从博客的传播模式及传播性质上来看，博客突破传统的网络传播，实现了个人性和公共性的结合。博客的即时性、自主性、开放性和互动性为人们提供了一定程度的话语自由，这种自由颠覆了传统媒体"把关人"的概念。

2. 社交网络（虚拟社区）

虚拟社区是活跃于网络空间的集体交友方式与渠道，主要代表有 BBS。近年来，虚拟社区得到了全新的发展，其中最有名的要数社交网络。

社交网络即社交网络服务，源自英文 SNS（Social Network Service）的翻译，中文直译为"社会性网络服务"或"社会化网络服务"，意译为社交网络服务。社交网络包括硬件、软件、服务及应用。由于四字构成的词组更符合中国人的构词习惯，所以人们习惯上用"社交网络"来代指 SNS。典型代表如人人网、开心网、天涯社区、猫扑等。

3. 即时通信

即时通信（Instant Messenger，IM）是指能够即时发送和接收互联网信息等的业务。

国内最典型的是腾讯 QQ。现在的即时通信不再是单纯的聊天工具，它已经发展成集交流、资讯、娱乐、搜索、电子商务、办公协作和企业客户服务等为一体的综合化信息平台。

随着移动互联网的发展，互联网即时通信也在向移动化扩张。当前，微软、AOL、Yahoo 等重要即时通信提供商都提供通过手机接入互联网进行即时通信的业务，用户可以通过手机与其他已经安装了相应客户端软件的手机或电脑收发信息。

4. 微博

微博，即微博客（Micro Blog）的简称，是一个基于用户关系的信息分享、传播以及获取平台。用户可以通过 WEB、WAP 以及各种客户端组建个人社区，以一定文字或图片、视频更新信息，并实现即时共享。

微博不仅颠覆了传统信息的发布方式，以一种半广播半实时互动的模式创立了新的社交方式与信息发布方式，使得每个参与者既是传播者也是受众，既是新闻发布者也是传播者。便携性、及时性使得微博更容易在第一时间成为事件发布的平台。据有关数字统计：2011 年舆情热点事件中，由新媒体首先曝光的占 69.2%，其中通过微博首发的为 20.3%，这个比例还将不断增加。微博时代内容为王，短小精悍的文字更符合现代社会对于信息快速消费的需求。

最早也是最著名的微博是美国的 Twitter。2009 年 8 月，中国最大的门户网站新浪网推出"新浪微博"内测版，成为门户网站中第一家提供微博服务的网站，微博正式进入中文上网主流人群视野。现在，微博已成为最受人们关注的新媒体。

（二）互联网媒体传播的特征分析

网络媒介具有和传统的三大媒介不同的传播特征，这主要表现在以下五个方面：

第一，互联网媒体传播的选择性强。网络媒介集数据、文本、声音及各种图像于一体，突破了传统媒介依靠单一符号或以某一符号为主要载体的局限性，真正实现了多种符号的交融，使人们可以自由选择信息的符号传递方式。

第二，互联网媒体传播的信息容量巨大。由于电脑巨大的信息储存量和万维网、联网数据库、邮件目录群、新闻讨论组和电子邮件等多种采集途径的同时使用，网络媒介具有超大信息容量。一个只有 8G 的硬盘可以储存 40 亿个汉字的信息量，而一份对开 100 版报纸一天最多只能提供 50 万字的信息。

第三，互联网媒体传播是非线性传播。网络媒介突破了时间与空间的二维限制，以超链接的阅读方式，使得网络中的新闻信息处于相互通融的状况，因而给受众提供了广阔的选择。

第四，互联网媒体传播的个人化和交互性服务强。网络媒介可以让用户亲自加工、处理、修改、放大和重组网络信息，使其成为信息的操作者，享受个人化的信息服务。同时，它还可以让用户通过网站设置的"用户论坛""电子公告板""时事评论"甚至"电子邮件"等及时反馈网站发布的信息，与其他用户对网站发布的信息进行共同的探讨。除此之外，网络媒介还能加强新闻传播者与受众的交互性，加强新闻传播者的信息服务功能。

第五，互联网媒体传播的全球性和跨文化性。虽然广播电视的覆盖面都比较广，但毕竟是有限的。而网络媒介可以彻底突破地域限制，时间和空间都不再是信息传播的障碍。这就使世界变成了真正的"地球村"，国家与国家之间的距离被无限拉近，不同文化和价值观互相碰撞、互相交流。

网络媒介也存在着一定的缺点。其一，互联网的无界性，使得境外敌对势力更方便对国家进行意识形态方面的渗透。例如，一些民族分裂分子通过手机短信煽动分裂、组织暴乱，损害人民的生命财产。其二，网络媒介的"把关人"制度体系仍有待健全，因而网络上传播的信息的真实性难以保障。最后，一些别有用心的人会利用网络媒介传播错误思想观念和腐朽文化，从而影响人们，特别是青少年的健康成长。

第四节 媒介融合时代移动传播的发展趋势

一、移动性的赋权

（一）移动智能终端形成新的使用环境

现在的以智能手机为代表的移动智能终端因其健全的功能、时尚的外形、方便的上网功能获得了大众的青睐。手机作为当前普及最广的移动传播设备，体现了当前移动传播的特点，人们能够随时随地通过手机进行资讯获取和交流沟通。

同时，随着经济的发展和科技的进步，人们有了更多的自主选择权。现代声音技术的发展，也为现代声音产业的发展提供了必要的支持条件，更丰富的声音内容、多样的收听形式，让人们能充分享受多样的听觉体验。很多的移动电台、音频内容平台等产品形态和功能依附于以手机为代表的移动智能终端而存在，人们回到"边走边听"的时代，声音价值和听觉文化的回归由此成为可能。

1. 移动广播的使用

移动传播重塑了传播环境，催生了大量的听觉媒体。互联网的发展也使得信息的传播更加方便，人们得以获得丰富的听觉内容。

在手机等移动智能终端上，听觉媒体在保留了以往的听觉媒体特点的基础上，更紧密结合"移动性"来发挥听觉媒体的伴随性的优势。移动智能终端上使用的移动广播应用软件，如喜马拉雅FM、阿基米德FM等，既有传统广播的特性，又有移动广播的优势，用户可以在各种场景中使用这些移动广播。

这些移动广播应用软件分为两类，一种是传统广播电台开发的互联网产品，这些移动电台是依托传统广播电台的资源而建立的。例如上海东方广播的阿基米德FM、央视广播的"中国广播"等，人们可以以听的方式来获取资讯、了解新闻；另一种则是一些在互联网时代生长起来的移动电台，例如蜻蜓FM、荔枝FM、喜马拉雅FM等。这些移动电台实现了广播的智能化，迎合了当前人们音频内容消费的伴随化、碎片化的习惯，满足了受众的多元化需求。

2. 垂直类听觉的使用

除了移动广播应用之外，有的应用软件是媒介融合时代产生的细分领域的听觉应用。例如针对听觉阅读的"懒人听书""氧气听书"等，针对音乐的网易云音乐、QQ音乐、虾米音乐等，针对提高人们睡眠质量的具有哄睡和陪伴功能的软件，如催眠大师、蜗牛睡眠等，还有专门针对知识获取的付费音频应用，如得到APP、好好学习APP等等。这些软件能够满足人们个性化的需求，为不同受众提供专业的听觉产品。这些知识付费产品主要挖掘的便是用户在开车、行走等不方便观看的时间，充分发挥音频伴随性的特点，来解放用户的双手，让用户利用碎片化时间获取知识。

3. 听觉社交的产生

社会交往体现的是人与人之间的关系及相互作用。听觉社交可以解释为借助听觉和声音来进行与他人沟通的需求的交往方式。在文字出现以前，人们主要依靠面对面的交流实现对话和沟通，伴随着媒介技术的进步，人们也有了更加丰富的交流方式，文字、图片、影像。相对来说，听觉社交由于附带了更多的"副语言"可以传达说话者的声音、语气、情感，因而更加真实、生动、丰富。

听觉社交也成为现代人们生活中的重要内容。除了手机电话，当前人们的听觉社交主要依托两种方式进行。一种是依附于其他社交应用的音频社交服务，例如QQ和微信中的语音聊天功能和通话功能。这种语音聊天克服了口语交流的及时性，也保留了口语所包含的丰富的信息。另一种是声音交友，例如吱呀、萌声、点聊等。这些软件应用主打陌生人社交，在这样的交往方式中，陌生的声音通过耳机或者手机直接传递到使用者的耳中，人们能够很方便地听到对方的声音，这种声音相对于文字交流来说更具有亲近感，并且可以传递比文字更丰富的情感信息，促进人与人之间的沟通和理解，使用者也可以根据自己的喜好来判断是否让交流持续下去。

除了这两种方式之外，还有基于游戏、二次元等兴趣而进行的听觉社交。与传统的网络社区相比，这一类听觉社交是凭着相同的听觉爱好而聚集。在游戏中，"连麦"使得在虚拟世界中的游戏玩家能够像在现实空间中一样交流，给人带来更优质的游戏体验，也是人们在游戏中获得更多的投入感。这种带有趣缘关系的听觉社交不仅扩大了人们的交往范围，即便人们不处在同一个地方也能互相交流，同时，由于声音天生带有的亲近性，更加有利于人们在交往中更好地相互理解，让人们在交往中获得归属感。听觉社交借助这些交流软件和趣缘社区得以迅速发展。这种社交方式，激活了语言和听觉本来的潜力，促进了不在场的个体的相互交流。

4. 听觉营销

由于声音对大脑的调动比视觉、嗅觉、触觉更加高效。营销的目的便是让更多的人记住所推销的产品，所以声音营销在当前也被营销广告制作者充分利用。"今年过节不收礼呀，收礼还收脑白金""拼多多，拼多多，拼的多，省的多""恒源祥，羊羊羊"，这些都是很多人耳熟能详的一些广告语，这些广告语在人们脑中形成了"耳朵虫"一样的功效。

声音的渗透力强，对人类情感和注意力有很强的调动力，能够给消费者留下深刻的印象。在营销活动中，当声音作为场景的重要元素被赋能和感知时，对消费者影响的权重是不断放大的。国内外很多品牌都充分利用声音的特性，把声音的设计融入广告创意中。独特的能代表品牌个性的声音，不仅能扩大品牌的影响力，还能吸引消费者的注意力，使消费者对声音产生认知并进行记忆，从而引发消费欲望和消费行为。声音还能调动消费者的情绪，唤起消费者与品牌相关的情感共鸣。在访谈时，很多受访者都表示现在经常被一些洗脑神曲侵扰。

5. 声音竞演类综艺

声音的价值也渐渐被综艺节目所挖掘。湖南卫视推出声音竞演类综艺《声临其境》，节目邀请老中青各个年龄段的实力派演员，以配音的形式向观众展示声音的艺术。除此之外,还有《歌手》《中国好声音》等音乐类综艺。虽然在节目中被调用的感官不仅仅是听觉,还有视觉,但是声音作为其中至关重要的元素被呈现出来,给人们创造了沉浸式倾听,声音的表现力和吸引力远远超乎我们的想象。在节目中,声音带来的感官体验被放大。

此外,文化类节目《朗读者》也获得了很多关注,节目的口号是"无声的文字,有声的倾诉",在节目之外,还在全国各地设置"朗读亭"。通过朗读者声情并茂的朗读,听众也从中感受到情感共鸣。

6. 智能语音助手

近年来,随着人工智能的不断进步,智能语音助手也不断发展,逐步解放了人们的双手。智能语音助手一般集成在操作系统中、可通过语音唤起或者是物理或虚拟按钮启动。在语音识别技术和人工智能技术的支持下,智能语音助手可以与用户进行对话,只要对着手机讲话,智能语音助手就能跟我们对话和执行一些任务,如查询天气、新闻、搜索信息,等等。

智能语音助手在解放工作中的双手,给我们带来便捷的同时,还让我们体验智能生活所带来的乐趣。在实际使用过程中,智能语音助手不仅仅充当了私人智能助理的角色,更有虚拟陪伴的功能。当前最有代表性的智能语音助手是苹果的 Siri。在抖音、微博上可以看到很多人们与 Siri 的对话。Siri 被人们当作一个可以对话的人格化的朋友。

(二)移动智能终端建构的时空关系解读

时空关系也是移动传播中听觉文化研究的重要内容。移动传播时代,时空关系更加复杂,由于声音元素的加入,人们摆脱了诸多时空限制,创造了更加多样的时空体验。

1. 私人听觉空间的建立

聆听原本是社会性和群体性行为,而移动智能终端和耳机的使用完全使聆听个人化和私密化。私人听觉空间相对于公共听觉空间来说更鼓励放大自己的情感体验和思辨过程,受众不再处于被动的过程,而被激发出了主体性的冲动。

具有多样功能和可触达丰富内容的移动智能终端,已经融入了人们的生活,成为一种普遍的生活方式。人们既可以在独处和休息时的固定环境中,也可以在跑步、走路、旅行等移动的环境中戴上耳机,人们可以随时随地地沉浸在自己的听觉世界中。

耳机,成为现代人生活中无形的玻璃墙,这一道墙可以成为私人听觉空间的屏障,人们尽可以看到周围空间和景致的变换,但是听觉世界确实独属于自己的。很多人都对这样的体验并不陌生：在拥挤的地铁上，上班族戴着耳机，便能沉浸在自己的音乐世界中，在路上，青年学生行色匆匆，同时还戴着耳机与别人通电话。这些行为切断了与周围人的联系，并向周围人传递"生人勿近"的信息。

移动收听终端的普及为现代人赋予了独立和封闭的听觉环境，私人听觉空间崛起，对声音的倾听日益成为一项私密化的个人文化活动。值得思考的是，人们在拿着手机戴着耳机穿越公共文化空间，同时沉浸在私人空间的同时，也摆出了与周围人和世界拉开距离的姿态。这也造成了公共空间人与人之间普遍的冷漠和交流的缺失。移动听觉媒体让我们回到了听觉文化时代边走边听的状态，然而却造成了我们和周围世界的疏离，从而也进一步造成了人们普遍的孤独感。

2. 私人空间的融合与转换

虽然手机等移动听觉终端促进了私人空间的建立，将私人空间和公共空间分离，但是事实上这种屏障是柔性的和虚拟的。由于移动终端具有的便携性，人们建立的听觉空间其实是流动的，随时随地可以被公共听觉空间融合。耳机的使用造成了公共和私人空间的分隔，然而两种空间的界限随时处于流动和变化之中。

人们通过使用听觉媒体，将看到的画面和通过听觉媒体的声音进行组合，从而带来新奇的体验。人们也可以随时切换到所处的公共空间或者是其他的空间中，同时，戴上耳机，又能从外在的公共空间切换到私人空间中。当人的注意力转移，听觉空间也会发生切换。

与此同时，物理空间对人们生活的影响渐弱。移动互联网的发展使得我们可以在不同的活动地点在任何的场景下实现两种空间的切换。公共空间借助移动设备转换为私人空间，私人空间也可以转化为公共空间。

3. 移动智能终端参与场景的建构

当前技术发展越来越迅速，声音作为建构场景的重要元素发挥了越来越大的作用。声音是场景的设定者，是情绪的设置器，它让我们迅速调整心态，配合我们所看到的视觉内容，使得所有的现场的内容浑然一体，也使得场景中的我们在游览的过程，不仅可以去看现场的景点和展览物，还可以通过扫码的方式了解到背后的历史故事，这极大丰富了人们的游览和参展体验。

除了实物场景，人们的生活场景也由于移动智能终端的参与而更加丰富多彩，我们可以在进行不同的活动时选择不同的背景音乐，在学习时选择舒缓的轻音乐，在有氧运动时选择快节奏的音乐，在路途中选择听听新闻或者知识付费音频。多样的功能促进了我们多样的生活场景的建构，并改变了我们的生活方式和生活习惯。

4."中间时间"，和"中间空间"

在以往的生活中，人们在等待的时候、从一个地方到另一个地方的中间地带，这样的时间和空间，看上去细碎，也没有什么重要性。例如，人们等火车、等人、排队、一个人坐在咖啡馆的时间和坐地铁、从家去商场的路上，这些时间和空间分别被称为"中间时间"和"中间空间"，这些时间和空间往往不被人们所重视。但是由于手机的普及和发展，使得这些时间和空间也由于被人们利用而具有了意义。

在这样的"中间时间"和"中间空间"中，我们可以听一首音乐，和朋友进行简短的聊天，看一段搞笑的视频，时间因而被填满，我们的空余时间的注意力全部被手机所占据，没有手机，人们甚至会无所适从。

人们由于实现了对"中间时间"和"中间空间"的利用，生活变得更加丰富，生活密度远远超出往日。与此同时，由于增加了与外界联系的频率，人们可以建构更加丰富的健康的人际关系。

（三）移动智能终端促进身份塑造和社会关系的建构

听觉媒介规定了人们的媒介使用方式就是听，在听的过程中，人们建构自己的私人空间，塑造自我的身份，影响了自我与他人的关系。在移动智能终端上，由于很多应用具有社交性传播功能，这对用户的认知与思维模式产生巨大变革的同时，也在改变人们自我身份的塑造和社会关系的建构。听觉媒介环境下，传统的媒体使用的过程中身份塑造方式被打破，人们的身份塑造从静止的文字和图片中挣脱而出：一方面，听觉媒体打破了传统的声音传播的信息垄断，声音不再拘泥于一对一和一对多的传受双方，而是发展出复杂的结构，各种既有的意义共同体不断被分解和区隔；另一方面听觉媒介提供了更为广泛的、共通的意义空间，用户以声音、兴趣、内容为中心，聚集成圈子，从而促进新的身份塑造和群体交往。

1. 移动智能终端促进自我身份和形象的塑造

在过去，由于广播是重要的听觉媒体，人们主要以集体收听的方式使用听觉媒介，听的人的身份并不重要。并且，由于广播声音不易保存易于消逝的特性，使得人们必须要在固定的时间去听，才能听到自己想听的内容；即便是有了留声机，人们也只能按照录制好的声音的顺序来听，对于听什么的问题自主性较弱。

现在，手机、iPad 等移动听觉终端的出现使得人们有了更多的选择权。我们不仅仅可以选择我们所消费的声音内容，建构自己的听觉空间，还可以通过听与其他人建立联系。相对于以前的大众广播的时代，人们有了更多的自主权，可以以自己喜欢的方式建构自己的听觉世界。每个人的手机里面都有一个自己爱听的内容的列表，我们可以自己决定各种声音的排序和重要性。

通过选择自己听什么，我们明确自己的身份，年轻的大学生喜欢网易云音乐，初入职场者选择得到APP等知识付费音频产品、人们通过对媒体的选择，创建了不同于他人的听觉世界。通过分享，我们塑造自己在他人面前的形象。

与此同时，在移动传播时代，"人人都有麦克风"，每个人都有渠道发出自己的声音，人们不单可以在一些自媒体上发布自己的内容，还可以在很多的音频平台上注册账号，创作和发布自己的声音内容，通过声音，人们塑造一个不同于现实中的身份，实现了自我价值。

2. 移动智能终端促进听觉的人际交往和群体交往功能的发挥

听觉天然地便具有社交性。不管在哪个时代，人与人面对面的交谈都是人们交往交流最重要的方式。随着技术的发展，人们更加可以便利地与他人沟通，文字、图片、视频影像等都应用于人们的社交过程中，但是听觉社交始终在人们生活中占有重要的一席之地。基于移动互联网和移动终端技术的发展，人们更是可以实现跨越时间和空间的声音对话，并以新的形式延伸面对面交往的模式。

现在很多的社交软件都有语音功能，例如微信、QQ等。这些软件使得人们在虚拟的网络空间中通过声音来进行人际交往成为可能。听觉社交和其他社交方式的区别在于，声音与人的情感更为贴近，相对于文字的生硬和需要借助表情包才能传达感情，声音显得更加真实生动，更加能调动情感，能传达更多的"副语言"，可以使对话双方互相了解情绪和心情，加强了交往的效果。不过，这些软件交友更多的是熟人社交，促进了传统的社交关系的网络化。

除了附带听觉交往功能的软件，还有专门针对声音交友的应用。与微信和QQ这类主打熟人社交的软件不同，这些听觉交友软件主要依靠声音建立联系，人们通过彼此的声音触发个体化的体验，直接触及个体的心灵和情感，让交往的双方产生更多的幻想和联想。声音成为这样的听觉社交软件中关键性的元素，或悦耳、或沙哑、或磁性的声音成为使用者独特的标签。在这样的听觉社交中，每个人都有自己喜欢的声音类型，在不了解对方其他信息的基础上，声音成为是否持续交往的唯一的评判标准。

除了人际交往之外，还有群体之间的交往。互联网拓展了人们的交往范围，形成了很多区别于现实社区的网络社区。这些虚拟的网络社区往往是基于相同的兴趣和目的而形成的，移动互联网和移动终端技术的发展更是使得这些虚拟网络社区的发展渗透进人们的生活。与其他的网络社区不同，听觉类的网络社区主要是依靠与听觉相关的爱好而形成的。例如有专注于二次元的声音社区猫耳FM，它便是一个有声漫画、广播剧、有声电台等二次元及泛二次元的社区，有相关爱好的用户聚集在社区上，他们相互有共同的爱好和很强的归属感，有自己独特的表达方式和意义系统，可以以独特的话语来确认彼此的身份。

这种网络虚拟社区不仅具有传统的社区的特点，同时也有浓厚的现代特性。互联网的"小世界网络和无标度网络"的特性在这里有了充分的体现。人们克服了时间空间的界限，只是由于相同的对于声音的爱好而形成网络社区，听觉的群体交往功能在这里得到释放和体现。

移动传播时代，移动传播终端中的听觉交往不仅仅促进了基于现实世界中的人们的交往，更拓展了人们的交往空间，实现了与陌生人之间的交往，并且基于声音这一趣缘的网络交往方式更加拓展了人们的社交网络，那些爱好相同、价值观相似的人得以建立交往关系。这些听觉社交方式的蓬勃发展体现了听觉社交已经深入了人们网络社交的方方面面，并与现实交往融合在一起。听觉不仅促进了人们的社会交往，还加深了社会交往的深度和广度，对于人们的人际和群体交往有着重要的作用。

二、移动传播时代听觉文化的表现特征

移动传播时代，随着手机等移动终端的广泛使用，听觉的潜力得到发掘，人们更多的在日常生活中使用声音和调动听觉。听觉文化也在这样的环境下有了新的表征。

（一）时空界限消弭

移动传播时代使得时间碎片化。时间原本是连续的，并没有所谓的分段、区隔和碎片化。但是由于人类活动和文化方面的原因，本是连续的时间有了种种切分。农业文明时期，人们遵循时令进行农业生产，遵循一种循环的时间观念。而现代社会，通过给时间刻度、高效的运输和信息传播媒体，使得我们可以与世界上任何一个地方的人建立联系，时间所以被分成大大小小的碎片。

微信语音对每条语音的时长限制在60秒以内，很多音频付费的内容多是10到20分钟，这迎合了移动传播时代人们碎片化的使用习惯。现代社会，人们的生活普遍比较忙，生活节奏较快，很难有大片的时间去完整听完一段长音频。但是，人们生活中充满着碎片化的时间或者是"中间时间"。在排队时、在通勤过程中，抑或是在吃饭时，利用这短暂

的时间，用户便可以利用听觉来接受一些讯息，获取娱乐资讯或者与朋友进行交流。

(二) 社会关系脱域

当前，我们所处的媒介世界离不开数字化。我们日常从手机等设备中听到的所有声音都是经过数字技术的处理过的。现代声音技术努力让声音脱离其发生的现场，让声音摆脱现实的音源从而成为一种可以编辑、合成的文化产品。甚至由于现代出色的声音编辑技术，生成的声音比原本的声音还要更加完美和悦耳。所以很多人发现明星在CD中的声音比现场的声音更好听，这就是由于经过一些特殊的处理后，不完美的部分就像数据一样被清理和改进。这种从而导致最终呈现在人们耳边的是"悦耳"的完美声音。

除此之外，还有听觉社交和社区建构的虚拟的社交环境，在这样的社会交往中，每个人的真实身份并不重要，只有声音、声音背后的素质才是唯一重要的东西，人们将情感寄托在虚拟的社交活动中。当前的我们生活在充斥着虚拟声音的环境中，真实和虚拟的边界界限被消解了。数字技术为我们塑造了不在场的在场感，多人群聊创造了大家共处于同一场景的幻象，热闹的音乐和音频内容驱除了内心的孤独，手机创造的虚拟的声音环境更让大家难以离开手机了。

(三) 大众文化与亚文化共生

毋庸置疑，当前的听觉文化与消费社会和消费文化联系密切。可以说，当前的听觉文化是伴随着消费社会的来临而发展的。当代消费社会的重要特点便是商品符号价值与形象意义的重要性要远远超出商品本身的使用价值。所以物的消费已然变成了符号消费。现代听觉也难以逃离这种趋向。在消费社会，艺术化的生活方式被更多的大众认可和接收，成为大众化的生活方式。而大众文化与数字传媒技术的结合，使得声音的传播更加便利，很多高雅的文化也得以被普通民众消费。曾经属于上层社会的生活方式的古典音乐，也渐渐为广泛的大众所欣赏。

同时，忽视差异的大众化的文化并不能完全满足人们的需要，如何满足更多人的个性化需求也成为商业组织探索的方向，"广播"变"窄播"的出现也就易于理解了；与此同时，不同兴趣的人们还会聚集在自己的圈子内形成自己的亚文化，例如他们聚集在B站、贴吧、微博，形成自己的听觉网络社区。不过，不管听觉产品面向的是大众还是小众，都是为了促进人们的消费。刺激消费者的需求和欲望，便成了商业组织的共同的选择。

(四) 互动性和开放性

与此同时，当大众传媒和商业组织所生产的丰富的内容被消费者所收听之后，也会推高消费者的地位，消费者们渐渐获得主导权，并被刺激出内容生产的欲望，消费者们也向生产过程渗透，创意的产生和集成制作越来越多地被分散到社交网络、移动电台等虚拟空间的活跃个体上，他们也会反过来成为声音内容创作主体，声音表现形式和声音内容呈现出前所未有的丰富性和多元化。

一些音乐软件不再是单纯的听音乐，而是塑造了一个听歌、分享、评论的虚拟社区，并且发展出社交的功能，使得一些具有相同的听歌品味和听歌感受的用户更加方便地互动。以网易云音乐为例，任意搜索一首歌，都可以看到歌曲下面少则几十条，多则上万条的评论。用户在评论中或是抖机灵，或是表达自己的听歌感受，或是讲述自己与这首歌的故事，网易云音乐的评论还能回复，网友在看到评论之后还可以跟着评论进行回复。

移动传播时代，人们从传统社会转向移动的现代社会，更便捷的软硬件、更丰富的听觉内容塑造了这个听觉文化渐渐崛起的时代的鲜明的表征。这些表征完全不同于以往时代，每个人都是这表征的参与者和塑造者。

本章小结

在移动传播技术和数字技术发展的环境下，声音得到了越来越多的运用，多样的听觉媒体和内容丰富了人们的生活，同时也预示着一种听觉文化的回归，本研究便是在这样的环境下进行的。本论文对听觉和听觉文化进行了历史性考察，对移动传播和移动智能终端及对当前的听觉文化进行了细致的观察和分析，探索出当前听觉文化的表征、困境和超越路径，对于当前移动传播时代听觉文化现象的解读和听觉文化的发展有一定的意义。

但是，本研究只是抛砖引玉之作，还有一些未尽之处。研究中选择访谈的样本较少，难以全面展现移动传播时代听觉媒体对个人的影响，这在一定程度上影响结论的说服力；当前听觉媒体发展日新月异，研究者对于当前移动传播时代听觉文化的考察还难以面面俱到，还有一些听觉文化的特点有待进一步挖掘；听觉文化作为一种新的媒介环境，人与技术的互动还有待更加精细和缜密的研究。之后的研究者可以围绕这些问题进行进一步的深入和突破。

除此之外，听觉文化的研究还应该特别关注"人"这一主体性要素。当前移动互联网技术迅速发展，5G、物联网、大数据、人工智能、AR/VR/MR等技术也会得到较大的突破，越来越多的智能化的媒介必然会应用到人们的生活中。在这样的环境下，人们的生活也越来越智能和全息化，媒介和个体会更加融合，沉浸式的媒介使用方式也会使得人类的听觉发挥更大的作用，届时，听觉文化也会相应产生变化，听觉感官的激活在人们生活中必然更加广泛。无论媒介和技术如何变幻，居于中间的元素永远是"人"，如何让人们享受到更高质量更有审美价值的声音、如何激发人类的声音创造力、如何促进人类身心和感官平衡和提升人类的幸福感永远是研究者应该关注的方向。

最后，对于中国来说，我们有更为持久和坚固的听觉传统，并且，在技术发展方面，我们在数字通信、智能语音、新媒体应用等领域居于世界的领先地位，我们还有层次更加多样化的受众，这给当前中国的听觉文化研究提供了更加复杂的背景和广泛的研究对象。所以在听觉文化的研究上，中国理应有更多的关注，从而为世界的听觉文化研究领域贡献一面来自中国的镜子。

第六章 媒介融合时代新闻传播的新发展

当前我国经济呈现出良好的发展趋势,并且科技发展日益加速,这在某种程度上推动了新闻传播业的快速发展。在其发展过程中,传统媒体与新媒体之间的界限越来越模糊,不同媒体相互融合,这是新闻传播业发展的主流趋势。本章主要阐述了新闻传播业的媒介融合新趋势,继而推动新闻传播业未来发展得更为强大。

第一节 媒介融合时代的新闻价值分析

一、新技术对新闻价值的消解

(一)媒介融合时代人工智能取得的突破性进展

在1956年召开的美国达特茅斯会议上,人工智能的概念被首次提出,这次会议主要围绕"如何用机器模拟人的智能"这一问题展开,来自数学、心理学、神经学、计算机科学与电气工程等各专业领域的学者结合各自的研究成果各抒己见,不断丰富着人工智能的内涵和外延。也是在这次会议上,人工智能被正式确立为一门独立的学科。

人工智能60余年的发展历程曾几经沉浮,在发展初期,人工智能取得了一些举世瞩目的成就,例如研发出可以证明数学定理的机器、可以执行命令的跳棋程序;到了20世纪60至70年代初,人们已经不满足于这些基础应用,但更加理想化的目标又难以实现,如此一来,人工智能发展走入低谷;又经历了10年的发展,人工智能在模拟人类专家的知识经验、解决特定领域问题方面取得进步,专家系统应运而生,并开始在医疗、化工、地质等领域崭露头角;到了20世纪80至90年代,人工智能发展再次陷入低迷,专家系统的不足之处开始暴露,其应用领域过于狭窄,缺乏常识判断,也不具备复杂的推理能力。

直到 20 世纪 90 年代中叶，互联网技术的发展为人工智能的创新发展提供了新的动力，技术在行业的落地具备了更多现实可能性。进入 21 世纪，伴随移动互联网、云计算、大数据、物联网等信息技术的发展，计算机的并行运算能力有了大幅度提升，随之而来的是各领域数据的快速积累，这种发展趋势为依靠深度学习的人工智能提供了丰富的学习资源。

（二）媒介融合时代智能技术推动了媒体智能化发展

回望人类社会的传媒发展史，每一次传媒行业变革都与技术的重大突破密切相关。智能媒体的发展也是如此，它有赖于各种新兴技术之间的正向反馈互动，在技术寻求行业落地、解决行业痛点的实践中交流碰撞，从而产生一个个技术创新应用。移动互联网、大数据、云计算、5G 等技术的成熟应用是媒体智能化发展的技术基础，而人工智能、物联网等技术的发展则成为推动媒体智能化发展的直接技术动因，使传媒业呈现出"智能化"的发展趋势。

《媒体融合蓝皮书：中国媒体融合发展报告（2017—2018）》显示，在国内外媒体实践中，智能技术已经应用于媒体节目制作的多个环节，其中包括线索发现、信息采集、内容的生产和分发、效果反馈等。随着人工智能的发展，诸如语义分析引擎、新闻智能采集软件、新闻智能分析软件、新闻内容智能管理软件等应用也相继出现，从而构建了更加高效的人机协作流程。

当前，人工智能仍是传媒业关注的焦点。在未来今日研究所（Future Today Institute）总结的 75 种技术趋势中，有超过一半的技术发展趋势都与人工智能密切相关。实时机器学习、机器阅读理解、自然语言理解、自然语言生成、音频视频算法、可预测机器视觉、算法商店等人工智能技术进一步发展，人的判断力和经验式行为将不断训练机器来掌握。一些有实力的媒体组织已经开始将人工智能运用到日常的内容生产和传播中，而那些不具备技术自主研发能力的组织也将依托算法交易市场获得技术能力。

（三）媒介融合时代传媒业积极探索媒体融合新路径

在经济转型的发展形势下，提供信息服务的传媒业也在持续探索媒体融合、产业升级的新思路。技术进步是推动媒体变革发展的重要驱动力，21 世纪以来，信息技术的成熟发展开启了媒体融合的大趋势，如今智能技术的蓬勃发展再一次成为推动媒体融合的关键力量，为新一轮媒体融合提供了更多想象空间和发展路径。

在行业实践中，新华社于 2017 年底推出国内首个媒体人工智能平台"媒体大脑"，这是人工智能在新闻传播领域实现全方位协作与融合的系统性发展成果，为探索媒体融合发展路径提供了良好的示范效应。"媒体大脑"以互联网为技术设施，将云计算、物联网、人工智能、传感器等技术融入新闻生产中，涵盖新闻智能生产、自动分发、智能会话、语音合成、版权追溯、人脸识别、用户画像等多种功能，实现从线索采集到策划采访，从生产到分发反馈等新闻传播全过程自动化运作。"媒体大脑"项目使新闻生产活动更加智能化，促进了媒体的深度融合、跨界融合发展。

以人工智能为代表的智能技术为媒体行业的创新发展提供了新的契机，人工智能技术正推动移动互联时代向智能互联时代转变。

（四）媒介融合时代工具理性主导新闻媒体变革的主要表现

智能技术已广泛应用于新闻生产传播的各个环节，从发展现状来看，媒体的智能化应用凸显出以工具理性为主导的发展趋势，具体表现在机器新闻写作、信息推荐、信息搜集、信息识别等领域。这种技术应用的价值取向给新闻业带来了一定的积极影响和消极影响，而其消极影响应该给予更多关注和思考。

1. 工具理性的本质特点

对工具理性进行系统论述和批判的是德国社会学家马克斯·韦伯。韦伯生活于19世纪末20世纪初，这个时间段也是现代技术蓬勃发展的时期。此时，技术应用不仅在控制自然和改造自然方面发挥了巨大作用，并且也开始渗透到社会领域乃至精神文化层面。因此，他开始对技术所体现的工具理性进行反思和批判。

工具理性通常以可计算和可预测的技术逻辑确定目标，最终选择最佳手段和最佳途径实现目标。其本质特点可以概括为以下方面：其一抽象还原、定量计算的标准化逻辑。这种逻辑的起点是数学，数学是清晰、严谨和确定的，是一种讲究普遍性、规范性的理性逻辑，任何事物都可以被量化、运算。其二诉诸于标准化技术实践。工具理性倾向于通过抽象还原和定量计算的方法，将自然对象转化为在数学等式中可理解的概念用以认识世界并指导实践。其三追求最佳方案、最佳手段、最佳效率的思维方式。这种价值取向通过利弊权衡，最终选择最佳手段和最佳途径，而不是从道义良知出发做出选择。其四工具理性讲求效率逻辑，以满足人类物质需求的生产和财富的增长为出发点，情感需求和精神需求则放在其次。

所以，在媒体的智能化应用中，这种工具理性的价值取向可以理解为：以追求利益和目标实现为己任，依靠抽象还原、定量计算和标准化的逻辑，将现实世界的信息传播规律转换成可量化、可计算的数学公式，在传播实践中追求最佳方案、最佳手段、最佳效率。

2. 媒介融合时代工具理性主导新闻媒体变革的具体表现

媒介融合时代工具理性主导的新闻媒体变革具体体现在机器新闻写作、算法推荐机制、个人信息搜集、信息智能识别等技术应用的逻辑中。

（1）高效、模式化的机器新闻写作

学者卡尔森认为，"在以数据为中心的新闻实践中，没有像'自动化新闻'这样具有潜在的破坏性：这预示着新闻内容将远远超过人类记者的生产能力，从而开拓更多可能性领域"。①

机器新闻写作是媒体智能化的早期应用，这种新闻生产模式的工作流程大致分为五步：第一，自动抓取网络空间的信息数据，分类建立数据库；第二，根据提前设定的算法模型进行数据分析和计算；第四，将分析结果填充固定的写作模板自动生成新闻内容；第五，对语言和语法进行纠正，增加可读性；五是等待编辑审核或自动推送新闻。

例如，2017年8月初，九寨沟县发生地震后，中国地震台网"地震信息播报机器人"仅用25秒就编写出一篇新闻稿。500余字的新闻稿中详细交代了震区的地震强度、地形、人口、天气、历史等情况，除此之外还提供了地震区域地形图。"地震信息播报机器人"实际上就是一套能够执行命令的程序，当地震发生后，这套系统会自动启动工作流程，运用地震数据管理与服务系统，依次完成数据抓取、数据加工、自动写稿、编辑签发等流程，写作与播报的速度可以用秒来计算。腾讯财经的新闻写作机器人"Dreamwriter"编写的第一篇财经消息仅用时一分钟，之后又生成了面向不同读者群体的四个版本。第一财经研发的"DT稿王"可实现数据的海量抓取和分析，日阅读量3000万字，三十天就可以完成一部四库全书的体量。

由此可见，这种信息生产模式追求高效、量产，将信息采集和写作过程量化、程序化，遵循提前设定的算法模型，生成规范化的文本内容。从整个工作流程可以看出，机器新闻写作的运行逻辑明显体现出以工具理性为主导的价值取向：在信息搜集环节更强调自动化和程序化；在数据分析中多用结构化的数据分析方法，并结合智能语义分析技术，把事物的概念、本质属性、事物间的相互联系、相互影响等构成一个框架，然后把自然语言的词汇附在这个框架上；在自动生成本书的过程中，运用算法将数据资料套用在既定模板上自动生成规范化的稿件。

（2）精准、个性化的信息推荐

在互联网海量信息的汪洋大海中，要想将丰富的信息资源与用户个性化的信息需求相

---

① 马特·卡尔森，张建中. 自动化判断？算法判断、新闻知识与新闻专业主义 [J]. 新闻记者，2018（03）：83-96.

匹配，就必须通过机器的算法推荐机制来实现。以"今日头条"客户端为例，"其内容数据库每天要处理来自2000多家专业媒体机构、7.5万个各级党政机构和各类自媒体头条号的共计60多万条信息"。① 在信息量超载的环境中，算法推荐机制可实现海量数据的快速处理和精准分发。算法推荐机制是将计算机技术引入新闻传播领域的典型应用，这一技术根据用户过往的行为习惯描绘用户信息消费的规律，分析用户的兴趣点和习惯，并对用户未来的信息消费内容进行预测和判断，从而有针对性进行信息推荐。

仅就信息分发来说，算法机制要了解和匹配三个方面的特点来实现精准推送。一是用户的基本特点，包括性别、年龄、职业、爱好、浏览历史、手机型号等；二是用户所处的环境特点，包括用户所在地的位置、当地时间、天气、网络状况；三是信息数据库中的文章特点，包括主题、关键词、新闻价值等。经过一系列复杂计算，算法将为用户推送个性化的信息流。

以新华社"媒体大脑"为例，这一智能平台基于新华智云大数据挖掘技术，可以连接多账号、多设备、多领域之间的数据集，解决数据孤岛的问题；通过手机用户在不同平台的信息消费特点、地理位置等信息，勾画"用户画像"，提取用户的各项特点，为新闻的个性化推荐作参考。在获取用户专属的新闻分发个性化推荐模型后，"媒体大脑"可结合新闻大数据和自然语言处理技术，根据用户的兴趣、位置等多维度因素，通过机器学习，帮助用户快速找到想要的内容。

相比传统的新闻分发机制，算法推荐具有高效、精确等诸多优势。2017年有调查显示，在资讯推荐精准度方面，算法推荐首次在用户感知上超越新闻和社交渠道的推荐。也就是说，算法推荐机制在满足用户个性化信息需求方面可以做到更加精准。算法推荐中对内容的抽象提取、数据的量化管理以及对分发效率和精准度的追求同样体现了以工具理性为主导的技术应用逻辑。

（3）开放、全面化的个人信息搜集

在众多消费场景中，个性化消费体验日益受到追捧，这种消费趋势也驱动着人工智能在个性化、场景化消费领域的创新应用。移动互联网、大数据、5G等技术的成熟发展，为智能技术探索场景化应用提供有力支持。例如，"基于位置的服务"（LBS技术）就是当前广泛应用的智能追踪技术。该技术不仅可以确定移动设备或用户的地理位置，还可以提供与位置或用户需求相关的服务。场景化的技术应用全面考虑了人、时间、地点和物的关系，并在此基础上准确判断用户的行为和需求。再例如说，伴随语音识别、人脸识别、机器学习技术的日趋成熟，企业可以通过分析用户画像更好地理解用户需求，精准、差异

---

① 宋建武，黄淼. 信息精准推送中主流价值观的算法实现［J］. 新闻与写作，2018（09）：5-10.

化的服务使得用户体会到被重视的感觉，其满足感进一步加强。以今日头条为例，其内容总监曾在采访中透露，在用户使用今日头条APP时，今日头条同时掌握了用户使用其他APP的情况、用户在电商平台的行为数据以及用户的各种环境信息。

网络空间的虚拟性，使得个人数据易于收集和分享，而人们却很难追踪个人数据泄漏的途径与泄露的程度。开放的产业生态使得政府监管处在滞后状态，相关的法律规范也有待完善。在工具理性的主导下，智能技术应用遵循最佳方案、最佳手段、最佳效率的思维方式对用户信息的全面收集与利用，将会带来数据泄露与滥用的风险。

（4）智能、可量化的信息识别

当前，信息智能识别技术已广泛应用于内容审核和版权保护中，具体可以识别图文、音视频内容中的违法违规、暴力低俗、侵犯版权等不良信息。

例如，今日头条自主研发了CID（Content Identification，内容识别）系统在处理视频侵权问题上发挥了积极作用。每个上传到平台的视频内容都拥有唯一的"内容指纹"，系统会将这个"内容指纹"与其他上传到平台的视频进行对比，一旦出现侵权指令，视频版权方就可以以此为依据申请版权保护。本质上，所有的文字、图集、语音、视频，在机器那里都呈现为文章的形式，所有的文章形式都可以变成可量化显示的文章指纹用于对比分析。类似地，今日头条还曾推出专门监督低俗内容的小程序应用——"灵犬"反低俗助手。用户输入一段文字或给出一个文章链接，"灵犬"会自动进行文字提取和语义识别，然后根据设定的规则，检测出内容的健康指数以及具体的评判标准和参数，最终生成完整的鉴定报告。

在国外，人工智能还能根据用户发布文本的特点来推测用户情绪变化。例如，Facebook就将这项技术用于监测社交媒体平台有自杀倾向的用户。这套人工智能系统可以识别有自杀风险的帖子，对相关字眼进行分析，并发送至人工审核团队进行复审，对确定有自杀风险的用户，会及时提供帮助，联系亲友。

在人们应用智能技术识别、认知外界事物的过程中，同样体现出以工具理性为主导的价值取向。具体表现为：运用自然语言理解、图像识别、语音识别等技术，经过计算机的抽象还原和定量计算，将自然对象转化为在数学等式中可理解的概念，进而认识现实世界并指导实践。

二、新闻媒体需维护价值理性

（一）媒介融合时代新闻媒体维护价值理性的必要性分析

当前来看，媒体的智能化应用带来了一系列负面影响。表面来看这是由于技术的不当使用造成的，但究其根源是人们的价值理念出现了偏差，即过于追求高效量产的技术逻辑和短期的经济效益，由此带来工具理性的过度膨胀和价值理性的日渐式微。

1. 价值理性的本质特点

价值理性是与工具理性并行的概念，最初由马克斯·韦伯提出。价值理性是作为主体的人对自身价值和存在意义的体认、忧患、呵护、憧憬、建构与追求的自觉意识。① 价值理性并不否认人们为了满足物质需要而进行的实践活动和逐利行为，它更关注的是，这些需求的满足是否漠视人的价值和尊严，是否促进人的全面可持续发展。

由此可见，价值理性实际上是人们在实践活动中形成的价值智慧和价值良知。价值理性是人们用以调节和控制欲望和行为的精神力量。价值理性的本质特点可以概括为两方面：第一，批判性，即价值理性主张批判性思考，对事物发展保持质疑和反思；第二，合目的性，即在实践中有一把约束行为的标尺，把人的需要合目的性地转换为现实实践。

在本书的研究语境中，"价值理性"可以理解为：媒介融合时代，新闻媒体及媒体人对职业价值和职业存在意义的认识、忧患、建构与追求的自觉意识。新闻媒体可以理解为传递新闻信息的载体；也可以理解为新闻机构或新闻组织；亦可以从宏观上指代新闻行业。新闻媒体维护价值理性的内在要求主要从三个方面分析：第一，技术负载社会价值，技术不仅体现为一种技术判断，也包含着价值判断和广泛的社会意义；第二，媒介传承社会文化，媒介活动和其他文化实践一样，可以传承人类文明，体现社会关系；第三，媒体承担社会责任，媒体应该服务公共利益，对公众负责。

2. 媒介融合时代新闻媒体维护价值理性的内在要求

（1）技术负载社会价值

技术并不是一个中性的存在，不管是设计维护技术的人，还是使用技术的人，都会将自己以及所处时代的价值观赋予技术本身，并在技术应用中有所体现。所以，所谓技术中性论只能在很局限的意义上成立，技术所体现的不仅是一种技术判断，还包含着价值判断和广泛的社会意义。

早期今日头条就是很典型的由技术主导的产品。他们声称，这是一个民主化产品，产品设计本身没有情感和价值观，信息不分高低贵贱自由流动，旨在最大限度满足受众需求。国外也有类似的媒体机构，声称其算法系统没有价值观，可以利用算法模型重塑更加客观的现实世界。

有研究发现，作为一种计算机程序的算法，在设计之初就受人为因素影响，不管是判断标准制定，还是数据处理方式，都在机器自动决策过程中发挥作用。因此，事实并不像

---

① 邹喜. 对工具理性与价值理性关系的批判性反思 [D]. 广西师范大学，2006：16.

信息服务商所说的那样，资讯产品的运转完全由算法控制，没有采编人员，本身不生产内容，也没有价值观。还有研究通过考察大学生使用"今日头条"的新闻推送记录，总结发现了其新闻价值观念体现在代码设计和编写之中。其中，内容分类、用户喜好、特定场景和平台优先级是"今日头条"新闻价值观念的集中表现。

然而，人工智能等技术形式并不是单纯的技术问题，这些技术将会对人类社会产生深远影响。智能技术也有其价值取向和技术逻辑，如果使用不当，也会带来负面影响。所以，媒体在智能技术应用中应该坚守正确的社会价值导向和专业的信念操守。

（2）媒介传承社会文化

媒介技术与社会文化的关系是媒介环境学派的主要关注点，其中尤其关注媒介技术发展对人类文化的影响和塑造，并由此阐释以技术为核心的媒介环境如何改变人类的思考方式和生活方式。伯明翰学派将媒介现象看作一种社会文化现象纳入文化研究中。他们认为，媒介不仅仅是一种技术形式，媒介在参与信息传播过程中，也和其他形式的文化实践活动一样，起到传承社会文化的作用，媒介技术的发展有力推动了大众文化的蓬勃兴起。

伴随互联网技术的日益发展成熟，媒介形态趋于多样化，这种多媒体形态可以容纳绝大多数的文化表现形式，从最坏到最好的，从最精英的到最流行的。① 文化的影响贯穿人们社会实践活动的始终，也将定义人们实践活动的价值和意义。

当前，基于人工智能的算法推荐机制可以很好地满足人们的个性化信息需求，但是这种个性化的信息需求更多的是针对人们的感性需求，倾向于让人们得到感官刺激、心理满足或实用需要。不断被强化的信息推荐机制可能会导致信息传播环境的过度娱乐化、低俗化，降低了用户对严肃新闻资讯、新闻评论的关注，从而弱化了公共意识。智能技术应用带来的负面影响督促我们认真反思人类的技术实践活动，思考应当以怎样的文化理念为指导，让信息传播活动合乎人性、合乎理想地发展。

（3）媒体承担社会责任

从媒体的社会属性来看，媒体承担着社会责任。媒体社会责任论强调，媒体应该服务公共利益，对公众负责。其具体要求可以概括为：真实、全面、理智地报道每日新闻，揭示事件背后的意义；应成为交换评论和批评的论坛；反映社会各组成部分有代表性的面貌；反映和厘清社会的目标和价值等。在理论的深入研究中，学者们"强调媒体服务公众利益的核心原则，阐释媒体在提高报道质量、实践媒体功能（特别是报道政治与公共事

---

① 邹喜. 对工具理性与价值理性关系的批判性反思 [D]. 广西师范大学，2006：1

务、传承文化等)、维护专业伦理等方面的社会责任要求①。"

学者尹鸿认为,当前传媒的市场化改革不仅仅是一个经济学话题,只有与人文视野联系在一起才是传媒改革的正确道路。媒介在产业化、市场化过程中,更需要思考的是,"如何保持社会信息资源共享,如何创造社会认同和公共意识,如何维护或者建构主流伦理秩序和社会规范②。"这些才是与媒介的发展方向、相关的重大问题。即使是商业媒体,由于其推送的内容属于精神产品的范畴,包含着社会意识形态的部分,所以也具有媒体的性质。商业媒体一方面需要提供受众所需的信息内容,获得关注度,实现经济效益;另一方面也要考虑传播的社会影响,维护公共利益,承担社会责任。

媒体智能化的发展趋势是传媒业实现产业升级、生态重构的重要契机,而兼具传播信息与传承文化、政治属性与经济属性的新闻媒体,仍然要坚持以社会效益为重,服务公众利益,在实践中坚持追求新闻的本质,坚守新闻的价值。

3. 媒介融合时代新闻媒体维护价值理性的意义

在工具理性占主导地位的媒体智能化实践中,维护价值理性的原则有利于坚持正确的价值导向,改善信息传播环境,确定伦理道德边界,坚持专业标准。

(1)有利于坚持正确的价值导向

价值导向是一定社会阶级为实现其政治经济目的,依据其价值观念和原则要求形成的指导思想和社会生活的总体指向。③对于价值观的理解可以有多个维度,既包括个体认知的价值观,也包括一个社会共同体所认同的价值观。其中,"社会共同体的价值观是特定共同体成员普遍认同并持有的价值观"④,这种价值观使社会成员分享着共同的文化和传统,产生一定的情感认同,从而形成亲和力和凝聚力。尽管在当代社会,价值观趋于多元化的发展,在个性化信息推荐的机制下,这种信息窄化、观点极化的趋势越来越严重。但是,作为一个社会共同体,应该有共同认可的主流价值观,守护大家共同的精神家园。

新闻媒体肩负着传播社会主流价值观,坚持正确价值导向的责任。即使是在媒介融合时代,新闻业要重点关注的"依然是价值和意义重构的过程,也就是主流意识形态的意义再生产的过程⑤。"缺乏社会主流价值观引领的算法推荐机制对于社会共识的达成和社会

---

① 周葆华,范佳秋,田宇. 新媒体社会责任表现的实证研究——以腾讯网为个案的量化评估 [J]. 新闻大学,2017(06):73-88+124+153.
② 王岳川. 媒介哲学 [M]. 开封:河南大学出版社,2004:90.
③ 周君. 当今中国的价值导向问题探究 [D]. 湖南师范大学,2010:23
④ 吴向东. 重构现代性:当代社会主义价值观研究 [M]. 北京:北京师范大学出版社,2009:25-26.
⑤ 吕新雨,赵月枝,吴畅畅,王维佳,洪宇,田雷,胡凌,熊节,余亮. 生存,还是毁灭——"人工智能时代数字化生存与人类传播的未来"圆桌对话 [J]. 新闻记者,2018(06):28-42.

个体的社会化都会产生负面影响。为应对这些不良影响，我们需要深入研究主流价值观的传播应如何通过"算法"工具来实现。

当前，业界已经开始了这样的技术探索。2018年4月，"快手"首席执行官宿华针对快手平台上传播的大量低俗违规内容道歉。他表示，社区运行中算法是有价值观的，算法的缺陷是价值观的缺陷导致的。今后，快手将重整社区运行规则，将正确的价值观贯穿到算法推荐的技术逻辑中，坚决抵制和删除违法违规的视频。2018年6月11日，人民日报客户端推出面向全国媒体、党政机关和优质自媒体的资讯聚合平台"人民号"，其副总编辑表示，"人民号"将探索适合党媒传播的算法逻辑，用主流价值观引导算法分发，实现海量内容与个人化需求的合理匹配。

（2）有利于改善信息传播环境

在《大图景：为什么民主需要卓越的新闻》一书中，美国媒体评论家舒尔提出新闻的三大原则，其中之一就是求真的道义责任。对新闻媒体来说，首先需要坚持的价值理性原则就是提供真实的信息，挖掘事件背后的真相。

即使媒体的智能化应用已经非常普遍，但仍然无法消除充斥于网络的虚假和低俗信息，原因之一就在于技术应用的价值取向出现问题。以个性化信息推荐机制为例，当前的算法机制并不能完全屏蔽虚假新闻，这不仅是由于源头的信息库质量良莠不齐，并且还有信息分发中价值取向出现偏差的问题。

当前，各大新闻资讯平台都在建立自己的自媒体内容平台，鼓励广大网络用户从事内容生产。迅速增长的自媒体账号内容良莠不齐，使得数据库资源充斥着大量劣质内容；当前以点击量为价值取向的算法规则，使自媒体参与者更倾向于生产一些迎合大众低俗趣味、迅速吸引眼球的内容；而个性化信息推荐也在极大地满足用户的低俗趣味，这样的循环往复，就导致平台陷入内容质量下降的漩涡。

随着互联网技术的迅速发展和网络信息内容的不断丰富，网络新闻传播已经成为新闻传播的重要方式，通过网络进行的信息消费方式也逐渐成为主流。所以，网络信息内容的质量将直接关系到整个网络环境的健康状况。"自媒体生产者太多，专业记者太少，事实真相何其稀少"已经成为新媒体生态的真实写照。如今，社会已经从信息发现过渡到了信息证实的阶段，我们面临的主要问题不再是如何发现信息，而是如何确定哪些信息是可信和可靠的。传播技术的发展为人类提供了即时沟通的渠道，但是还不能保证沟通和交流的质量。所以，新闻媒体在提供真实信息、探索事实真相方面的角色仍然不可替代。

（3）有利于确定伦理道德边界

在新闻传播领域，"技术的能量越大，就越需要规范与伦理的约束，这既包括技术伦理，也包括新闻传播的专业伦理①。"智能技术在新闻业的应用同样涉及新闻伦理和技术伦理的问题。

在过去，新闻伦理是专门用来规范新闻工作者的行为规范。例如说，新闻实践中应该以事实为最高价值标准；要尊重新闻当事人，不能偏听偏信；要学会容纳、理解不同的观点和立场；要以公共利益为重等。而技术伦理是专门用来规范技术工作者和技术产品消费者的行为规范。技术伦理要求技术工作者和技术产品消费者在技术设计、实验和应用过程中，不但要合乎目的性，并且要合乎道德规范；不但要考虑眼前的、既得的利益，还要考虑到长远的利益；不但要考虑技术活动者自身的经济效益，还要考虑到人口、资源、环境和人文的因素。伴随媒介融合时代的来临，当行业与智能技术紧密结合时，就需要重新考虑智能技术在行业应用的伦理问题，即需要共同遵守特定行业的专业伦理和技术应用伦理。

从当前智能技术在新闻业的应用来看，以工具理性为主导的技术应用强调的是如何用最优方案达到目的，更强调功用性和最终效果，忽视了技术在专业领域应用的潜在威胁；而用户在使用智能产品时，由于对技术本身缺乏了解，所以会更多地考虑其正面的应用价值，而忽略了其潜在的危害，例如算法偏见、个人隐私泄漏等问题。所以，坚持价值理性，就要求在技术应用中考虑到伦理道德问题，确立伦理道德边界。

（4）有利于坚持专业标准

"工程师的世界是一个理性主义的世界，在这个世界里，思维在于对人造的、去除情境的和轮廓明显的对象进行线性计算；这种运算中的问题是清楚明白的，结果是可验证的。"② 一般来说，专业新闻从业者所遵循的职业规范和道德伦理并不约束负责技术设计和应用开发的工程师或程序员。但是，由于智能技术已广泛应用于新闻传播领域，这些技术设计和应用开发人员的工作也将深刻影响新闻信息采集、生产、分发和反馈的过程。如果只是遵循技术导向的应用设计理念，一味迎合用户的信息需求，忽略专业新闻实践中的价值判断和舆论引导，则将背离新闻传播的社会价值。在公共信息平台上，再好的传播渠道和内容分发机制都不能缺失"总编辑"和"把关人"，都需要将新闻专业理念与技术逻辑相结合，不能放任算法机制主导内容生产和传播。

所以，不管传媒边界如何变化，参与者有哪些，专业性仍然是重要的行为准则。其内涵也将转变成一种公共交往的准则，承担着社会环境监测、舆论监督、社会整合、文化传承等功能。到那时，专业的新闻媒体将继续坚守专业主义的基本要求，而参与公共传播的

---

① 彭兰. 无边界时代的专业性重塑[J]. 现代传播（中国传媒大学学报），2018，40（05）：1-8.
② 安德鲁·芬伯格. 技术批判理论[M]. 韩连庆，曹观法译. 北京：北京大学出版社，2005：122.

组织和个人也需要具备一定的专业性，其中包括相关的媒介素养和道德伦理。这些信息生产和传播的参与者将以公共利益为最高准则，共同维护公共信息环境。

(二) 媒介融合时代新闻媒体维护价值理性的路径

技术发展提供了一个社会竞争的舞台，各种社会群体在这个舞台上都试图推进它们的利益和相对应的规划。学者芒福德认为，社会要想同机器协调发展，其路径不应是让社会运作方式追赶工具发展步伐，而是要让机器的天性和节奏与人类需求相匹配。面对技术的冲击，真正有想象力的人文精神必须首先面对和解决的是传播活动中的现实问题，而不是避开这些问题而空谈价值坚守。技术作为人类文化中一个元素，其对社会的作用影响，取决于人类社会的利用方式。所以，本书认为，面对智能技术在新闻业应用中工具理性占主导地位的现实，新闻媒体可以在以下三个方面寻求维护价值理性的路径：一是坚持工具理性与价值理性共融发展；二是坚持以人为本，突出人的主体性；三是坚持做融媒体平台的共建者和维护者。

1. 坚持工具理性与价值理性共融发展

在人类实践中，工具理性与价值理性都有不可替代的作用，工具理性主要解决"如何达成目标"的问题，价值理性首先要解决"做什么，为什么做"的问题。社会实践的持续健康发展离不开工具理性和价值理性的协调统一。在技术应用的语境中，芒福德提出"有机技术观"，主张技术要回归生命，成为人类谋求幸福的手段，而不是奴役人类的工具。

所以，智能技术在新闻传播领域的应用也应该秉持这种"有机技术观"，将工具理性与价值理性有机融合。具体可以从两个方向努力：一是改进技术设计的逻辑，将新闻专业理念融入设计中；二是加强机构合作，促进技术开发机构和媒体组织的交流合作。

(1) 改进技术逻辑，融入专业理念

学者郭全中认为，所谓"智媒体"具有三重内涵，一是智能，即能够实现信息智能匹配；二是智力，即智媒体的自我演化和发展；三是智慧，即具有高尚的价值观。[①] 其中，智慧是对智媒体应用的最高标准，新闻媒体是事实真相的探寻者、记录者和传播者，也是社会正义良知的维护者。所以，智能技术应用应该朝着优化信息传播环境、坚持正确价值导向的方向发展。

以个性化信息推荐机制为例，当前广泛使用的算法可以大大提高信息分发的效率，并且优先考虑如何迎合用户的兴趣爱好。但是，随着智能技术在新闻业的深入发展，算法就

---

① 郭全中. 智媒体的特点及其构建 [J]. 新闻与写作，2016 (03)：59-62.

不能只停留在提升效率或者仅仅满足用户低级趣味这些层面。如果将日常信息推送看作是一个人完成"社会化"的过程，即全面感知社会环境，提升个人认知水平的过程，就必然要考虑这些内容的质量、社会意义和价值取向，考虑是否有利于传播社会主流价值观，是否有利于社会达成共识。所以，信息分发平台也要承担起社会责任，在满足个性化需求的同时，兼顾公共信息的传达，在监测社会环境、净化信息空间、整合社会意见、传承社会文化方面有所作为。

在实践层面上，新闻媒体应该充分考虑信息对于用户的重要程度，通过建立用户数据库来分析用户的社会角色和信息需求特点；另一方面，新闻媒体应该进一步优化内容数据库，加强内容质量把关，建立多维度的标签体系；并在此基础上，对内容所体现的价值取向是否符合社会主流价值观进行评估。最后，将用户真正需要的，且价值导向正确的高质量内容进行精准推送。

换言之，新闻媒体的议程设置功能在媒介融合时代并没有失效，专业媒体人的价值判断仍然对算法的走向起到引导作用。应用算法的信息推荐机制不能仅依靠大众热点判断内容重要性，还要更多地参照专业价值判断，对于优质内容给予更高的推送机会。在这一过程中，具有技术优势的新型主流媒体平台应以更高效率、更多维度向公众提供信息服务，用主流价值观引导算法设计，促进社会达成共识。

在改进算法逻辑方面，国内外媒体机构都提供了可借鉴的案例。2018年3月，英国广播公司（BBC）以报告的形式明确了算法逻辑应遵守的原则，其中指出算法要服务公共利益，算法责任伦理应当包括公平、准确、透明、可解释、可审计等原则。作为国内新型主流媒体的封面传媒强调，封面新闻客户端在算法设计上区别于一般的商业媒体，它将人类智慧与技术智能相结合，强化价值连接，纠正算法偏见，为技术植入价值观的灵魂。封面新闻曾在公开场合表示，作为主流媒体将承担起传承文化的时代责任，打造"科技+媒体+文化"生态体，坚持正确的政治方向、舆论导向，将正能量的价值取向纳入算法模型。因此，无论新闻专业主义是否要重构，核心的价值理念仍会存续，并且不仅是规范人的规则，也将成为机器需要遵守的法则。

（2）加强技术公司与媒体机构合作

智能技术在新闻业的应用改变了原有的新闻生产模式，由最初的依靠专业记者生产内容（PGC）；到互联网2.0时代的专业生产（PGC）与用户生产（UGC）并驾齐驱；再到如今的Web3.0时代，算法生成内容（AAC）与PGC和UGC三足鼎立。在这种环境下，不同的新闻生产传播机构应该加强业务合作，鼓励优质内容生产，优化算法推荐机制，凝聚共识，实现共赢。

如今，网络新媒体与传统媒体进行合作的意愿和需求越来越强烈。今日头条总编辑曾表示，权威组织是平台上最宝贵的内容生产力，平台将进一步调整推荐权重，让权威声音成为主流声音。西瓜视频也明确表示，将加大人工编辑在内容审核中的作用，促进人工智能与人工编辑更好地合作以改善内容质量。另一方面，在智能技术的更新迭代过程中，依然少不了专业媒体机构根据实际的工作提出新的技术需求，正如腾讯网 AI 项目总监刘康所言："做技术的出发点是为人所用，是为了解决人的需求而生。"

在机构合作方面，有一些新闻媒体走在前列，例如新华网、封面新闻。新华网联合阿里巴巴等机构合资成立新华智云科技有限公司，依托各自的优势资源，搭建起面向媒体行业的智能化平台，旨在借助大数据和人工智能等技术赋能，促进媒体融合深度发展。当前，新华智云已自主研发国内首个媒体人工智能平台"媒体大脑"，在 2018 年"两会"、世界杯、进博会等重大报道中崭露头角。2017 年 9 月，微软、北京师范大学和封面新闻共同组建了"人工智能与未来媒体实验室"。在分工方面，微软亚洲工程研究院是新技术研发的主力；北京师范大学给予学术理论上的支撑；封面新闻则负责整体成果的落地。三方将重点研究人工智能与媒体融合、舆情管理、大数据和媒体电商、互联网数字媒体等四个领域。在探索人工智能与未来媒体融合发展上探索出理论与实践相结合的新路径。

2. 坚持以人为本，突出人的主体性

人工智能的发展常常给人带来一种错觉，智能机器已经足够聪明，可以代替人类作出决策和执行任务。但实际上，智能技术只是一种辅助，决定技术逻辑的关键还在于人本身，应该坚持以人为本，突出人的主体性。具体可以从两个方面努力：一是新闻媒体在应用智能技术时要体现以人为本的价值追求，让技术造福于人；二是在人机协作中发挥人的主动性和创造性，不能受制于技术逻辑。

（1）智能技术应用体现以人为本

"美好社会的目标应当是使人类充分实现潜能。所以，质问现代社会最重要的问题就体现在占主导的技术规划对人类生活的理解是什么。"① "以人为本"的价值取向可以等同于人们所倡导的"人文精神""人文关怀"。当科学技术飞速发展、物质生产富足给社会、人性带来负面影响之时，"以人为本"的价值呼声就愈发强烈，其主要内容就是要重视人的生存环境、价值与尊严。这种价值追求在技术实践和新闻实践中都有相应的要求。

新闻学者杜骏飞认为，面对机器新闻生产的兴起，传统新闻业和新闻公共价值的式微，新闻价值的人本主义转向就成为新闻学保持主体性的唯一可能。这种转向包括以下意涵："新闻的本质是人；它应该报道人，并以人性来报道；新闻必须基于事实报道来关怀

---

① 安德鲁·芬伯格. 技术批判理论 [M]. 韩连庆，曹观法译. 北京：北京大学出版社，2005：21.

人,其目的是要帮助人了解世界及理想化的生存。"①

从智能技术的应用现实来看,当前的算法机制并不能完全了解人性,还在满足较低层次的信息需求。除此之外,个人隐私泄露、数字鸿沟等问题也亟待解决。所以,有学者研究认为,判断未来传播技术形态和产品形态的价值标准应该从三个"以人为本"原则出发:第一,是否能扩张人们社会连接的丰富度,改善信息流动的板结化现象;第二,是否能扩大人们实践行动的自由度;第三,是否能提升人们对纷繁复杂的社会环境的掌控力。②

(2) 人机协作发挥人的主体作用

随着实践经验的积累,人们才意识到,机器并不适用于人类所有实践活动中,有些地方不适合使用机器,还有些地方错误替代了人的角色和功能。人类应该让机器在它应该发挥作用的地方作为工具服务于人类。我们要做的是,在与机器体系相处的过程中运用自己的想象、智慧和社会责任,坚持价值理性的信念,实现人类的自由与全面发展。

当前智能技术给新闻业带来了高效的新闻生产流程、精准的新闻推送机制、互动的信息消费体验。但是,在事实探究、价值判断、人文关怀三个层面上,专业新闻工作者的角色是机器无法取代的。美国一位网站编辑认为,如果将人从新闻采编中剔除,那么新闻就如同没子弹的弹膛,虽然可以迅速发出刺耳响亮的声音,但其中空无一物。③

第一,在内容核查层面发挥人的主体性。在内容审查和事实探究方面,智能技术所能发挥的作用有限,仍需要新闻工作者发挥主体作用。正如今日头条人工智能实验室总监所说,当前人工智能识别内容的难点在于攻克语义的复杂性,加强逻辑推理能力。算法推荐机制虽然可以在一定程度上过滤到一些违法违规的关键词,但是无法对内容的质量负责,无法判断创作水平和社会价值。由此也导致网络上的很多资讯即使内容空洞毫无阅读价值,只是为了"蹭热点",最终却被机器推荐给用户阅读。所以,在内容审查方面,新闻媒体要继续完善人工审核机制。通过算法机制推荐的重要新闻稿件应该由人工编辑进行复审,设立资深编辑进行整体把关;完善算法推荐的人工干预机制,制定详尽多维的标准对文章质量优劣进行判断。明尼苏达大学教授柯特利认为,"我们所需要的肯定不仅仅是算法。我们需要活生生的人来分析和阻止这些不合理的信息传播"。④ 事实上,很多从事新

---

① 杜骏飞. 新闻是人,新闻学是人学 [J]. 国际新闻界, 2018, 40 (02): 22-29.
② 喻国明. 传播学的学术创新: 原点、范式与价值准则——在"反思传播学圆桌论坛"上的发言 [J]. 国际新闻界, 2018, 40 (02): 109-117.
③ 常江. 策略化逃避: 门户新闻网站在人工智能时代的实践理念转型 [J]. 编辑之友, 2018 (12): 58-64.
④ 马特·卡尔森, 张建中. 自动化判断? 算法判断、新闻知识与新闻专业主义 [J]. 新闻记者, 2018 (03): 83-96.

闻资讯服务的互联网公司都开始大量招聘人工编辑和审核人员，即使是那些偏重技术导向的平台，例如Twitter、Facebook、今日头条、腾讯、UC头条，也都设置了人工审核岗位，负责信息数据的标注、审核和把关，做最后的价值判断和风险控制，帮助机器掌握更多新闻传播领域的专业审核规则。

在事实探究方面，虽然依托大数据、云计算、人工智能等技术，新闻媒体已经可以在线获取一部分事实材料，甚至发掘到相关事件的潜在规律性。但是这并不意味着，依靠机器抓取数据完成的自动化新闻写作就可以替代人类记者现场的调查与采访。很多时候，我们需要从数据的"牢笼"中抽离出来，真正深入社会基层亲身体验，获取鲜活的人物故事和第一手的社会数据。自动化新闻写作在新闻客观性、时效性方面拥有绝对的优势，它长于消息类报道，倾向于呈现事实事件结果；而人类记者更重视对新闻事件发生和发展过程的详细描述和深入分析，完成这些工作不仅需要搜集大量事实、数据，更需要记者深入实地进行考察，挖掘基本事实背后的真相，探究事件的社会意义，完成深度报道、人物访谈、调查报道、舆论监督这类题材的写作，而这些是当前机器无法驾驭的。所以，基于网络海量资源的数据分析技术可以作为新闻实践活动的补充，但无法替代一手的原始资料，而人类记者通过实地考察获取的数据也正是进行数据分析的第一手数据资料。机器可以在回答新闻"是什么"方面发挥优势，而关于"为什么"的问题上，人类记者将掌握开发力和话语权。

第二，在价值判断层面发挥人的主体性。从传播信息的性质来看，有事实传播、知识传播和价值传播三个类别。事实传播和知识传播以精准传播为主要特点，而价值传播的最终目的是意义分享。当前的智能技术应用可以提升事实类和知识类信息的生产传播效率，甚至在一定程度上取代人的工作，而在价值传播领域，人的作用则很难被取代。究其原因，价值传播是价值观念的传播，以构建和维护主流价值观为主要目标，旨在通过传播活动，加强社会全体成员对主流价值观的认同，促进社会共识的达成。

当前，智能数据分析技术可以帮助新闻生产者掌握当前舆情热点、话题热点、搜索热点，为生产者挖掘信息价值、寻找写作角度、生成策划创意提供技术支持。但是，这只是应用大数据分析的理想状态。实际上，我们掌握的数据资源越多，相关联的数据就越多，最后会形成一个过于庞大冗杂的数据群。这时，对数据的分析解读能力就变得非常重要。即使机器对大数据进行了深度解析，提取重要特点，但是要透过数据发现问题本质、提出有价值的选题，还有赖于人的经验判断和创新解读。对数据意义的解读需要专业眼光，这种专业的眼光又取决于专业的价值理念。所以，媒介融合时代新闻媒体要维护价值理性，就集中表现为对社会主流价值观的建设和维护，加强社会主流意识形态的吸引力和凝聚力，而这仍然需要专业新闻从业者的新闻敏感和多年积累的专业素养对新闻价值和意义进行判断和解读，而不能仅仅依靠冷冰冰的机器去分析。

第三，在人文关怀层面发挥人的主体性。人文主义的根本价值追求是对人的价值的尊重，新闻业在众多博弈中的核心竞争力在于其服务公共利益的价值理念。"人文关怀"始终是新闻从业者坚守的核心价值之一，且主要体现在其新闻作品中。新闻工作者关注时代发展，关注百姓民生，维护公共利益，其笔下的新闻作品有温度，有态度；而算法以及与此关联的程序、数据、公式、模型等，则并不懂得人间冷暖，也不会包含人性和人文元素。

除了作品中体现对社会现实的关注，对人的经历和命运的关切，新闻从业者在日常工作中与社会各领域人群的交往也是表达人文关怀的一个途径。只有这种真切的、可感知到的交往方式才是我们在媒介融合时代平衡工具理性的重要手段。这种深入社会各个阶层，了解人情百态，关注人的生存状态的新闻实践，是机器新闻生产不能替代的。

3. 坚持做融媒体平台的建设者和维护者

技术所导致的问题已经远远超出了技术范畴本身，它涉及文化、政治、经济、价值观念等各个方面，单单依靠技术逻辑来解决问题就显得势单力薄，必须将具体问题与整个社会生活实践联系起来考察。随着智能技术在新闻传播领域的广泛应用，构建智能媒体平台已经成为行业发展的重要趋势，在这种形势下，新闻媒体机构应该坚持做融媒体平台的建设者和维护者。具体可以从两个方面努力：一是要加强不同学科间的合作交流，积极研究制定平台行为准则；二是促进社会公共传播的发展。

（1）加强多学科交流，制定平台准则

为了顺应智能媒体的发展和对内容平台建构的要求，新浪、腾讯、网易等互联网企业纷纷开始构建以内容为中心、人工智能技术为基础的新型媒体平台。有学者认为，人工智能技术浪潮带给传媒业的不仅仅是生产传播机制的改良提升，而是具有颠覆性的重新定义，并由此构建起新的媒体生态——泛内容生态平台。在这个平台中，媒体不再是我们理解当中的传统的传媒机构，一切能够实现信息互联的载体或平台都被称为"媒体"。[1]

依托人工智能技术构建的泛内容生态平台上参与者众多，其中既包括底层技术架构设计人员、智能应用开发人员，也包括专业内容生产者、自媒体人、机器写作运营者等。在这种情况下，具备技术优势的互联网平台开始占有越来越强的流量、数据、隐私、内容优势，而滥用这一优势将对每一个人的连接和认知造成不良影响。

想要规避这些风险，发挥主导作用的应该是融媒体平台的参与者和使用者，而不是媒

---

[1] 喻国明，景琦. 传播游戏理论：智能化媒体时代的主导性实践范式[J]. 社会科学战线，2018（01）：141-148+2.

介和平台本身。智能技术只是为社会生活提供了一种基础设施和连接方式，有了这种新型的信息交往方式，至于如何开展活动，就是平台参与者的选择，且也会受到社会、政治与文化等因素的综合影响。所以，融媒体平台运行规范的制定需要各方社会力量的参与。

在制定平台规则方面，往往会遭遇专业壁垒。对于科研人员来说，他们更多地关心技术是否被合理利用、是否对达成目标有所帮助，这种认知的局限性无法使技术在人性、法规、环境、伦理道德等方面做到面面俱到。当科技工作者不去主动了解技术所产生的负面影响，反而对人文学者的担忧表示质疑时，便会陷入一种尴尬的局面，而此时就需要双方共同努力，重新搭起沟通的桥梁。人工智能技术的研发不仅是科研技术人员的事，还需要来自法律、伦理、哲学、社会等学科领域的人员参与其中。

融媒体平台的内容分发规则与流量逻辑会直接影响平台的生态，对公共利益的关怀应成为平台的核心法则。从新闻媒体的角度来说，在融媒体平台上，过去所遵循的新闻专业理念将成为一个社会展开信息交往和公共生活所遵循的基本规则。

国外在制定人工智能伦理方面走在了前列，例如著名的"阿西洛马人工智能原则"，这项原则对人类开发人工智能提出了建设性意见，指出人工智能应该朝着安全透明、负责、可解释、多数人可受益的方式开发；人工智能的技术开发者应培养合作、信任和透明的人文文化；其设计和操作逻辑都应该保护人类尊严和人类文化的多样性。科技巨头IBM、谷歌还建立了跨学科的人工智能伦理审查委员会，确保人工智能技术的有益性、合规范性。这种合作研究将是一个长久的过程，不仅仅是简单的套用规则，而是持续跟进规避人工智能的伦理风险。例如，科研人员与哲学家、法律工作者探讨，取长补短，就可以通过算法及深度学习规避一些错误及危险，保证技术的严谨性，使技术人性化、稳定化，更好地融入人类社会生活。所以，国家主管部门应该联合专家学者、媒体机构、科技公司等多元主体，共商技术伦理规范，针对人工智能研发应用、未来媒体发展方向制定基本的伦理准则，成立相关的伦理委员会，及时对技术风险进行评估。

（2）促进社会公共传播发展

伴随国家城市化的发展和信息技术的升级换代，传统社会形态逐渐重构为网络社会，社会公共信息的传播形态也发生前所未有的改变。就当下传媒业变革来说，最突出的表现是"从以传统媒体为核心的新闻传播时代转向以多种媒体行动者共同构成的公共传播时代。"[①]

公共传播即面向公众、事关公共利益的传播。以互联网、移动互联网终端为代表的新媒体改变了公共传播的原有格局，构建了更加自由开放、多元共享的信息平台。在新媒体环境中，多元的传播主体、不同性质的媒介组织构成了一个相对开放的传播网络，进一步

---

① 张志安，孙玮. 公共传播时代的新闻人才培养 [J]. 新闻与写作，2019（01）：10-15.

拓展了公共传播实践的广度和深度。理想的公共传播图景应该是，在特定公共空间中，多元化的参与主体都有机会自由表达和被广泛倾听，并且这些自发分散的信息和观点可以有序地流动和汇集，最终凝聚成社会群体的普遍共识。

智能技术为公共传播的理想模式提供了可实现的技术支持。基于大数据的智能分析功能，公共信息平台可以预判舆论发展方向，及时把控舆情，对舆论进行正确引导，从而保证公共传播的有效性和安全性。基于空间维度的公共传播可以在疏导城市人流以及调整居民日常行为模式方面发挥无可比拟的优势。基于图像识别和自然语言处理的城市传感器系统可以即时感应城市环境中的风险，为人们的决策提供参考。在处理危机事件时，智能技术平台可以发挥场景化传播的优势，做到信息的精准、及时发布，让公众在第一时间了解事实真相，识别谣言，进行正确的舆论引导，从而将危机处理限制在可控范围内。

例如，一向提倡"科技向善"理念的腾讯就推出了一款专门用于辟谣的公共信息平台"全民较真"，该平台可以接受网民申请鉴别信息真伪的申请，然后邀请专业人士鉴别存疑信息，判断是否为假新闻或谣言。与此同时，平台设置手动搜索和自动推送功能，一方面，用户可以主动进行关键词搜索，对存疑信息的真伪进行判断；另一方面，在经过用户授权后，系统会自动推送那些曾经被用户浏览过的、关于谣言的辟谣信息。在不久的将来，伴随5G技术的推广应用，物联网将获得更大发展。万物互联时代，依靠高速传输网络和互联智能传感器，信息采集将更加快捷方便，信息发布将更加实时准确，辟谣的效率和准确度也将大大提升。

所以，新闻媒体在公共平台的信息传播活动应该起到示范引导作用，利用智能技术的优势，主动维护公共传播秩序，坚持正确的价值导向，净化传播环境；创造性地设置公共议题，引导公众参与社会话题讨论，培养公共理性；改进算法机制，实现公共信息和适用人群的智能匹配，推动公共信息穿透个体的"茧房"，让涉及公共利益的信息能够到达更广泛的人群。

第二节　媒介融合时代新闻信息资源的利用与开发

一、信息资源的特点

（一）信息资源的无限性与零余特性为重新开发利用新闻信息资源提供了可能性

信息、能源、物质是人类赖以生存的三大物质存在形式。但是，作为与物质、能源并存的"世界第三大来源"的信息资源,是有着比物质、能源发展更为广阔的前景,由于人类的物质资源、能源资源作为一种自然资源,其可开发利用是有枯竭之虞的,而信息资源的开发了利用却无枯竭之虞,反而会因其二次、三次开发利用大大增值。这主要是由于它具有诸如信息的可叠加性、信息的放大和缩小性、信息的可干扰性、信息可湮没性、信息的可转换性、信息的再生性、信息的可开发性和可利用性等本质特点决定的。信息的这种特点,决定了信息在传递过程中必然会出现信息零余这一现象。这为重新开发利用新闻信息资源提供了用武之地。

所谓信息零余,"是信息在开发、传递过程中所出现的零乱、耗散、遗漏、余存、再生等现象"。信息作为一种客观存在,它"不仅是物质的,并且有时也是观念的",是"反映出来的物质属性"。它本身不存在这种现象,而是必须借助信息主体对其能动的开发、利用,才能显示出其社会功用和价值。大众传播中的新闻主体在进行信息传播时,由于受主、客观条件的限制,对信息的开采是不全面的。新闻主体对信息客体的不同观照,自然会出现信息传播过程中的零乱、遗漏、耗散、浪费、余存、再生等现象。这种耗散、零余现象正是以某一家新闻媒体的信息有效开发、采用反衬另一家新闻媒体的信息无效开发、采用为对照的。信息零余及其新闻主体对新闻信息资源的再度利用、开掘与新闻主体对原生信息的处理方式存在着一种内在的联系,即信息内容的交叉趋同关系。原生信息特别是重要新闻信息由于新闻主体受主客观条件限制在快速开掘后必然出现零乱、耗散、浪费、余存等现象,这为新闻主体再加工成再生信息奠定了前提和基础。而再生信息经过新闻主体的加工之后将原生信息的新闻价值得到进一步的放大和提升,所以,两者是相辅相成、互动互惠的关系。除此之外,随着世界经济一体化时代的到来,人流、物流、信息流都以前所未有的速度迅疾发展,互联网将世界变成了"地球村",21世纪初的世界风云变幻,我国进行体制创新,经济进一步发展,种种的"变动"所产生的信息已使以大众传媒为主的信息载体应接不暇,势必产生信息流通中信息耗散、遗漏、零乱、余存、再生等现象,这为新闻媒介机构加工处理再生信息提供了广阔的前景。

在目前新闻竞争日趋激烈的今天,新闻媒体除了继续追求"第一时间"直接采访产生独家新闻外,还日趋重视对再生信息的开发和利用,各个媒体相互之间的选择转载其实就是信息零余与新闻主体对新闻信息资源再度开掘、利用的问题。只是在激烈的竞争下,新闻媒体之间的相互转载似乎走到了一个困境。除了少数有影响力的主流媒体外,大多数媒体对再生信息的开发利用都只是停留在简单的转载和复制上,有的甚至原封不动地照搬其他媒体的稿件。即使在主流媒体之间,同质化的趋向也日趋明显,要在第一时间获得独家新闻显得越来越困难,版面扩充需要大量稿件,转载其他媒体的新闻容易削弱其主流媒体影响力,从再生信息中形成新闻新视点的做法正在努力尝试,可是开掘、开发利用的幅度还不够。对于新闻网站来说，信息零余与新闻信息资源再度开发的辩证关系对于解决当前网络新闻日趋同质化的局面具有相当大的启发作用。尽管新闻网站已经不再像发展指出那样照搬母体的信息内容，但是网络上的海量信息并没有得到很好的开发利用，追求速度和数量使大部分新闻网站呈现出基本相同的信息观照，而大量暗含了受众欲知而未知的新闻因素的再生信息，在每一天的信息洪流中被湮没。要找到新闻网站自己的发展契机，应该从零余信息中发掘，新闻信息资源的再度开发利用应该成为新闻网站的一个重要课题。

（二）新闻信息资源的内涵特点以及它和其他新闻资源的关系

要了解新闻信息资源的概念，首先要从新闻资源讲起。新闻资源，是新闻媒介从事新闻传播活动的社会资源，具体包括新闻环境资源、新闻信息资源、新闻受众资源、新闻媒介资源。其中，"新闻"应理解为"新闻媒介从事新闻传播活动"这一双重意义，"资源"主要是新闻媒介从事新闻传播活动所需要的社会资源。这是把新闻媒介不断成长壮大和信息载体向多种新闻传播媒介发展结合起来考虑作出的限定，是把新闻媒介作为现代经济社会中一种文化产业看待作出的限定。

新闻信息资源是新闻资源中的一部分，是新闻媒介所拥有的新闻信息渠道及其产品，是以新闻传播者为主体、以新闻传播为目的指向的实践活动的对象，是客观事物新近所发生的相对变动，以及与变动相关的各类信息，是具有新闻传播价值的、表象和潜在的信息之和。新闻信息资源包括新闻提供者、新闻合作者、新闻线索、新闻稿件、新闻资料等。对新闻信息资源的占有率决定了媒介新闻传播的数量和质量。

新闻信息资源内部各个部分是相互联系的。新闻传播主体通过直接采访客体和通过新闻提供者和新闻合作者获得新闻线索，形成新闻稿件，过了时效性的新闻稿件成为供参考的新闻资料，这些新闻稿件和新闻资料将来也有可能会成为新闻媒介获取新闻线索的来源之一。概括来说，新闻信息资源内部的联系体现在信源和产品之间是相互依存的，又是可以相互转化的。信源中的信息可以生成新闻产品，这些新闻产品可以成为下一次传播活动的信源之一。信息无形态气味之分，多次开发利用不但不会衰竭枯萎，反而会再生和增值。从信息原理和大众传播学来看，按照信息的加工层次，可以分为"零次信息""一次信息""二次信息"。"零次信息"是通过直接调查的方法向调查目标、调查对象等客体采集的原始信息。"一次信息""二次信息"是在零次信息的基础上加工整理而成的，它不是直接取自自然界、人类社会、人们的认识思维过程，而是取自报纸、电台、电视台、信息网络等载体。未经加工的原生信息或初级信息，只配作信息的原始素材；经过加工整理的再生信息，其价值远远高于原生信息。对原生信息和再生信息的开发利用形成了原生新闻信息资源和再生新闻信息资源。通过原生信息采集的新闻由于深入现场，是直接来自产地的"第一手材料",容易出独家新闻;通过开发再生信息形成的新闻由于其信息加工的"劳动附加值"高,新闻价值开发、利用充分,更容易引起受众关注。随着新闻竞争的与日俱增,新闻媒体不但要利用原生信息争取出独家新闻,还要日益重视再生信息的开发利用,对本媒体的新闻产品、新闻资料重新进行整合、开发,从其他媒体的新闻产品中获取新闻线索,通过不断加工、提升增加信息的价值和砝码,这也是运用信息零余原理对新闻信息资源再度开发利用的问题。

新闻信息资源和其他类型新闻资源之间也是相互联系的,并且在一定条件下可以相互转换。新闻信息资源是从新闻环境资源中派生出来的,政治、经济、文化环境的变化为新闻媒介提供了无尽的新闻素材,同时也提供了大量处于各种目的乐于向媒介提供这些线索和稿件的新闻爱好者,以及从事与新闻有关的宣传工作的人员。这就是媒介能拥有新闻渠道、新闻提供者、新闻线索等的基础。新闻受众资源是指新闻媒介的受众对象,主要是事实上已经作为读者、听众、观众存在的社会公众,媒介的社会影响力、广告吸引力依此存在。受众是新闻传播的服务对象,也是新闻产品生产赖以实现价值的基本条件,受众构成包括受众的规模、受众的组成结构等,新闻受众资源的变动对新闻媒介具有重大的价值和意义,也会影响新闻信息资源的建设和开发方向。新闻传播活动是依靠一定的新闻媒介资源来运行的,具体包括资金、人才、设备、技术、载体、品牌、社会关系等。新闻媒介通过新闻人才和资金、设备等进行新闻报道工作,生成媒介产品。

新闻环境资源、新闻信息资源、新闻受众资源和新闻媒介资源之间是相互联系、相互依存,又是相互渗透、相互转化的,各个资源内部也是频繁发生变化、相互联系、在一定条件下相互转化的。这些变化和转换为我们认识和利用新闻资源,重新开发和配置新闻信息资源提供了充分的理论基础。

二、信息资源的利用与开发策略

(一)新闻信息资源建设与媒介经营

新闻不是商品,但新闻信息资源经开发后,可以作为商品,其商品性是同信息社会的实现相联系的。信息资源作为新闻资源中的核心组成部分,既是构成新闻行业特质的基础,也理应成为媒介经营的重点关注对象。

中国现在已经有超过两千万的网民,他们借助于互联网能够在第一时间获得有关世界各地发生的新闻。然而中国网络媒体的发展,从一开始走的就是一条联合发展的道路,即大多数网站都是在相互交换新闻,中国网络媒体由于采取了新闻共享这种方式,而使新闻本身遭遇了"集体贬值"。尽管近几年来一些网站也在试图不断开发更多的独创性新闻或资讯，网站的内容从一般新闻扩充到财经、体育、娱乐以及更多资讯，但是这样一波一波的扩版并不能阻挡网站的趋同化倾向。

网络以消灭时间差距的手段把世界压缩成了一个没有区域间隔的平面，对于各类新闻媒介包括网络媒介本身，传统的以"第一落点"为特点的"独家新闻"已经难以存在，新闻信息资源的源头空前地为各类媒介共享。竞争的焦点已经不在于独家发现，而在于独到的开发和配置。新闻网站的主要产品是新闻与资讯，尽管新闻网站承担着国家的新闻宣传任务，内容的生产，是实现此目标的主要手段。但从经营角度看，网站的内容，也是经营活动的一部分，它是不能与其他经营活动分开的。内容质量的高低，直接影响到网站的营利模式的形成，也影响到网站竞争力的高低。内容的生产，与新闻信息资源的开发利用是密不可分的。

从总体上来说，当前新闻网站对信息资源的经营水平还不是很高，对于那些传统媒体办起来的新闻网站来说，对网站的信息资源开发不够重视，网站的影响力和竞争力都没有得到更大的提高。具有独家特色的信息资源能够形成媒体的核心竞争力，新闻信息资源的建设应该成为新闻网站不容忽视的重要课题。信息资源建设是以用户信息资源需求为依据，以信息资源开发利用的效益、效果为导向，调整、组织信息资源的过程。信息经营主要表现在以下两个方面：一是信息的生产经营，就是指信息的搜集、加工、贮存、传输的全过程；二是信息的销售，就是要把信息卖出去。从经营的角度来看新闻网站的信息资源建设，就是用经营的基本策略对新闻信息渠道、新闻产品、新闻信息资料及相关的营销手段进行运作，通过对新闻信息资源的重新开发利用和整合来形成网站竞争的相对优势，扩大网站知名度和影响力，培养稳定受众群，探索出适合自身网站的赢利模式，最终促进新闻网站健康的良性动态发展。

（二）资源的多重开发路径

1. 同一媒介资源的深度开发

信息具有"客观性""寄载性""传递性""转换性""时效性""共享性""价值相对性""能动性""可伪性"等基本特性，我们可以利用这些特性对新闻网站的信息资源进行深度开发。

第一，由一视点引发多视点。新闻总是要关注事物的发展变化的，对于重大事件的迅速变动，新闻首先要关注的是事件发展的主流方向或矛盾的主要方面，而对其次要信息和剩余信息无暇顾及。然而事物的千变万化有时会使次要矛盾或支流起决定作用，这种次要方面矛盾或支流又是多头、多向发展的，于是事物的性质产生裂变，遇到新的"触媒"之后又成为新闻关注的对象。新闻网站应该发挥主动积极性，对新闻事件进行多角度的探讨和开掘,形成自己的"媒体视点"。

第二,逆向思考,转换新闻角度。信息在流动中既可向原有方向发展,也可以向其他方向发展,从而改变了信息的性质和原貌。信息不像物质和能量具有守恒定律,不达到一定的"度"不会引起反应变化,信息由于主体的能动作用,主体的任何关照方式的不同都会改变信息的流向。只要新闻主体转换视角,沿着新视点进行挖掘,就可以采集到生动的再生性新闻。

第三,对过去的事件重新关注和开发。信息在开采过程中由于主、客观因素的限制,而形成信息价值暂时的沉淀和积存,后经一定的"触媒"的诱发和刺激,从而将其价值重新彰显出来。例如海啸灾难的专题中,许多新闻网站都把这次灾难跟以前历年来发生的地震、海啸联系起来探讨人类与生态破坏、人类与灾难影响等。

2. 跨媒体资源多重开发

新闻网站可以根据多种或多项新闻资源之间的内在联系,进行统筹利用,使这些资源发挥整体效果大于部分之和的系统效应。不同媒体之间的新闻信息资源是可以共享并且相互开发利用的,实际上当前组建的媒介集团中很多都是同时拥有报纸、杂志、周刊、电视台或电台、新闻网站中的一种或好几种。这些不同媒介相互之间存在着出版周期的差异、媒体特性的差异和品质的差异,源在报刊上实现第一轮开发利用可以形成对资源的综合性、连续性的开发,如新闻信息资源,视台、从而产生更新一代的成果。

报刊的新闻作品便成为出版社、影视公司第二轮开发的报刊的新闻作品早已经成为新闻网站开发的资源,而电台、杂志等媒介的新闻信息资源成为开发利用资源的还比较少,新闻网站可以对此进行更多的关注。另一方面,新闻网站的资源也可以成为报刊、电视台、电台开发利用的对象,比如一些电视新闻栏目就把网站的内容也搬上电视屏幕,成为一种新的新闻播报方式。

本章小结

我国的新闻网站一出生就面临着市场的生存危机和发展的巨大机遇。经历了起步期和探索期,新闻网站开始进入越来越激烈的竞争,不仅是新闻网站之间的竞争,还有新闻网站与其他网站之间的竞争。不管是哪种竞争,信息资源的争夺和开发始终是网站经营的核心之一。在市场达到某种同质化程度后,信息资源开发利用的有效性和它与其他资源之间的转换增值正受到越来越多的重视,特别是具有长期积累的新闻信息资源优势的新闻网站。新闻信息资源是新闻网站发展的基础,新闻信息资源的建设关系着网站的发展及前景。新闻信息资源是新闻资源中的核心组成部分，是构成新闻行业特质的基础，也应成为媒介经营的重点关注对象。围绕新闻信息资源进行重新规划，开发更多符合网络媒体特性和新闻宣传角色的新闻信息产品，以此为基点开展媒介营销及其他相关增值服务产品的开发，从而使新闻网站在省内、国内、海外更广泛地吸纳读者，以培植广告源，提高媒体整体效益，加强新闻网站的影响力和公信度，是本书意在探讨新闻网站信息资源经营策略的根本出发点。

参考文献

[1] 吴坚. 短视频：新闻融合传播的新趋势［J］. 新闻世界，2020（09）：26-28.

[2] 白天晴. 媒体融合背景下电视新闻主播语态探析［J］. 新闻研究导刊，2020，11（17）：73-74.

[3] 白天晴. 媒体融合背景下电视新闻主播语态探析［J］. 新闻研究导刊，2020，11（17）：73-74.

[4] 袁嫒远. 纸媒与微信实现媒介融合的价值探析［J］. 记者摇篮，2020（08）：13-14.

[5] 马德军. 广播电视新闻编辑工作的创新探索［J］. 记者摇篮，2020（08）：56-57.

[6] 朱虹. 媒介融合时代报纸新闻编辑工作的变革［J］. 记者摇篮，2020（08）：62-63.

[7] 赵德伟. 媒介融合视域下纸媒新闻写作的创新分析［J］. 记者摇篮，2020（08）：80-81.

[8] 罗娅婷. 媒体融合视野下新闻记者角色转型分析［J］. 记者摇篮，2020（08）：94-95.

[9] 叶志卫. 媒介融合背景下对新闻传播的影响［J］. 科教导刊（中旬刊），2020（08）：164-165.

[10] 马德军. 广播电视新闻编辑工作的创新探索［J］. 记者摇篮，2020（08）：56-57.

[11] 朱虹. 媒介融合时代报纸新闻编辑工作的变革［J］. 记者摇篮，2020（08）：62-63.

[12] 赵德伟. 媒介融合视域下纸媒新闻写作的创新分析［J］. 记者摇篮，2020（08）：80-81.

[13] 罗娅婷. 媒体融合视野下新闻记者角色转型分析［J］. 记者摇篮，2020（08）：94-95.

[14] 袁嫒远. 纸媒与微信实现媒介融合的价值探析［J］. 记者摇篮，2020（08）：13-14.

[15] 刘淑娴. 新媒介生态下网络虚假新闻成因及治理路径［J］. 新闻世界，2020（08）：41-43.

[16] 刘淑娴. 新媒介生态下网络虚假新闻成因及治理路径[J]. 新闻世界, 2020 (08): 41-43.

[17] 单单. 媒介融合背景下新媒体技术对新闻生产发展的影响分析[J]. 中国多媒体与网络教学学报（上旬刊）, 2020 (08): 10-11.

[18] 涂欢. 融合媒体语境下我国新闻传播策略研究[J]. 传媒论坛, 2020, 3 (17): 33+35.

[19] 杨爽. 融媒体时代下新闻媒体的转型思考[J]. 新闻传播, 2020 (14): 175-176.

[20] 范佳. 融媒体时代下电视新闻的直播发展之路探究[J]. 新闻研究导刊, 2019, 10 (24): 237-238+240.

[21] 吴谢巍. 浅析媒介融合背景下社会新闻传播的策略[J]. 东南传播, 2019 (12): 35-36.

[22] 吴钰泽. 浅析电视新闻与新媒体融合的发展[J]. 传播力研究, 2019, 3 (36): 106.

[23] 孙雨红. 媒介融合背景下传统媒体新闻编辑转型策略[J]. 记者摇篮, 2019 (12): 79-80.

[24] 袁慧. 媒介融合背景下新闻采编的新特点探究[J]. 新闻研究导刊, 2019, 10 (23): 142+144.

[25] 袁文波. 媒介融合时代新闻记者的媒介素养再造[J]. 传播力研究, 2019, 3 (35): 150.

[26] 张悦. 媒介融合时代新闻编辑素养的新思考[J]. 传播力研究, 2019, 3 (35): 175.

[27] 胡友峰. 景观设计何以成为生态美学——以贾科苏·科欧为中心的考察[J]. 西南民族大学学报（人文社科版）, 2019, 40 (04): 161-168.

[28] 宋艳丽, 雷梦婕. 媒介融合背景下新闻摄影的机遇与挑战[J]. 传媒与艺术研究, 2018 (02): 2-8.

[29] 王译莹. 媒介融合中的新闻传播方式变化及应对策略分析[J]. 现代交际, 2018 (24): 72-73.

[30] 杨之汀. 媒介融合背景下融合新闻传播效应与策略研究[J]. 西部广播电视, 2017 (24): 32-33.

[31] 张玲. 媒介融合语境下的新闻传播创新探究[J]. 新闻研究导刊, 2017, 8 (24): 75.

[32] 史良. 媒介融合趋势下新闻编辑业务的变革与对策[J]. 科技传播, 2017, 9 (24):

23-24.

[33] 刘佳宁. 媒体融合背景下对新闻记者素质的要求［J］. 新闻传播, 2017 (24): 77-78.

[34] 段巍. 媒介融合背景下融合新闻传播效应与策略分析［J］. 电视指南, 2017 (24): 162-163.

[35] 韩辉峰. 媒介融合时代的电视新闻节目创新思维［J］. 科技与创新, 2016 (24): 53.

[36] 李亚男, 张艳, 张彦辉. 融合型新闻传播人才培养途径探索与实践［J］. 河北软件职业技术学院学报, 2016, 18 (04): 23-26.

[37] 任燕萍. 浅谈媒介融合背景下新闻采编的新特点［J］. 新闻研究导刊, 2016, 7 (24): 196.

[38] 纳日娜. 媒介融合时代下新闻传播的特征与趋势研究［J］. 西部广播电视, 2016 (24): 7.

[39] 李侦侦. 媒介融合时代下新闻传播的特征与趋势研究［J］. 宿州教育学院学报, 2016, 19 (06): 9-10.

[40] 崔国凯. 浅析媒介融合背景下新闻采编的新特点［J］. 新闻研究导刊, 2016, 7 (23): 208.

[41] 李冬晖. 浅析媒介融合视角下的数据新闻［J］. 新闻研究导刊, 2016, 7 (23): 49-50.

[42] 刘威. 媒介融合背景下电视新闻的发展趋势分析［J］. 西部广播电视, 2016 (22): 52.

[43] 尹宁. 媒介融合背景下强化时政新闻可读性的研究［J］. 新闻研究导刊, 2016, 7 (21): 192.

[44] 张阳阳. 浅析媒介融合背景下新闻采编的新特点［J］. 新闻研究导刊, 2016, 7 (21): 202.

[45] 马敦. 浅谈媒介融合背景下的电视新闻生产模式［J］. 新闻研究导刊, 2016, 7 (21): 148.

[46] 王桂娟. 媒介融合背景下的新闻采编新路径探索［J］. 新媒体研究, 2016, 2 (20): 157-158.

[47] 彭可. 媒介融合与新闻传播教育"融合"探究［J］. 新闻研究导刊, 2016, 7 (20): 217.

[48] 吴霞. 媒体融合下新闻差异化传播的研究［J］. 现代交际, 2016 (09): 91.

[49] 陈瑜奇. 媒介融合语境下的新闻业务流程再造 [J]. 新闻世界, 2016 (10): 41-43.

[50] 于春山. 媒介融合趋势下的新闻写作变革 [J]. 科技传播, 2016, 8 (19): 72-73.

[51] 萨仁格日乐. 媒介融合背景下电视新闻传播的走向 [J]. 西部广播电视, 2016 (18): 58.

[52] 陈小萍. 媒介融合时代电视新闻编辑的发展趋势 [J]. 新闻研究导刊, 2016, 7 (18): 193.

[53] 周安琪. 刍议媒介融合下的新闻报道方式创新 [J]. 新闻研究导刊, 2016, 7 (18): 270.

[54] 齐言. 媒介融合下的手机媒体新闻传播研究 [J]. 新媒体研究, 2016, 2 (18): 16-17+63.

[55] 王名慧. 媒介融合背景下新闻采编的新特点分析 [J]. 科技经济市场, 2016 (09): 170-171.

[56] 宋豫琦. 媒介融合背景下电视新闻传播新特点 [J]. 新媒体研究, 2015, 1 (18): 7-8.

[57] 王珏. 媒介融合背景下电视新闻传播的走向 [J]. 西部广播电视, 2015 (24): 130.